U0590114

我
们
一
起
解
决
问
题

教育部人文社科基金项目

国际编目新标准的阐释及
中国文献编目规则发展研究

曾伟忠　著

人民邮电出版社
北　京

图书在版编目（CIP）数据

国际编目新标准的阐释及中国文献编目规则发展研究 / 曾伟忠著 . -- 北京 : 人民邮电出版社 , 2024. -- ISBN 978-7-115-65151-8

Ⅰ . G254.31

中国国家版本馆 CIP 数据核字第 2024Q3K544 号

内 容 提 要

本书详细阐释了最新的国际编目标准，包括其制定的背景、主要内容、特点和创新之处；深入分析了我国现行的文献编目规则，包括其历史发展、现状和存在的问题；探讨了国际编目新标准对我国文献编目工作的影响，以及在实际应用中可能遇到的挑战和问题；提出了我国文献编目工作如何适应国际新标准，以及如何在保持我国特色的同时进行改革和发展的建议；提供了一些具体的实践指南和操作步骤，帮助相关工作人员更好地理解和应用国际编目新标准。

本书适合图书馆工作者、对图书馆工作感兴趣的研究人员、图书馆管理者，以及相关专业的师生阅读和使用。

◆ 著　　 曾伟忠
　　责任编辑　 程珍珍
　　责任印制　 彭志环
◆ 人民邮电出版社出版发行　　　　北京市丰台区成寿寺路 11 号
　　邮编 100164　电子邮件 315@ptpress.com.cn
　　网址 https://www.ptpress.com.cn
　　廊坊市印艺阁数字科技有限公司印刷
◆ 开本：700×1000　1/16
　　印张：22　　　　　　　　　　　　2024 年 9 月第 1 版
　　字数：350 千字　　　　　　　　 2025 年 9 月河北第 3 次印刷

定　价：128.00 元

读者服务热线：（010）81055656　印装质量热线：（010）81055316
反盗版热线：（010）81055315

序 言

　　本书的撰写基于作者申报的 2019 年度教育部人文社科基金项目——国际编目新标准的阐释及中国文献编目规则发展研究（19YJA870002）。

　　文献编目是按照特定的规则和方法，对文献进行著录、制成款目并通过字顺或分类等途径组织成目录或其他检索工具的活动过程。文献编目的主要作用是记录某一空间、时间、学科或主题范围的文献，使之有序化，从而达到宣传报道和检索利用文献的目的。

　　从狭义上说，中国文献编目规则包括以《中国文献编目规则》（第二版）为代表的编目条例和以《新版中国机读目录格式使用手册》为代表的机读目录格式。《中国文献编目规则》《第二版》和《新版中国机读目录格式使用手册》分别于 2005 年和 2004 年颁布，距今已约有 20 年了。这 20 年来，网络资源和电子文献迅速发展，信息载体对象、信息传播方式和信息组织形式发生了巨大的变化。为了应对这些变化，《国际标准书目著录》（统一版）和《资源描述与检索》及《国际机读目录格式手册》（第三版）等国际编目新标准陆续颁布。信息世界的变化和国际标准的发展对现有的中国文献编目规则提出了新的发展要求。

　　从广义上说，中国文献编目规则还包括《中国图书馆分类法》《档案著录规则》《古籍著录规则》等。本书的研究范围是广义上的中国文献编目规则。

　　本书旨在研究中国文献编目规则的发展。在充分掌握《国际标准书目著录》（统一版）和《资源描述与检索》及《国际机读目录格式手册》（第三版）等国际文献编目标准的基础上，我们对《中国文献编目规则》（第二版）和《新版中国机读目录格式使用手册》等国内文献编目规则进行了全面、深入和透彻的分析。通过这一过程，我们旨在揭示当前规则的不足之处，并探索如何通过融合国际编目新标准的有效元素以及促进国内编目规则的自我完善来进一步发展我国的文献编目规则。

作者以前曾在高校图书馆从事过多年的图书分类和编目工作，积累了一些文献编目方面的实际工作经验。自2009年毕业于南开大学图书馆学专业并取得博士学位后，作者就一直从事文献分类和编目方面的教学与科研工作，发表了一些文献分类和编目方面的教学及研究论文。

本书对国际编目新标准《国际标准书目著录》(统一版)《资源描述与检索》《国际机读目录格式手册》(第三版)、书目框架、国际文化艺术作品编目标准、档案规范著录国际标准等进行了比较深入的阐释；对《中国文献编目规则》《中国图书馆分类法》《中国分类主题词表》《中国机读目录格式》和《古籍编目规则》的发展提出了很多建议。本书的构思新颖、材料翔实。

本书旨在从更广泛的视角阐释国际编目新标准的精髓及其深刻含义，揭示中国文献编目规则存在的问题，提出有针对性的建议，以推动中国文献编目规则的发展。

本书的创新之处主要体现在以下三个方面。

一是研究题目的新颖性。

据作者调查，目前国内关于国际编目新标准和中国文献编目规则发展研究的成果，主要发表在期刊上，并普遍集中讨论特定的编目标准和规则。这些成果对国际编目标准的阐述和对中国文献编目规则的发展研究是零散的，没有形成一个体系。针对这种情况，作者结合自己的研究兴趣和前期积累，决心撰写一部能够完整、翔实地阐释国际编目标准和中国文献编目规则发展的书籍。

二是研究体系的系统性、完整性和连续性。

作者经过深入调查发现，已有研究成果大多零零散散且断断续续。与已有研究成果相比，本成果将以上两方面的成果都纳入本书中，这就保证了研究体系的系统性、完整性和连续性。

三是研究内容的实践价值性。

本书针对中国文献编目规则发展提出了一系列的建议，这些建议与中国文献编目工作的实际情况紧密相连，旨在解决当前规则中的不足，因此具有较高的实践价值。

前　言

文献编目工作是图书馆管理的基础工作，这项工作的质量直接影响图书馆文献的利用效果。文献编目规则的编制则是图书馆文献管理工作的基础和核心。因此，文献编目规则的编制和发展历来受到各国文献管理部门的高度重视。

本书紧密围绕立项课题的核心主题，内容分为两大部分，即国际编目新标准的阐释和中国文献编目规则发展，这两个部分在内容上是一脉相承的。

国际编目新标准包括《国际标准书目著录》（统一版）《资源描述与检索》《国际机读目录格式手册》（第三版）、书目框架、国际文化艺术作品编目标准、档案规范著录国际标准等。

中国文献编目规则在宏观上包括《中国文献编目规则》《中国图书馆分类法》《中国分类主题词表》《中国机读目录格式》和《古籍编目规则》等。

国际编目新标准是国际图书馆协会和机构联合会等国际编目管理机构为了适应当前数字信息社会中人们对信息检索的新的要求而制定的新的标准。这些标准具有覆盖面广、编目效率高、内容深奥、运用复杂等特点，因此需要对其缘起、特征、使用对象和使用方法进行系统、详细的说明和阐述，只有这样才能被我国编目工作者理解和使用，从而促进我国文献编目规则的发展。

基于以上原因，本书对《国际标准书目著录》（统一版）《资源描述与检索》《国际机读目录格式手册》（第三版）、书目框架、国际文化艺术作品编目标准、档案规范著录国际标准等进行了细致的研读、仔细的推敲、认真的翻译、准确的揭示，最终将国际编目新标准进行了深入浅出的阐释，以便于编目人员准确理解。

中国文献编目规则是中国文献编目各机构制定的文献分类、标引和编目规则。这些规则主要是对国际编目标准的继承、吸收，同时结合我国的实际情况进行了适当调整。由于理解国际编目标准具有一定的困难，因此国内的一些编目工具书可能会出现疏漏或错误。另外，中国文献编目规则的制定既需要参考国际编目标准，又需要兼顾中国文献编目的实际情况，所以本书应结合以上两个方面进行深入的研究和探讨。

基于以上原因，本书对国内编目工具书进行了深入的探讨，并指出了其中存在的问题，同时提出了修订建议，使我国文献编目规则既能与国际接轨，又能结合我国文献编目的实际需求，推动我国文献编目事业的发展。

目 录

第 4 章　RDA 的阐释

第 5 章　《UNIMARC 手册》（第三版）的阐释

第 6 章　书目框架的阐释

第 1 章

我国文献编目规则的产生和发展

文献编目是指文献编目人员按照既定的标准和规则，对一定范围内的各种文献信息资源的外在和内在特征进行分析、选择、描述、记录，使其成为款目，并将款目按一定顺序组织成目录或书目的过程。文献编目工作是文献编目人员通过对文献信息资源进行分类、标引和著录而生成款目信息，从而建立具有检索功能的目录系统。

1.1 我国古代文献编目规则的产生和发展

中华民族是一个有着丰富历史文化遗产的民族，而文献编目是我国历史文化遗产的重要组成部分。公元前 11 世纪到公元前 1 世纪是我国从奴隶社会逐渐过渡到封建社会的历史时期。随着新的生产关系的产生和发展，文化得到了显著的发展和繁荣，文字的应用也变得更加广泛。同时，诸如儒家、道家、墨家、法家等各种学派纷纷涌现，他们不仅积极推广各自的理念，还整理和编写了大量的典籍论著。

为了巩固自己的政权，历代封建统治者也积极搜集和整理了大量的文献资料。

为了管理这些文化典籍，我国藏书管理者和古代学者采用了多种方法，如文献分类法、排列法、登录法和查检法，逐步编制了文献目录，所以我国的文献编目一开始就是基于当时国家图书馆或私家藏书楼的目录体系发展起来的。

以下是我国历代文献编目及其著录方法的发展过程，有些编目附有对应的编目规则。

1.1.1 《别录》及其著录规则

《别录》是我国第一部有书名、有解题的综合性的文献分类目录,由西汉时期的刘向编撰,共 20 卷。根据南朝齐梁时期的学者、目录学家阮孝绪记载,在汉成帝统治时期,刘向受命组织校理宫廷藏书,工作人员每校完一本书后就写一篇简明的内容提要,这些内容提要汇聚在一起组成目录。刘向将别人校对的目录和自己校对的目录汇编成了《别录》。①

《别录》著录图书 603 家,计 13 219 卷,分为 6 大部类、38 种,每类之前有类序,每部之后有部序,叙录内容包括书目篇名、校勘经过、著者生平思想、书名含义、著书原委、书的性质、评论思想、史实、是非和剖析学术源流与书的价值。这些内容构成了《别录》的著录项目。

刘向之子刘歆根据《别录》删繁就简,编成《七略》。《别录》和《七略》在唐代已佚,后人根据班固的《汉书·艺文志》可考见其梗概。

1.1.2 《七略》及其著录方法

《七略》是国家藏书目录,收录了西汉时期政府新校本图书的总目录,这部著作是由西汉经学家、天文学家、目录学家刘歆在公元前 6 年至公元前 5 年辑录完成的。

汉代是我国书目工作的启蒙阶段,公元前 26 年汉成帝刘骜命光禄大夫刘向负责政府的校书工作,对政府搜集的图书进行整理、校定和编目。刘向校经传诸子诗赋,步兵校尉任宏校兵书,太史令尹咸校数术,侍医李柱国校方技。校定本既成,概由刘向写一叙录,随书奏上。刘向所写叙录单行录出后,汇编为《别录》,计有 20 卷。公元前 6 年刘向去世,汉哀帝刘欣命刘歆继承父业,将新校本集中于天禄阁,综合编目成《七略》7 卷。班固的《汉书·艺文志》以此为基础写成。②

《七略》在揭示文献内容上采用了对每卷书撰写提要,叙述校雠原委,介绍著者生平,叙述学术源流,辨别书的真伪,评价书的得失,并注出向皇

---

① 李莱莉.刘向、刘歆中国图书校勘学和目录学的创始人[J].兰台世界,2008(3):60-61.
② 李景文.刘向文献编纂研究[M].北京:人民出版社,2020.

帝推荐的意见的方法。

《七略》既是一部综合性的图书分类目录，也是我国第一部图书分类法。《七略》将全部图书分为辑略、六艺略、诸子略、诗赋略、兵书略、术数略和方技略7大类，略下面分种，种下面再分家。辑略是总序而不是大类。因此，《七略》实际上将皇室图书分为6个大类，下分38个小类（种），综合编目成7卷，全面反映了上古到西汉末年皇家图书的收藏状况。

《七略》不仅是我国第一部图书分类法，也是世界上最早的一部图书分类法，它比欧洲第一部正式图书分类法——《万象图书分类法》（1545年）早了近1 500年。这部大型综合书目在唐代以后就遗失了，但我国现存最早的文献目录《汉书·艺文志》保存着《七略》的大概面目。[①]

《七略》奠定了我国文献目录和目录编制的基础，对后世影响很大。首先它是按图书的类目分类编排的，是我国最早的一部分类目录。其次，《七略》在世界上最早确立了文献著录的方法，它除了有基本著录（即书名项和著者项）外，还应用了互见（重复互著）和分析（裁篇别书）的方法，即现在的辅助著录，所以今天的辅助著录的各种方法在2 000多年的历史中得到了较完美的发展。这种叙述解题的著录方法和格式是我国独创的著录方法。这种著录方法和著录内容一直为历代官修目录所采用，影响深远，成为各种官修目录的典范。

另外，《七略》也应用了附注的方法来说明各著录项目中不明确的地方，这对进一步揭示文献本身有很大意义。《七略》的提要对"辨章学术、考镜源流"有很大作用。

1.1.3 《汉书·艺文志》及其著录规则

班固是继刘向、刘歆之后的又一位目录学家，他编撰的《汉书·艺文志》以《七略》为基础，包括六艺百家和当时所有图书的目录，成为我国现存最早的图书分类目录，"艺"就是"六艺"。《汉书·艺文志》开创了根据官修目录编制史志目录艺文志和经籍志的先例，此后各代目录学家都循例编制正史史志目录，如《隋书·经籍志》《唐书·经籍志》《新唐书·艺文志》《宋

---

① 乔好勤.《别录》《七略》的体例及分类［J］.河南图书馆学刊，1992（12）：25-31.

史·艺文志》《明史·艺文志》和《清史稿·艺文志》等。

通过研究某一朝代的史志目录，我们可以了解那一时期的书籍出版情况。

《汉书·艺文志》总共著录图书 38 种，596 家，13 269 卷。西汉时期的国家藏书目录《汉书·艺文志》中记载的书籍已大多被毁或失散。

班固自称对《七略》"今删其要，以备篇籍"而成《汉书·艺文志》，其具体做法如下。①

（1）保留《七略》的 6 略 38 种的分类体系。

（2）新增入《七略》完成以后刘向、扬雄、杜林三家在西汉末年所完成的著作。

（3）对《七略》所著录的图书基本上按照原来的情况保存下来，但对著录重复和分类不妥的地方加以适当的合并或改移，如凡从某类提出的图书在总数下注明"出"若干家、若干篇；凡由于重复而省去的图书都注明"省"若干家、若干篇；凡增入或移入的图书都注明"入"若干家、若干篇。

（4）将《七略》中"辑略"的内容散附在 6 略和"诗赋略"除外的各种之后。

（5）删简《七略》中各书的提要，必要时节取为注释。

以上内容反映了《汉书·艺文志》在著录规则上的创新。

1.1.4 《中经新簿》及其著录规则

西晋武帝时期的秘书监荀勖根据三国时期魏国学者郑默主编的国家图书目录《魏中簿》编制了新簿，新簿被称为《中经新簿》（又称《晋中经簿》）。荀勖的《中经新簿》将图书分为甲、乙、丙和丁四大部类，这也相应地开创了我国古代的四分法图书分类体系，即甲部记录六艺及小学，收录经部书；乙部记录古今诸子百家，收录子部书；丙部记录史记、旧事、皇览和杂事等，收录史部书；丁部记录诗赋、图赞等，收录集部书。《中经新簿》开创的四部书目分类体系，被定为永制，历代相传。②

---

① 梁萍. 班固《汉书·艺文志》创新目录学之功 [J]. 兰台世界，2007（10）：52-53.
② 柏森，山岩. 荀勖及其《中经新簿》[J]. 图书与情报，1985（1）：87-88.

《中经新簿》以后至唐代的几百年间，专科目录和私人藏书目录有了较大发展，书目向多类型化发展，这一时期图书四分法和七分法竞争并存。

1.1.5 《隋书·经籍志》及其著录规则

唐朝初年魏徵主编的《隋书·经籍志》是我国现存的第二部综合性图书目录，这部书沿用了四部分类法，并确定为经、史、子、集。《隋书·经籍志》成为以后的分类法标准，直到现在很多古籍还沿用四部分类法进行分类。《隋书·经籍志》在著录格式上统一先著录书名，后著录著者，这种以书名为首的著录格式就成为中文图书著录的传统格式。

1.1.6 《通志·艺文略》及其著录规则

《通志·艺文略》由南宋郑樵（1104—1162年）撰，此书为《通志》二十略之一，成书于绍兴三十一年（1161年）。《通志·艺文略》是在郑樵已撰《群书会记》的基础上增删合并而成的，详于今而略于古，既记录现存的著作，也记录了历代散佚的著作。

在分类上，《通志·艺文略》先将图书分为十二大类，大类下再分小类，小类下再分种。

在著录上，郑樵注明书的作者所处时代及官衔，简介书的内容，指出一书的纪事本末，点明此书写作特点，记述一书传播情由，提供一书取材来源，考订著述真伪，注明所记佚书及其依据，以明学术源流。《通志·艺文略》是考据北宋以前历代经学著述的重要参考依据。

1.1.7 《四库全书总目》及其著录规则

宋代印刷术的发明，给我国文化典籍的传播创造了有利的条件，因而官修目录和私人藏书目录都很发达。从宋代到明代，我国先后出现了《群书四部录》《古今书录》《文渊阁书目》和《内阁书目》等大型书目。

到了清代，各式各样的图书目录相继出现。清乾隆四十六年（1781年），由纪昀、永瑢主编的《四库全书总目》是我国古代一部最完善的书目，也是一部最完善的四部图书分类法。《四库全书总目》著录图书 3 461 种、79 309 卷，还收录了未收入《四库全书》的存目 6 793 种、93 550 卷。《四库全书总目》按经、史、子、集四部 44 类 67 个子目编排，这种分类方法称为四库分类法。《四库全书总目》在著录内容上更为详细，内容提要更为精练。不过，《四库全书总目》没有使用互见和分析著录的方法。

1.1.8 《出三藏记集》及其著录规则

我国古代文献目录大多是分类目录，到了南北朝时期，目录学家创造了一种新的目录，那就是梁朝僧人编的《出三藏记集》，这是我国第一部佛教书籍的目录。

《出三藏记集》在编制上以译经人为单位，记载所译的佛经名称、卷数以及参加翻译的人，有时还注明原本的由来，此外《出三藏记集》还介绍了译者的生平事略，所以从总体上说，《出三藏记集》是一部著者目录。

《出三藏记集》是我国现存最早的佛教文献目录，其作者为僧祐，故后人又简称为《僧祐录》《祐录》。僧祐于齐、梁年间，凭借定林寺丰富的经藏，在道安《综理众经目录》（又称《道安录》）的基础上，"订正经译"，撰成《出三藏记集》。《出三藏记集》共 15 卷，包括 4 个部分。

（1）撰缘记，叙述印度佛经的编纂和我国译经的渊源。

（2）铨名录，著录佛经 2 162 部 4 328 卷，分 12 类，各类有小序，叙述该类佛经源流。

（3）总经序，汇集佛经的序、记 120 篇。

（4）述列传，是中外 32 位译经高僧的传记。书后附"杂录"，著录我国学者和僧人撰写的论文或论著。

全书辑录了东汉至南朝梁代诸多佛教文献，保存了东晋道安的《综理众经目录》的原文。《出三藏记集》不仅对后世编纂佛经目录有一定影响，而且它的"总经序""述列传"对后世编制一般文献目录也有一定的影响。

僧祐在《出三藏记集》一书中使用多种体裁，以经录为主，又有前序、后记、列传相辅，互相补充，大大增强了目录的功能。他利用前序、后记来代替解题和提要，使读者知道译经的源流、佛典流传的过程及其大意，这在我国目录学史上具有开创意义，后来马端临的《文献通考·经籍考》、朱彝尊的《经义考》都在《出三藏记集》的影响下，发展成为辑录体的解题目录。"总经序"后的"杂录"收录了佛教论文总集的篇目，使目录兼具索引的功能。陈垣先生对此做了很高的评价："不幸而其书不存，吾人亦可据此篇目，略知其书之内容为何，此目录学家亟当效法者也。""述列传"不仅对经录内译者事迹和译经年月做了进一步的补充，而且使经录与僧传相结合，为后人研究汉魏两晋南北朝时期的佛教提供了珍贵的资料。

《出三藏记集》在类目设置方面也有创新之处。一些佛典有数种译本，而且还有译本不同、经名也不同的现象。因此，佛教专科目录的一个重要内容就是要详细著录各种译本。《出三藏记集》设置了"异出经"的类目，以译经先后为序，将"胡本同而汉文异"的佛经收在同一书名之下，加以比较，可以考证该经的流传和各种译本的情况。这实际上是我国古代版本目录的雏形。

佛经译出后，就有人根据某一种佛经抄撮其要旨，从而成为一种新的佛典，这一类佛典称为"抄经"。抄经出现较早，一直未引起人们的重视。在《综理众经目录》中，抄经与所据佛经混在一起。僧祐在《出三藏记集》中则专门设立"新集抄经录"，使抄经与所据佛经分开，不至于本末倒置。《出三藏记集》还将律典从佛经中独立出来，对律学的源流、部派及在我国的流传情况详加叙述。

《出三藏记集》的类目设置为后续佛经目录的编纂提供了丰富的方法和体系，促进了佛教目录学的进一步发展。此后法经的《众经目录》分一译、异译、失译、别生、疑惑、伪妄六类，几乎全采用《出三藏记集》的分类方法。智升的《开元释教录》分有译有本录、有译无本录、支派别行录、删略繁重录、拾遗补阙录、疑惑再详录、伪妄乱真录七类，亦未超出《出三藏记集》的范围。

1.1.9 《古今书刻》及其著录规则

明朝周弘祖的《古今书刻》是按地域编制的目录，虽为私人藏书目录，但也为以后的目录增加了新的种类，即地区目录。

周弘祖，嘉靖三十八年（1559 年）进士，任吉安推官，征授御史；出任督管屯田、马政事务，穆宗即位后，下令让他广购珍宝异玩秘籍金石，他极力苦谏；由此深得皇家器重，后为高拱所嫉并谗言奏其收受贿赂，遂贬为安顺判官，再为广平推官。万历中，迁南京光禄卿，后因朝事不和被免官。家富图书，不少宋元珍籍和抄本，根据他所见所闻，撰《古今书刻》2 卷，分上下两编，上编收录各直省所刊古籍，下编则记各省直所存石刻。这些书目中保存的版刻资料，为考求版本源流及图书存佚提供了方便。

我国古代文献目录，按其物质形态来说，几乎都是书本式的，到了近代辛亥革命以后才开始采用卡片目录，如清华大学的图书馆图书目录。

从著录方法上来看，自《七略》问世以来，编目著录方式仍在不断完善和改进。

需要指出的是，《隋书·经籍志》的著录方式以书名为标目，然后以小号字注出著者姓名，形成后世中文图书著录先书名后著者的定格。直到现在，我国文献著录的第一著录项目仍是书名。《隋书·经籍志》还记载有关一部书的真伪、亡佚、残缺的情况，这就是后来稽核著录事项的起源。

南宋初年，尤袤的《遂初堂书目》开始著录图书版本。明朝后期，著录版本的方法逐渐完善。可以说，《遂初堂书目》是开创出版项著录的一部目录。

综上所述，我国古代书目的一般著录事项已趋完备，它包括书名、著者、出版项（包含版本内容）、稽核项（载体形态项）、附注项和提要项。这些著录事项是在不同时期、不同目录中逐渐产生和完备起来的，为后世的文献著录的完善和目录组织奠定了坚实的基础。

1.2　我国近代文献编目规则的产生和发展

从鸦片战争至五四运动这一时期，西方资产阶级的文化思想逐渐渗透进入我国。在这段时期，我国涌出以反帝、反封建为核心的新文化运动。随着新知识、新作品、西式的现代出版物数量的日益增多，传统的文献分类编目规则已不适合分编这些新书了，因此一些近代目录学家力图创造一些新的文献分类编目规则。

为了突破四部分类法的弊端，我国一些图书分类学家、目录学家创造了新的文献分类编目规则来编制书目，康有为的《日本书目志》和梁启超的《西学书目表》就是这一类型书目的代表。

20 世纪初，各种类型的图书馆相继出现，这些图书馆用四部分类法类分古籍，用自编的分类法类分新书，这一时期的书目主要是书本式目录。直到辛亥革命以后，欧美国家的卡片式目录传入我国，才有图书馆开始采用卡片式目录。

1.2.1 《日本书目志》

康有为是近代思想家、教育家，他极为重视西学，主张通过译书全面了解西学。他认为"泰西之强，不在军兵炮械之末，而在其士人之学，新法之书，凡一名一器，莫不有学"。康有为主张变法，而变法必须了解西学、学习西学。[①]

日本通过明治维新这一历史变革，借鉴西方的经验，实现了国家的强盛。其中，明治维新的一项关键举措就是引进西方学术著作。因此，康有为在 1896 年开始整理有助于我国进行维新的日文书籍，最终编撰了《日本书目志》。

《日本书目志》介绍未译出的各类日文西学图书，是一部独特的译书目录。该书体现了康有为对日本新学出版物的长期关注和研究。目前所见《日本书目志》是上海大同书局 1897 年的石印本，共 15 卷，全书分为 15 个门类。

1.2.2 《西学书目表》

为了介绍西学并提倡变法维新，梁启超于清光绪二十二年（1896 年）在《时务报》上刊登了《西学书目表》。《西学书目表》著录译书约 300 种，分西

---

① 张晓丽 . 康有为《日本书目志》的目录学成就［J］. 学术界，2009（6）：237-241.

学类、西政类、杂类 3 大类。①

西学类包括算学、重学、电学、化学、声学、光学、汽学、天学、地学、全体学、动植物学、医学、图学等 13 类。

西政类包括史志、官制、学制、法律、农政、矿政、工政、商政、兵政、船政等 10 类。

杂类包括游记、报章、格致、西人议论之书、无可归类之书等 5 类。

《西学书目表》中介绍的图书和编制目录的方法有积极的意义。

除《西学书目表》外,在目录学方面梁启超还编撰有《东籍月旦》(1896)《国学入门书要目及其读法》《最低限度之必读书目》《中国图书大辞典·簿录之部·官录及史志》(1903)等。

1.2.3 《古越藏书楼书目》

徐树兰于 1902 年在浙江绍兴创办了古越藏书楼,这是一座融合了近代图书馆性质的公共藏书楼。为了便于管理和借阅图书,徐树兰参考了西方各国图书分类法,编制了《古越藏书楼书目》。这个书目体现了"学问必求贯通古今中外,古今中外书籍,务求平等对待"等存古开新的中外学术统一的办馆思想。

1.3 我国现代文献编目规则的产生和发展

"五四运动"以后,随着新文化运动的蓬勃发展,我国各地陆续建立了图书馆。为了使图书馆能更好地为读者服务,图书馆的改革者积极学习西方国家图书馆的先进理论和技术,卡片式图书目录开始在我国被广泛采用。

1931 年,刘国钧编撰了《中文图书编目条例草案》,当时的一些图书馆都根据该草案进行编目工作和目录组织。

1936 年,我国借鉴了西方国家的经验,引入并发展了著者目录、主题目录等。这一时期随着刘国钧编著的《中国图书分类法》、王云五编著的《中

---

① 傅荣贤 .《西学书目表》论 [J].山东图书馆季刊,1996(4):56-60.

外图书统一分类法》等中国图书分类法的出现，分类目录也得到了发展。

当时的编目规则主要有《中文图书编目条例草案》（刘国钧，1929）《西文图书编目规则》（桂质柏，1933）等。

当时的汉字排检法有很多，影响较大的有《四角号码检字法》（王云五，1926）《拼音著者号码编制法》（钱亚新，1928）。

《中文图书编目条例草案》是在我国传统文献编目规则的基础上，吸收西方编目理论编制而成的。

《中文图书编目条例草案》被一些图书馆采用。自新中国成立以来，我国通行的中文编目规则，有许多规定仍沿用此草案。《四角号码检字法》《拼音著者号码编制法》等，一直到 21 世纪初期仍在国内一些大学图书馆使用，这体现了其长久的生命力。

1.4 我国当代文献编目规则的产生和发展

1.4.1 《中文普通图书提要卡片著录条例》的编制

新中国成立以后，图书馆目录的种类逐渐丰富，目录体系也日臻完善。由于新的出版物不断涌现，原有的编目规则已不能完全适应和揭示图书形态特征及内容，因此我们需要对这些规则进行修改和补充，以制定新的编目规则。

我国图书馆界积极探索图书馆目录编制理论和编制方法。

图书馆目录发展的主要特点是：在图书馆目录的设置上区分了公务目录和读者目录，突出了读者目录的思想性原则，即读者目录按照一定的标准和原则有选择地揭示藏书，宣传和推荐优秀藏书；按照不同的读者对象，有针对性地组织目录，揭示藏书；在总结过去的图书分类法经验的基础上，加强新图书分类法的研究与编制。

1958 年，北京图书馆（现已更名为国家图书馆）、中国人民大学图书馆、中国科学院图书馆（现已更名为中国科学院文献情报中心）联合编制了《中文普通图书提要卡片著录条例》，并着手进行集中编目，编制发行了中文图书提要铅印卡片、西文图书铅印卡片和俄文图书铅印卡片，在全国图书馆发行。这一良好的开端，为我国图书编目标准化奠定了基础，到 1966 年，全国中外文图书的著录规则已初步趋于统一。

在理论层面上，我国编目界开始重视目录的思想性及图书的推荐功能。在实践操作上，全国性的集中编目、联合编目工作得到一定的发展。1958 年，中文、俄文和西文三个图书卡片联合编目组相继成立，他们负责这三类图书的集中编目工作。此后，全国图书联合目录组也成立了，其主要职责是编制各种专题的联合目录及期刊的联合目录。

1.4.2 《中文图书著录条例》的编制

20 世纪 70 年代初，当世界上许多国家研究制定图书著录标准的时候，为提高我国图书馆学理论水平，逐步实现中文图书著录的统一，我国图书馆界也开始了中文图书著录标准的统一工作。1961 年经中华人民共和国国家科学技术委员会批准，中文、英文、俄文三个编目组成立，它们分别隶属于中国人民大学图书馆、中国科学院图书馆和北京图书馆，并共同编制了《中文图书著录条例》。1974 年，北京图书馆总结了先前编制、发行目录卡片的经验，重新编印了《中文图书著录条例》（试用本）。此举措不仅推进了中文统一编目和发行的工作，而且提高了我国图书馆文献编目工作的效率，节省了人力和时间。

1979 年，北京图书馆为了进一步发展中文图书统一编目事业，给全国图书馆提供一个中文图书著录标准，对 1974 年颁布的《中文图书著录条例》（试用本）进行了全面的审核、修订和补充，最终定名为《中文普通图书统一著录条例》（试用本），于 1979 年 6 月由书目文献出版社（现更名为国家图书馆出版社）出版。

为了使我国的文献著录向国际文献著录标准靠拢，1979 年 12 月，经国家标准局（现已更名为国家标准化管理委员会）批准，全国文献工作标准化技术委员会成立，同时在该委员会下设目录著录分委员会（称作第六分委员会），开始了文献著录标准化的研究。

1.4.3 《文献著录总则》和《普通图书著录规则》等国家标准 的编制

1983 年，我国图书情报工作者在全国文献工作标准化技术委员会的领导下，集思广益、反复研究，经过多次讨论、修改，最后由国家标准局批准，于 1983 年 12 月公布了我国的《文献著录总则》(GB3792.1—83)，并于 1984 年 4 月 1 日正式实施。在《文献著录总则》的指导下，一系列具体的文献著录规则相继制定，这不仅使我国文献著录实现了标准化，还将其纳入了国际标准化的轨道。

此后，编目工作者又接连召开多次讨论会，于 1985 年 1 月颁布了由黄俊贵起草的《普通图书著录规则》(GB3792.2—85)，同年 10 月正式实施。北京图书馆中文图书统一编目组及时采用这个标准本，于 1985 年年底进行标准著录的卡片编制工作，从此我国文献著录开始了新的篇章——全国文献著录标准化。我国的印刷卡片不但在著录项目的排列顺序及项目之间的标识符号等方面向国际文献标准靠拢，而且保留了我国目录学的优良传统，即提要项。这次按新标准编制的印刷卡片又增设了排检项的主题词，为我国今后在文献情报单位普遍增设主题目录打下了基础。

1986 年 11 月，国家出版局（1987 年 1 月撤销，成立国家新闻出版署）和国家标准局联合召开在版编目讨论会，决定由有关单位组成领导小组负责在版编目工作的开展。1987 年 7 月，该小组开始起草有关在版编目的国家标准。在全国情报文献工作标准化技术委员会第七分会的主持下，两项国家标准《图书的题名页》和《图书在版编目数据单》得以制定。

1.4.4 《中国图书馆图书分类法》的编制

新中国成立以来，我国文献情报单位使用最多的几种主要图书分类法都进行了多次修订。《中国图书馆图书分类法》（简称《中图法》）已做了四次较大的修订，在修订中，增加了类目与主题词的相互对应，并形成了《中国分类主题词表》，这是一次将分类和主题合二为一的新尝试。此举措旨在为文献标引类号时，可标出相对应的主题词，以简化手续和节省时间，迅速地解决分类目录和主题目录的独立与统一性问题。这项工作进一步推动了我国图书情报机构的文献检索工作，给今后普遍开展的计算机检索和编目带来了很大的方便。此外，科研单位使用较普遍的《中国科学院图书分类法》也进行了两次修订，并着手准备修订第三版；《中国人民大学图书馆图书分类法》也是使用较为普遍的一种图书分类法，到目前为止，已经修订了五次，1996年出版了第六版。

党的十一届三中全会以来，我国的科学技术、文学艺术也有了较大发展。与此同时，图书情报界也开展了各种形式的学术讨论活动，各省市纷纷举办文献情报工作研讨会、专修班，培养了大批从事文献情报工作的人才，初步改变了人才青黄不接的状况。在学术著作方面，出版了不少有关文献分类学和文献著录方面的专著。针对文献类型的多样性，相应的目录系统得以建立，如缩微目录、声像资料目录等。在目录组织方面，研究者积极探索和试验检字法与著者号码表，并提出标准化方案。

随着信息技术在图书馆的广泛应用，传统的图书馆人工管理方式逐渐被先进的计算机管理系统所替代，图书馆工作的各个分支从形式到内容都发生着深刻的变革。其中，编目工作作为图书馆工作的重要组成部分，也面临着转型。

1.4.5　中国机读目录的编制

我国图书馆计算机编目始于 20 世纪 70 年代中期，当时南京大学图书馆计算机系统采用简化的机读目录[①]（Machine Readable Catalogue，简称MARC）格式建立了西文书目数据库。1980 年，北京大学、清华大学、中国人民大学、北京图书馆、中国科学院图书馆和中国图书进出口（集团）总公司六家单位，决定成立北京地区研究试验西文图书机读目录协作组。到了 20 世纪 90 年代初，全国已有许多图书馆自建或引进计算机系统进行编目，我国图书馆的编目工作开始摆脱手工操作，进入计算机编目阶段。

CNMARC 是 China Machine Readable Catalogue 的简称，即中国机读目录，用于中国国家书目机构同其他国家书目机构以及中国国内图书馆与情报部门之间，以标准的计算机可读形式交换书目信息。1979 年全国信息与

---

① 机读目录即机器可读目录的简称。

文献标准化技术委员会成立；1982 年，中国国家标准总局公布了参照 ISO
2709 制定的国家标准《文献目录信息交换用磁带格式》（GB2901-82），为
中文 MARC 格式的标准化奠定了基础。在此基础上，根据我国实际情况，
我们编制了《中国机读目录通讯格式》讨论稿，并于 1992 年 2 月正式出版。
CNMARC 格式从数据结构方面为我国机读目录实现标准化、与国际接轨提
供了保障。

1.4.6 《中国文献编目规则》及其第二版的编制出版

当代文献编目规则早期主要有《中文图书提要卡片著录条例》（中文图书
卡片联合编目组编，1959 年）《西文普通图书著录条例》（西文图书卡片联合
编目组编，1961 年）《中文图书著录条例》（北京图书馆 1974 年编，经修订
补充，1979 年定稿为《中文普通图书统一著录条例》）。检字法主要有《中文
著者号码表》和《汉语拼音方案》。

1996 年，黄俊贵主编的《中国文献编目规则》出版，2005 年，《中国文
献编目规则》（第二版）出版，其内容包括：普通图书著录法，学位论文、科
技报告、标准文献著录法，乐谱著录法，影像资料著录法，连续性资源著录
法等。

要实现书目信息资源共享，促进世界范围的书目信息交流，确保书目数
据库的数据质量至关重要。《中国文献编目规则》正是基于这样的理念而编
写的。该规则以《国际标准书目著录》（International Standard Bibliographic
Description，ISBD）和中国颁布的 GB3792 系列标准（各类型文献著录标准）
为依据，并参考了《英美编目条例》，确保著录项目及其顺序、著录项目标
识符等各方面完全与国际标准保持一致，这有利于文献著录工作的计算机
化。该规则在编写体例方面既科学合理又系统全面。

《中国文献编目规则》及其第二版包括两部分内容。

第一部分为著录法，除总则外，还包括图书、连续出版物、非书资料、
古籍、学位论文、科技报告、乐谱、标准、计算机文档等各类型文献的著录
规则。

第二部分为标目法。这种既符合国家及国际文献著录标准，又包括多种

类型文献著录规则及标目法的中文文献编目规则在中国还是第一部。该规则对促进中国文献著录的标准化、规范化及自动化都具有积极意义，是我国第一部具有法规性质的重要著作。

第 2 章

国际编目标准的产生和发展

　　早在 16 世纪末，西方一些图书馆学家就开始研究统一著录的理论问题。到 20 世纪初，欧美开始出现了地区性的统一著录法。编目规则并非一开始就是国际通用的。各国的著录规则由于文化背景、分类体系等不同，规则内容和要求也各不相同。

2.1　ISBD 的产生和发展

　　1961 年，国际图书馆协会和机构联合会（International Federation of Library Associations and Institutions，英文简称 IFLA，中文简称国际图联）在巴黎召开了国际编目原则会议，会议提出了在国际上被广泛理解、接受和使用的《巴黎原则》。1969 年，在哥本哈根召开的国际编目专家会议对《巴黎原则》提出了若干修订意见，并决定编制《国际标准书目著录》（ISBD）。1971 年，IFLA 组织专门工作小组，进行国际文献著录标准的制定工作，1974 年正式颁布了 ISBD，ISBD 随即被许多国家接受和采用。

　　ISBD 是 IFLA 根据 1969 年国际编目专家会议的建议而制定的一套供各类信息资源著录的国际标准。ISBD 是一个针对不同的文献类型的系列，分为 10 种，2011 年以后统一成一个文本，即 ISBD（统一版）。[①]

　　由于促进了各国之间编目记录的共享，ISBD 已经被国际各个书目机构、全国性的和多国性的编目规则以及全世界各国的图书馆员采用。ISBD 的编制成为 IFLA 在编目标准化领域中最成功的工作。

---

① 曾伟忠，赵欣. ISBD（统一版）视角下《中国文献编目规则》（第二版）和《中文图书著录规则》的比较和评述［J］. 图书馆研究，2023（3）：20-25.

2.1.1　编制 ISBD 的目的

编制 ISBD 的目的主要体现在以下三个方面。

第一，使得不同来源的数据之间的交换成为可能。第二，可以跨越语言的障碍，帮助人们理解书目记录。第三，使得书目数据转换为电子格式更为容易。

2.1.2　ISBD 系列的成员

ISBD 系列中第一个出现的是《国际标准书目著录（单行出版物）》[ISBD（M），1971 年]。到 1973 年，ISBD（M）已经被一些国家书目所采纳，被翻译成其他文字，并被一些国家的编目委员会用于起草自己国家的编目规则。在专家们提出的意见的基础上，ISBD（M）经过修订，并于 1974 年出版了第一标准版。

1975 年，《英美编目条例》修订指导委员会向 IFLA 建议起草一个适用于大多数图书馆资源的一般性的国际书目著录标准，于是《国际标准书目著录（总则）》[ISBD（G）] 于 1977 年出版。此后，ISBD（M）再次进行修订，以确保其内容与 ISBD（G）保持一致，并于 1978 年出版了第一标准版的修订版。

ISBD 是 IFLA 制定的一套文献著录的国际标准，包括《国际标准书目著录（总则）》[ISBD（G）]《国际标准书目著录（单行出版物）》《国际标准书目著录（连续出版物）》[ISBD（S）]《国际标准书目著录（地图资料）》[ISBD（CM）]《国际标准书目著录（非书资料）》[ISBD（NBM）]《国际标准书目著录（印本乐谱）》[ISBD（PM）]《国际标准书目著录（古籍）》[ISBD（A）]《国际标准书目著录（析出文献）》[ISBD（CP）]，以及《国际标准书目著录（计算机文件）》[ISBD（CF）]。

2.1.3　ISBD 的中译本

ISBD 最早的汉语版本是中国科学院图书馆于 1980 年（由毛卓明翻译）出版的铅印本《国际标准书目著录》（专著本），全书 64 页，依据 1974 年的

ISBD（M）标准版翻译而成。

全国文献工作标准化技术委员会于 1983 年 12 月出版了油印本《国际标准书目著录（非书资料）》（胡广翔，潘双琴，译）。后来，ISBD 的各个专门版本的中译本分别由不同的出版社出版，其中书目文献出版社出版的版本和华艺出版社出版的版本尤为值得关注。

2.2　AACR 及 AACR2

2.2.1　早期英国和美国的编目规则

早期的英国编目规则有 1841 年颁布的《目录编制规则》、1876 年颁布的《字典目录规则》和 1893 年颁布的《英国图书馆协会编目规则》。早期的美国编目规则有 1883 年颁布的《著者和题名目录简明规则》。欧洲一些国家共同颁布并使用《普鲁士条例》。到 20 世纪 60 年代，许多国家开始研究本国适用的文献著录规则。

由于不同国家的编目规则差异大，不互通，阻碍了信息、知识和文化的交流，因此编制一部通用的国际编目规则成为大势所趋。

19 世纪末，美国图书馆学家杜威建议英美两国合作编制一套通用的编目条例，美方代表为美国图书馆协会，英方代表为英国图书馆协会，两方开始商讨编目问题。

1908 年，由于英美两国对部分著录规则有不同意见，英美两国出版了两个版本的编目条例，分别是英国版《编目规则、著者和题名款目》和美国版《目录规则、著者和题名款目》。两个版本的相同点是都有 174 条，不同点是著者、改变名字和题名的出版物著录规则不同。两个版本都将与对方的不同点作为附注注明。

之后两国开始修订各自的编目条例。

美国于 1941 年出版了 1908 年美国版的《目录规则、著者和题名款目》（第二版），著录条例多达 324 条，因为细节太多、太复杂而饱受诟病。1949 年，《美国图书馆协会著者和题名款目编目规则》出版，该书继承了 1908 年美国版的选择性，但是仅包含了款目和标目的规则。为了补充完善，同年

《美国国会图书馆描述性编目规则》出版，其中包含了专著、连续出版物和一些非书资料的编目规则。

2.2.2　AACR

AACR 是 Anglo-American Cataloguing Rules 的简称，即《英美编目条例》。1967 年，《英美编目条例》的两个版本出版，即北美版和英国版。两个版本都包括三个部分：款目和标目、著录、非书资料。

2.2.3　AACR2

为了适应网络化和文献著录标准化的需要，1978 年，AACR 的两个版本合并为《英美编目条例》（第二版），即 AACR2。AACR2 由美国和英国图书馆协会、加拿大编目委员会、不列颠图书馆及美国国会图书馆提出，由戈尔曼和温克勒编撰。①

到 1981 年，使用 AACR2 的国家有英国、美国、加拿大和澳大利亚。

1988 年，AACR2 的修订本出版。

AACR2 共 19 章，分两部分：著录，标目、统一题名与参照。AACR2 在 AACR 的基础上，不单凭文献类型，而主要根据著者对文献知识内容所承担的责任来选取标目的原则，同时采用 ISBD 的格式，并大量增补了非书资料和舆图资料的著录规则。为适应科学技术发展和文献载体形式变化的需要，美国图书馆协会等原有参与编制 AACR2 的机构及澳大利亚编目委员会，组成《英美编目条例》联合筹划指导委员会，对 AACR2 进行修订，并于 1988 年出版了 AACR2 的修订本，于 1993 年出版了增补本。

1998 年出版的《英美编目条例》（第二版）的修订本有 CD 版和图书版两种形式。

2002 年，以活页形式出版了《英美编目条例》（第二版）的修订版。

AACR2 自 1978 年发布以来，就在世界范围内被广泛使用，生成了亿万条书目记录。

---

① 开蓉嫣 . AACR2 2002 年最新修订本简介［J］. 图书馆杂志，2003（1）：35-37.

AACR2 的辉煌直到计算机时代来临才告结束。

如今，在国际编目界，AACR2 逐渐被其升级产品《资源描述与检索》（Resource Description and Access，RDA）所取代。RDA 是一套为数字环境下的资源著录与检索而设计的最新国际编目规则。

20 世纪国际图书馆目录的特点，除了向标准化发展以外，还包括目录卡片的广泛推广应用。1901 年，美国国会图书馆采用 12.5 厘米 ×7.5 厘米的卡片，实现了集中编目，并出版印刷，这种格式的卡片后来发展成为世界通用的标准尺寸目录卡片。随着科学技术的发展，1941 年美国国会图书馆又将卡片目录转化成缩微胶卷的形式。

2.3 机读目录格式 USMARC、MARC21、UNIMARC 的产生和发展

机读目录是计算机编目的产品，它是以代码形式和特定格式结构记录在计算机存储载体上，能够被计算机识别并编辑输出书目信息的目录形式。

2.3.1 美国国会图书馆 USMARC 的产生

MARC 是以代码形式和特定结构记录在计算机存储载体上的、用计算机识别与阅读的目录。MARC 可一次输入，多次使用，是信息技术发展和资源共享要求的产物。

MARC 数据最早产生于美国。1961 年，美国国会图书馆开始了图书馆业务工作自动化的构想。随着计算机技术的进步，1963 年，美国国会图书馆对内部工作采用电子计算机技术的可行性进行了调查。1966 年，美国国会图书馆开发出了标准机读目录款式的建议，即 MARC-I 格式，1967 年开发出了 MARC-Ⅱ格式，它是目前使用的各种机读目录格式的母本。1969 年，美国国会图书馆开始向美国发行 MARC-Ⅱ格式书目磁带，并将 MARC-Ⅱ格式

称为 USMARC（Universal Machine Readable Catalogue），即美国机读目录。[①]

MARC 是一种计算机技术发展初期设计的数据格式，这一格式在定义时充分考虑了图书馆书目数据在文献的形式描述、内容描述、检索等方面的需要，具体表现在以下几个方面：

（1）字段数量多；

（2）著录详尽；

（3）可检索字段多；

（4）定长与不定长字段结合，灵活实用；

（5）保留主要款目及传统编目的特点；

（6）扩充修改功能强；

（7）能在实践中不断发展完善。

英法等国借鉴 USMARC，根据各自情况开发了自己的机读目录。

目前，机读目录格式是图书编目的通信格式标准，更是图书馆或出版商之间进行目录信息交换的重要工具。它突破了图书馆传统的纸质卡片式目录，加快了图书馆的自动化进程，大大提高了馆际互借的可行性和信息资源的共享性。

2.3.2 MARC21 的产生

2.3.2.1 MARC21 的开发过程

MARC21 结合了加拿大机读目录格式（CAN/MARC）与美国机读目录格式（USMARC），并在排除它们的差异性后研制而成。它基于美国国家标准协会（American National Standards Institute，ANSI）的标准 Z39.2 格式，并整合了各国的 MARC 格式。MARC 21 利用互联网和通信技术跨越国界，使书目格式的交换更加便利。MARC21 的设计目的是重新定义 MARC 格式，

---

① 司莉.《美国国会图书馆图书分类法》USMARC 格式的实现［J］. 高校图书馆工作，2000（3）：28-30.

增进其检索功能，以求适用于 21 世纪的网络环境。①

MARC21 是为适应各类型文献记录在不同系统间的交换以及实现格式一体化的需要而产生的。它由美国国会图书馆与加拿大国家图书馆联合编写，是一个将 USMARC 和 CAN/MARC 相融合的 MARC 格式。

MARC 21 也成功地应用于大英图书馆。MARC21 允许使用具有两个字节的 MARC-8 或 Unicode 的其中一种可变长度字符编码的 UTF-8。MARC-8 是基于 ISO 2022 的格式，可用于希伯来文、阿拉伯文、希腊文等。

MARC21 是以机读目录形式表示和传输书目记录与相关信息，由一系列的代码和内容指示符构成。其目的是定义五种类型的数据：书目数据、馆藏数据、规范数据、分类数据和社会信息。

2.3.2.2 MARC21 产生的经济原因

MARC 格式的统一和融合有其经济原因。

长期以来，美国国会图书馆、大英图书馆和加拿大国家图书馆都在寻求降低编目成本的方法，而简化编目是一种可行的方法。一个图书馆可以通过使用其他图书馆制作的现成编目记录来降低自己的编目费用，然而要实现书目数据的共享或复制编目记录就需要在编目规则和数据格式上达成一致，以促成记录的内容一致，并且在不同的目录系统中可进行无障碍的导入和导出。1994 年，美国国会图书馆、大英图书馆和加拿大国家图书馆意识到使用统一的 MARC 格式可简化书目信息的交换。1997 年 2 月，USMARC 和 CAN/MARC 两种 MARC 格式实现了统一，新的 MARC 格式在 1998 年被命名为 MARC21（即 21 世纪的 MARC），而未采用 IMARC 这个具有双重含义（International MARC 和 Integrated MARC）的名称，主要是考虑到欧洲国家对以 IMARC 命名新格式所持的消极态度，以及 IMARC 和 IFLA 编制的 UNIMARC 在名称上具有差异性。

---

① 曾伟忠，陈欣雨，胡惠芳 . 美国国会图书馆 MARC21 书目数据格式的重要变化及我国西文编目工具书机读目录格式的修订建议［J］.图书馆理论与实践，2019（5）：77-80.

2.3.2.3　MARC21 的执行格式

MARC21 共有五种执行格式，即 MARC21 书目数据格式、MARC21 馆藏数据格式、MARC21 规范数据格式、MARC21 分类数据格式和 MARC21 社会信息格式。

MARC21 书目数据格式对编码描述、检索和控制不同形式信息资源的数据元素进行了详细说明。

MARC21 馆藏数据格式对如何编码各种形式信息资源的馆藏数据与位置数据进行了详细说明。

MARC21 规范数据格式对如何编制用于识别书目记录中的内容并保持其唯一性和一致性的规范记录予以说明。其目的是通过编制规范记录实现对书目记录的控制。

MARC21 分类数据格式用于编码分类号、相关说明等数据元素。按分类数据格式建立的分类记录用于维护和发展类表。

MARC21 社会信息格式用于说明如何建立与事件、项目、服务等相关的非书目信息记录，这些信息可整合到公共查询目录中供用户查询。

2.3.2.4　MARC21 的修订

目前，MARC21 还在不断修改和完善过程中，各个图书馆都在为改进 MARC21 而提出各种建议。例如，2005 年北美艺术图书馆协会和视觉资源协会提出为区分知识内容的标引词与视觉描述的标引词而修改 MARC 的编码系统。在收到来自各方的建议后，负责维护 MARC21 的 MARC 顾问委员会对提出的建议展开讨论，通过投票或会议等方式做出最终决定，并对 MARC21 进行必要的修改。因此，五种 MARC21 格式每年都会有不同程度的更新。

2.3.3　UNIMARC 的产生

UNIMARC 最早出现在 1977 年，由 IFLA 的情报技术部和编目部组成的共同工作组负责制定。

为强化书目数据的可交换性，IFLA 于 1977 年制定了《国际标准书目著录（总则）》，为促进和支持书目数据的交换奠定了良好的基础。20 世纪 70

年代，美国、英国和法国等国家相继采用计算机技术编制书目数据，但各国的格式不尽相同。也就是说，这些国家虽然主要采用国际通用的格式（即 ISO 2709 ——书目信息交换格式），但其内容和标识符各不相同，导致以非标准格式记录的编目数据不能进行有效的信息交换。为此，IFLA 组建了由美国、法国、英国、丹麦、加拿大及荷兰等国代表共 10 人组成的 UNIMARC 工作组，研究 UNIMARC 的一致性。该工作组在经过 6 次工作组会议讨论后形成草案，并于 1977 年公布了 UNIMARC 编目标准，1980 年出版了 UNIMARC 的第二版。①

1983 年，IFLA 将 UNIMARC 纳入核心计划，成立了国际机读目录计划（International MARC Programme，IMP）。该计划由两个国家负责：德国国家图书馆负责技术可行性研究和 UNIMARC 的测试，大英图书馆负责 MARC 的进一步修订。

1987 年，IFLA 出版了《UNIMARC 手册》，随后在 1994 年以活页形式出版了第二版修订版《UNIMARC 手册：书目格式》。经过 1996 年、1998 年、2000 年、2002 年和 2005 年五次更新后，IFLA 又于 2008 年出版了《UNIMARC 手册》（第三版）。除了 UNIMARC 书目数据（UNIMARC/Bibliographic）之外，UNIMARC 还有 UNIMARC 馆藏数据（UNIMARC/Holdings）。

2.3.4　机读目录之母——亨丽埃特·阿夫拉姆

机读目录始于 20 世纪 60 年代，由美国国会图书馆研制。亨丽埃特·阿夫拉姆是美国国会图书馆开发图书馆机读目录的电脑程序员和系统工程师，被称为机读目录之母。

世界各国陆续进行的本国机读目录的开发和研制，都是在阿夫拉姆开发的机读目录格式的基础上进行的。1973 年，国际标准化组织将机读目录格式作为国际标准正式颁布，即 USMARC 格式，或称 LCMARC。

亨丽埃特·阿夫拉姆的机读目录格式改变了信息检索和图书地理馆藏之间的关系，使搜索数千米之外的馆藏成为可能。亨丽埃特·阿夫拉姆发明的

---

① 蒋敏 . UNIMARC 的发展历程与趋势［J］. 图书馆建设，2010（5）：26-28.

编码传输和数据组织方法为互联网的发展提供了重要的帮助，她也因此成为
图书馆世界迈向信息世界的关键人物。

2.3.4.1 亨丽埃特·阿夫拉姆的成长道路

1919 年 10 月 7 日阿夫拉姆出生于美国纽约曼哈顿，1952 年在华盛顿
大学学习数学，毕业后进入美国国家安全局工作。靠着最初的 IBM701 系列
的计算机和自己的努力，阿夫拉姆成了数量极少的第一批美国电脑程序员
之一。[①]

20 世纪 60 年代初期，阿夫拉姆又到 Datatrol 软件公司工作，主要是做
系统分析和编程，在此期间，她第一次获得了图书馆工作的专业经验。当她
被要求设计一个用计算机管理图书馆的项目时，为了了解图书馆学的专业知
识，她阅读了许多图书馆学的教科书，并聘请了一名图书馆员，以协助她完
成整个设计过程。正是通过这个项目，她被引介到美国国会图书馆的卡片服
务部。阿夫拉姆与联机计算机图书馆中心（Online Computer Library Center，
OCLC）之父——弗雷德里克·基尔哥尔进行磋商，对 OCLC 的书目信息计
算机化做了最初的尝试工作。1965 年 3 月，阿夫拉姆最终受聘成为信息系统
专家办公室的系统分析员。阿夫拉姆被美国图书馆学会评选为贡献最大的图
书馆员，而她把这归功于美国国会图书馆——在这个没有围墙的学校中所学
习到的一切。阿夫拉姆以自己独特的方式进入了图书馆的世界，来解决图书
馆的各种问题。

2.3.4.2 阿夫拉姆开发 MARC 的过程

阿夫拉姆在美国国会图书馆的第一个任务是分析如何用计算机处理编目
数据。凭借在美国国家安全局受到的训练，她认识到在提出用计算机解决方
案之前，彻底理解编目业务是首要条件，所以她和两名图书馆员一起仔细检
查每一条书目记录，得到了很多的信息。她通过浏览由数百种语言构成的数
百万条目录，为每一条目录设计了单独的数学算法。她通过学习美国图书馆

---

① 陈杰，李东莹，蒋南．亨丽埃特·阿夫拉姆：机读目录之母［J］．科技视界．2015（33）：
21-23.

协会著录规则和美国国会图书馆的卡片排列规则，尽可能地了解书目控制的方方面面。在彻底分析了书目记录的每个部分后，阿夫拉姆将之设计为一套字段，包括名称（标签，三位数字）、处理方式（指示符）和组成内容（子字段）三个部分。由此，机读目录格式得以确立。有了机读目录，就可以把卡片目录转换为计算机目录，使得千里之外联网查询目录成为可能。

2.3.4.3　阿夫拉姆对 MARC 的应用

1969 年 3 月，阿夫拉姆领导 MARC 项目组，开始进行 MARC 格式的回溯转换工作。同年，她参加了由 IFLA 主办的国际编目专家会议，并成为开发国际标准书目著录（专著）的成员。1976 年，阿夫拉姆担任网络发展办公室主任，主要负责协调图书馆网络和制定书目资源的国家与国际标准，之后又担任美国国会图书馆网络咨询委员会的主席。

2.3.4.4　阿夫拉姆将 MARC 推向全世界

为了使 MARC 格式得到广泛采用，阿夫拉姆致力于使之成为美国和世界统一标准。她先是与美国图书馆协会和美国国家标准协会沟通，使 MARC 格式在 1971 年成为美国国家标准，并在 1973 年使 MARC 格式成为国际标准（ISO 2709）。为了统一各国 MARC 格式，实现全球资源共享，当时任 IFLA 的内容标识符工作组主席的她，在 1977 年领导开发了 MARC 格式的国际版 UNIMARC。IFLA 于 1994 年出版了《UNIMARC 手册》（第二版），以实现不同文种、不同载体的文献机器目录格式的一体化，并为不同国家书目机构之间 MARC 的交换创造了条件。由于她的努力，MARC 现在已经成为全球图书馆自动化与书目交流的基础。尽管她从未打算做一名图书馆员，却成了图书馆自动化和书目控制方面的杰出人物。到 1980 年，她领导 700 人的团队从事美国国会图书馆的信息处理工作。作为信息处理系统、网络自动化项目第一主任的她负责网络自动化工作、书目产品和服务。1992 年，她以美国国会图书馆负责信息处理事务的副馆长身份退休。2006 年 4 月 22 日，她因癌症在迈阿密的医院去世，享年 86 岁。她曾经说过，她想作为一名优秀的管理者，作为为这个世界做出过贡献、为他人服务的人而被人们所铭记。她充沛的精力、高超的外交能力和作为 MARC 格式之母对书目控制自动化做出了卓越贡献。

2.3.4.5　阿夫拉姆获得的奖项和在国际上的影响

按照美国图书馆界惯例，只有拥有图书馆学位的人才是图书馆员，其他专业人员只能是准图书馆员。阿夫拉姆作为一名计算机编程专家，在1971年获得美国图书馆协会授予她的第一个奖项"玛格利特·曼分类编目奖"，后来她多次获得美国图书馆协会、大学和各种机构颁发的奖项。1974年，她作为杰出妇女代表获得美国联邦妇女奖。1997年，美国图书馆协会授予她终身荣誉会员资格。虽然她已经取得了这么多成就，可是她对自己的工作还不满意，认为还有很多工作要做。

2.4　FRBR 模型的编制

2.4.1　FRBR 的产生

FRBR 是 Functional Requirements of Bibliographic Records 的简称，即《书目记录功能需求》，是 IFLA 于 1998 年编制出版的一个描述未来书目模型的研究报告。FRBR 对书目记录描述的对象在整个生命周期过程中不同阶段的不同实体类型进行了详细的分析。FRBR 应用实体—关系模型（E-R Model）来构建书目的概念框架，为探讨书目记录的结构和关系提供了一个新视点。这个模型对沿袭了一个多世纪的编目理论提出了挑战，在编目界引起了强烈反响。

FRBR 的书目模型包括实体、属性、实体间关系、实体及其属性与用户任务的映射关系，以及基于 FRBR 模型的国家级书目记录的基本需求。[①]

FRBR 将书目记录涉及的实体分成三组，第一组是通过智慧和艺术创作的产品，包括作品（work，一种特有的智慧和艺术的创作，抽象的实体）、内容表达（expression，通过数字、音乐、声音、图像、动作或这些形式的组

---

① 柯平，曾伟忠 . 21 世纪国际图联（IFLA）文献信息编目创新的研究［J］. 图书馆，2007
（6）：17-21.

合对智慧或艺术作品的实现）、载体揭示（manifestation，通过物理介质实体化内容表达的实体）和单件（item，载体表现的实例或个体）；第二组是对智慧和艺术创作产品负责任的个人和团体，这些个人和团体与第一组中的实体间存在着各种角色关系；第三组是产品的主题内容，包括概念、实物、事件、地点、第一组和第二组实体本身等。

FRBR 的出版给国际图书馆编目界带来了深远的影响，《国际标准书目著录》《国际编目原则声明》《英美编目条例》（第 2 版）等随之都进行了修订。

2.4.2　FRBR 在国外图书馆的应用

2.4.2.1　新西兰 Waikato 大学开发的绿宝石数字图书馆项目

FRBR 是一种书目控制的思路和方法，要把它应用到图书馆实践中，最重要的一点就是把 FRBR 的方法用到图书馆信息资源数据库中，因为数据库是现代图书馆信息服务的基础和核心，各国所开发的 FRBR 应用项目都离不开 FRBR 在数据库中的应用。在分析各国 FRBR 应用项目前，我们先介绍下新西兰绿宝石数字图书馆项目开发的 FRBR 书目数据库，分析它是如何对书目的 FRBR 实体的相关元素进行信息组织的。

绿宝石数字图书馆项目是新西兰 Waikato 大学开发的，该项目主体绿宝石软件是开源软件，目前在全世界有包括联合国数字图书馆、我国的北京大学数字图书馆、牛津数字图书馆、俄罗斯绿宝石图书馆和华盛顿研究图书馆联盟等在内的几十个用户，遍布欧、亚、非、美等世界各地。Waikato 大学开发绿宝石软件的目的是支持用户特别是大学、图书馆和其他公共服务机构的用户建设它们自己的数字图书馆，促进公共领域的信息共享。绿宝石软件目前有英语、法语、德语、日语、俄语和汉语等 49 种语言版本。[①]

FRBR 书目数据库嵌在绿宝石图书馆员接口（Greenstone Librarian Interface，GLI）中，是 GLI 的一个组成部分。

---

① 曾伟忠 . FRBR 的应用与我国目录工作的创新［J］. 图书馆学刊，2009（3）：92-95.

2.4.2.2　澳大利亚文献信息门户

澳大利亚文献信息门户（Australian Literature Gateway，以下简称 AustLit）是澳大利亚国家图书馆和 12 所大学图书馆合作建设的非营利项目，它提供从 1780 年至今的澳大利亚数十万重要的文献作品的信息。AustLit 索引描述印刷和电子资源，也提供重要论文和著作的全文。AustLit 的任务就是支持对澳大利亚文献的探索和研究。AustLit 软件在技术实现上运用了 FRBR 的数据模型。具体来说，AustLit 数据库实现了一个基于主题和主题地图的 FRBR 数据模型，而服务器软件则支持将数据结构映射至 FRBR 对象和 XML 格式。信息通过基于 FRBR 对象的 XML 结构，并结合 XSL 样式单格式输出，不同的样式单可以生成不同格式的文件，如 HTML、EDA、MARC 和 RDF。AustLit 认为 FRBR 模式是一种事件驱动的模式，作品是一种创造事件，内容表达是一种实现事件，载体揭示是一种揭示事件。AustLit 的作品手册对于作品著录的规定非常详细，是对 IFLA 的 FRBR 报告的细化和发展。

2.4.2.3　丹麦国家书目中心的 VisualCat

VisualCat 是丹麦国家书目中心开发的编目系统，大英图书馆和意大利国家图书馆也在使用这个系统。该系统的规范控制使用的是基于 FRBR 的资源描述框架（Resource Description Framework，RDF），并运用了 FRBR 的实体和关系进行资源描述。VisualCat 将 FRBR 理解为一种本体，这种观点非常精辟，使我们能进一步认识 FRBR 的本质。

2.4.2.4　美国弗吉尼亚州的 VTLS 公司开发 Virtua OPAC

Virtua OPAC 是由位于美国弗吉尼亚州的 VTLS（Visionary Technology in Library Solution）公司开发的基于 FRBR 模式的软件 Virtua iPortal 的公共检索界面，该界面能同时检索印刷型和声像型等各种格式的文献，运用 FRBR 建立各种关联，全面揭示文献的状态。

2.4.2.5　WorldCat 数据库中的搜索软件雏形 FictionFinder

FictionFinder 是 OCLC 用于访问其 WorldCat 数据库中的 290 万条图书、

电子图书和其他声像资料而开发的基于 FRBR 的搜索软件雏形，这个项目是 OCLC 四大搜索项目之一，其功能是根据 FRBR 模式组织书目数据。通过互联网可以直接访问 FictionFinder，其检索方式有关键词检索和主题检索两种。关键词检索包括高级检索，主题检索支持的语言有英语、德语、法语和西班牙语，并且英语主题是按 26 个英文字母的顺序排列的。笔者点击 Artists，在出现的 699 条记录再点击 Ulysses（尤里西斯，英国文学作品），则出现了 311 个版本、11 种语言和分布在全球 12 113 个图书馆的印刷型及声像型的记录。另外，OCLC 还公布了一个将书目记录转换成 FRBR 模式的算法 FRBR WorkSet Algorithm，该算法可免费获取，OCLC 将这种数据转换称为 FRBR 化（FRBRization）。有些学者对 FictionFinder 和美国国会图书馆的 OPAC 的书目检索功能专门做了一个比较分析，他们用篇名《哈姆雷特》和作者莎士比亚进行组合检索，结果从美国国会图书馆的 OPAC 检索出 574 条互不关联的记录，而从 FictionFinder 中检索出 16 组 FRBR 第一组实体作品，每一组作品下的几十条记录以树的形式互相关联着，这样用户就更容易找到需要的信息。

2.4.2.6　IFLA 对于 FRBR 应用的深入

IFLA 编目部在 2002 年成立了一个 FRBR 工作组，对 FRBR 模型的维护和发展进行了研究，以使 FRBR 模型成为一个通用书目数据模型和参考模型。IFLA 在 2003 年 8 月柏林 FRBR 工作组会议上提出的战略计划中提到，将制定新的著录标准和检索点标准，并将采取以下具体措施：首先是广泛宣传 FRBR，同编目规则制定者，尤其是国际编目规则国际专家会议保持联系，希望能在编目规则的制定中体现 FRBR 原则，并同其他相关组织一起推动 ISBD 系列（ISBDs）的更新，引入 FRBR 术语和概念，改善公共目录系统（OPACs）服务，并加强 FRBR 的教学和培训；其次是维护和扩展 FRBR 模型，使之能覆盖各种有关图书馆信息资源，发现 FRBR 模型中相互冲突的定义，并协助解决应用中产生的问题；最后是将 FRBR 研究扩展到规范控制领域。

2.4.3 FRBR 存在的不足

以 FRBR 为代表的 FRBR 家族（包括 FRBR、FRAD 和 FRSAD）存在着明显的不足。以 FRBR 为例，其不足主要有以下几点。[①]

2.4.3.1 FRBR 所定义的实体及关系过于简单

以实体为例，FRBR 将整个书目世界用 Work，Expression，Manifestation，Item，Person，Corporate Body，Concept，Object，Event，Place 这 10 个实体来表示。这种表示方法存在的问题是实体数量太少，不足以描述整个书目世界。例如，还应增加实体识别号（Identifier）、知识组织系统（KOS）、书目机构（Bibligraphic Agency）和录音（Recording）等。

另外，FRBR 已经定义的实体还需再细化，以 Work 为例，Work 还应进一步细化为 Individual Work，Complex Work，Container Work，Aggregation Work，Serial Work，Publication Work，Performance Work，Recording Work，这样才能更准确、更具体地对书目进行描述。

2.4.3.2 FRBR 的关系描述没有语义功能

FRBR 实体之间的关系分为两类，第一类是横向关系，如 Work to Work Relationships；第二种是纵向关系，如 Manifestation to Item Relationships。由于 FRBR 实体之间的关系只深入到了概念范畴，如种概念和属概念范畴之间的关系，还没有深入到谓词范畴，这种概念范畴的关系描述还不具备推理功能，因此 FRBR 的关系描述没有语义功能。

2.4.3.3 FRBR，FRAD 和 FRSAD 没有整合统一

FRBR，FRAD 和 FRSAD 是三个独立的具有不同功能的书目模型，它们是 IFLA 在不同时期发布的，这三个模型有各自针对的编目对象，没有进行整合和统一。

---

① 曾伟忠.《书目记录功能需求》（FRBR）的研究进展及对我国编目工作的启迪［J］. 图书馆理论与实践 . 2008（5）：18-20.

2.4.4　FRBR 和我国目录工作的创新

运用 FRBR 模式创新目录工作是一项意义深远而又艰巨的工作，如果我们能够完成，就应该独立完成，而不一定非要等到欧美发达国家开发成功后再模仿和吸收。运用 FRBR 模式创新我国的目录工作可以从以下几个方面着手。①

2.4.4.1　《中国图书分类法》和《中国文献著录规则》的修订

《中国图书分类法》（第四版）自 1999 年出版以来，受到广泛的欢迎，但不同文献分类号之间的关联方法还不够多，还没有将文献之间的这种层次关系深刻而全面地揭示出来，在将来的修订中，我们希望能融入 FRBR 的主题关联思想。曹宁在《试论 FRBR 在中国文献编目规则和机读目录格式中的应用》一文中，从 FRBR 角度分析了《中国文献编目规则》修订过程中遇到的几个难点问题。他提出了将 FRBR 概念模型应用于编目规则和机读格式中的设想，旨在通过 FRBR 的核心思想来优化统一题名的处理、文献获取方式的界定、古籍著录中复本附注的应用，以及版本信息的区分和著录方式的选择等方面的修订工作。

2.4.4.2　FRBR 编目系统的设计

FRBR 编目系统的设计可以考虑以下因素：利用 MARC 对信息描述比较丰富、全面的优点，将 MARC 格式作为 FRBR 新系统界面的子模板，但取消原来的字段与子字段代之以实体名称，并利用实体—联系（E-R）模型提供的新方法，采用 Web 交互方式，这样编目人员编目时只需输入信息资料的外部特征和内容特征。这种简单明了的操作方式，使非专业人员如信息提供者及网络编辑员也能看懂并进行熟练编目，既提高了编目速度，也扩大了编目的实用面，这种系统非常灵活，可以随着文献信息的变化而变化，只要制定相应的统一规定，它的实体名称数量随时可以改变，或增加，或缩减。在保持 MARC 原有优点的基础上，并不需要像 MARC 编目系统那样经过非常烦琐的程序才能修改一个字段。同时，对于这种编目系统的维护也比较简单。

---

① 曾伟忠 . FRBR 的应用与我国目录工作的创新［J］. 图书馆学刊，2009（3）：92-95.

2.4.4.3　FRBR Web 检索系统的设计

对于检索系统的设计，除了对 FRBR 编目系统进行检索以外，还可以利用 XML 在 FRBR 编目系统与传统的编目系统，即 MARC 之间建立映射关系，把从 MARC 系统中查询到的书目数据生成一个 MARC/XML 文档，然后按照 FRBR 模型将该文档转换成"著作""表述""说明"和"元组"的结构，再由 HTML 将结果显示出来。这样，用户查询时可以对两个系统同时进行操作，大大提高了检索速度。总的来说，该系统与专业的 MARC 编目系统比起来，取消了烦琐的字段、子字段、指示符等，使编目工作更加简单易操作。同时，它对作品的描述更加深入，增加了对作品内容的描述，如对著作、概念、对象、事件、地点等的描述。

2.4.4.4　FRBR OPAC 检索系统的设计

传统的 OPAC 显示为一个列表，系统根据用户的检索条件返回符合该检索要求的记录，这些记录之间是彼此独立的。基于 FRBR 模型的 OPAC 检索系统的基本原理是将规范文档和书目文档中的相关记录以"FRBR 树"的形式反馈给用户，以满足其发现、识别、选择和获取实体的需求，而不像在传统 OPAC 检索系统中，用户需对庞大的、结构性不强的记录逐页逐条地检索。

2.5　FRBRoo 模型的编制

2.5.1　FRBRoo 的产生

2017 年 3 月，IFLA 网站的编目部分网页上发布了由 IFLA 和国际博物馆理事会（International Council of Museums，ICOM）共同成立的书目功能需求 / 概念参考模型意见交换工作组撰写的 FRBRoo 的释义：面向对象形式的书目信息概念模型（Definition of FRBRoo：A Conceptual Model for Bibliographic Information in Object-Oriented Formalism）——FRBRoo 2.4 Version 的研究报告。

该研究报告是在 FRBRoo1 Version 和 FRBRoo2 Version 这两个版本的研究报告基础上修订的。由于前两个版本的研究报告不够成熟，所以 IFLA 没有在其网站上公开发布。

FRBRoo 是对 1998 年 IFLA 推出的 FRBR 及随后推出的 FRAD 和 FRSAD 的全新的修订，oo 是 Object-Oriented 的首字母缩略词，意思是"面向对象的"。根据该研究报告的内容，可以发现，与 FRBR 相比，FRBRoo 发生了功能上的进一步改变，其改变的主要方面是对原来三个书目记录模型的精确化、语义化和一体化。

2.5.2　FRBRoo 的研发过程

2.5.2.1　国际图书馆界和国际博物馆界的工作交流

2000 年巴黎召开了欧洲图书馆自动化集团（European Library Automation Group）第 24 届图书馆系统研讨会（24th Library Systems Seminar）。在这个研讨会上，国际图书馆界和国际博物馆界相互交流了面向书目的 FRBR 模型与面向文物目录的概念参考（CIDOC CRM）模型，双方认为这两个模型可以取长补短。这个想法促成了 2003 年书目功能需求 / 概念参考模型协调工作组的成立。

2.5.5.2　FRBR 吸取 CIDOC CRM 的优点

书目功能需求 / 概念参考模型协调工作组发现 ICOM 制定的 CIDOC CRM 有很多优点，如定义了非常详细的类（Class）和属性（Property），且具有语义功能，也发现 FRBR 存在的不足，同时还发现 CIDOC CRM 的优点正好弥补 FRBR 的不足。工作组因此于 2010 年提出了基于 CIDOC CRM 的 FRBRoo Version 1.0，此后又提出了融合了 FRAD 和 FRSAD 的 FRBRoo Version 2.1。

FRBRoo 使用 CIDOC CRM 的概念、工具、机制和符号规则描述书目模型，并使用了面向对象的形式体系替代了 FRBR 的实体——关系模型，这样就使书目的表述更为清晰，更有利于概念模型到实际应用的转换。

2.5.3　FRBRoo 的总体结构

IFLA 将 FRBRoo 定义为面向对象的书目信息概念模型，FRBRoo 实际上是一个本体。

Definition of FRBRoo 报告分为 6 个章节，其内容如下。

第 1 章是前言（Introduction）。本章共有 3 节，分别是建立 FRBRoo 的目的、FRBRoo 和 FRBR 的区别、FRBRoo 和 FRAD/FRSAD 的区别。

第 2 章是模型描述（Description of the Model）。本章共有 7 节，分别是 FRBRoo 图形概述（Graphic Overview of the Object-Oriented Definition of FRBR）、命名规则（Naming Conventions）、属性关系方式（Property Quantifiers）、描述规则（Presentation Conventions）、类和属性的层次结构（Class & Property Hierarchies）、FRBRoo 的类声明（FRBRoo Class Declaration）和 FRBRoo 的属性声明（FRBRoo Property Declaration）。

第 3 章是 FRBRer 家族到 FRBRoo 的映射（FRBRer Family to FRBRoo Mappings）。本章共有 5 节，分别是前言（Introduction）、映射类型解释（Explanation of Types Used in the Mapping）、FRBRer 映射表（List of FRBRer Mappings）、FRSAD 到 FRBRoo 的映射（FRSAD to FRBRoo Mappings）和 FRAD 到 FRBRoo 的映射（FRAD to FRBRoo Mappings）。

第 4 章是 CIDOC CRM 类和属性的参照（Referred to CIDOC CRM Classes and Properties）。本章共有 4 节，分别是 CIDOC CRM 类的参照表（List of Referred to CIDOC CRM Classes）、CIDOC CRM 属性的参照表（List of Referred to CIDOC CRM Properties）、CIDOC CRM 类的参照（Referred to CIDOC CRM Classes）和 CIDOC CRM 属性的参照（Referred to CIDOC CRM Properties）。

第 5 章是本研究报告的参考书目（Bibliography）。本章列出了本研究报告所有的参考文献。

第 6 章是修订情况（Amendments）。本章共有 8 节，分别是 FRBRoo1.0.1 版的修订（Amendments to Version 1.0.1），FRBRoo1.0.2 版的修订（Amendments to Version 1.0.2），第 18 次 FRBR–CIDOC CRM 会议 FRBRoo2.0 版的修订［Amendments to Version 2.0（18th FRBR–CIDOC CRM Meeting）］，第 20 次 FRBR–CIDOC CRM 会议 FRBRoo2.0 版的修订［Amendments to Version 2.0（20th FRBR–

CIDOC CRM Meeting）]，第 22 次 FRBR–CIDOC CRM 会议 FRBRoo2.0 版的修订［Amendments to Version 2.0（22nd FRBR–CIDOC CRM Meeting）]，第 23 次 FRBR–CIDOC CRM 会议 FRBRoo2.0 版的修订［Amendments to Version 2.0（23rd FRBR–CIDOC CRM Meeting）]，第 25 次 FRBR–CIDOC CRM 会议 FRBRoo2.1 版的修订［Amendments to Version 2.1（25th FRBR–CIDOC CRM Meeting）]，第 27 次 FRBR–CIDOC CRM 会议 FRBRoo2.2 版的修订［Amendments to Version 2.2（27th FRBR–CIDOC CRM Meeting）]。

2.5.4　FRBRoo 的类声明

FRBRoo 的类声明（FRBRoo Class Declaration）位于研究报告第 2 章的第 2.6 节，从 F1 Work 到 F54 Utilised Information Carrier 共有 54 个类，每个类包括父类（Subclass of）、子类（Superclass of）、作用域说明（Scope note）、实例（Examples）和属性（Properties），F1 和 F54 是 FRBRoo 类的专门标识符。

例如：

F1 Work

Subclass of：E89 Propositional Object.

Superclass of：F14 Individual Work.

F15 Complex Work

F16 Container Work

F21 Recording Work

Scope note：This class comprises distinct concepts or combinations of concepts identified in artistic and intellectual expressions, such as poems, stories or musical compositions.（限于篇幅，笔者没有列出 Scope note 的全文）

Examples：'Hamlet' by William Shakespeare（F15）.

Properties：R1 is logical successor of（has successor）：F1 Work.

R2 is derivative of（has derivative）：F1 Work.

R3 is realised in（realises）：F22 Self-Contained Expression.

R40 has representative expression（is representative expression for）：F22

Self-Contained Expression.

上例 F1 Work 类声明解读如下：

F1 Work 的父类是 E89 Propositional Object，其子类有 4 个，分别是 F14 Individual Work，F15 Complex Work，F16 Container Work，F21 Recording Work。本类的作用域包括艺术和智慧表示中能被识别的概念或概念组合，如诗歌、故事或音乐作品等。

实例：威廉·莎士比亚（F15）的"哈姆雷特"。

F1 Work 类有 4 种属性，分别是 R1、R2、R3 和 R40。

2.5.5　FRBRoo 的属性声明

FRBRoo 的属性声明（FRBRoo Property Declaration）位于研究报告第 2 章的第 2.7 节，从 R1 is logical successor of（has successor）到 R66 included performed version of（had a performed version through）共有 66 个属性，每个属性包括域（Domain）、子属性（Subproperty）、作用域说明（Scope note）和实例（Examples），R1 和 R66 是 FRBRoo 属性的专门标识符。

例如：

R1 is logical successor of（has successor）.

Domain：F1 Work.

Range：F1 Work.

Subproperty of：E70 Thing. P130 shows features of（features are also found on）：E70 Thing.

Quantification：（0，n：0，n）

Scope note：This property associates an instance of F1 Work which logically continues the content of another instance of F1 Work with the latter.

Examples：

The first 'Star wars' trilogy（F15，1977—1983）R1 is logical successor of The second 'Star wars' trilogy（F15，1999—2005）.

上例 R1 is logical successor of（has successor）属性声明解读如下：

本属性所限定的类是 F1 Work，本属性所指向的类是 F1 Work，本属性的子属性是 P130 shows features of(features are also found on)。

本属性的关系方式是多对多（0，n：0，n），本属性的作用域是在逻辑上 F1 Work 的一个实例继承于另一个 F1 Work 的实例。

实例：第一部"星球大战"三部曲（F15，1977—1983）的逻辑继承者是第二部"星球大战"三部曲（F15，1999—2005）。

FRBRoo 是 IFLA 最新推出的书目功能需求模型，代表了国际书目编制的发展方向，由于是巨大的创新，研究报告一定存在着不足的方面，需要书目界的广大同仁提出宝贵的意见和建议，从而不断加以完善。

2.6 PRESSoo 模型的编制

编目概念模型是一种关于信息资源和文化资源目录编制方法的总体性指导框架，目前国内外从事编目工作的机构主要有文献信息机构、文物收藏机构和新闻媒体机构，如图书馆、档案馆、博物馆和电视台等。在数字环境下，由于信息数量的急剧膨胀和用户对信息检索效率的要求提高，编目工作面临着前所未有的挑战。传统的扁平式目录编制方法已不能满足用户的需求，因此 IFLA 于 1998 年提出了立体式的书目功能需求模型 FRBR。FRBR 的发布，推动了国内外立体化目录的编制，从而大大提高了文献的检索效率。不过，FRBR 针对的对象是图书，不适用于另一种重要的文献类型——连续性资源。

为了提高以期刊为代表的连续性资源目录的功能，IFLA 于 2012 年成立了工作组，开始了连续性资源编目概念模型——PRESSoo 的编制。

2.6.1 PRESSoo 的涵义和编制

2.6.1.1 PRESSoo 的涵义

根据 IFLA 发布的 PRESSoo1.3 文件的第一部分前言的解释，PRESSoo 中的 PRESS 不是首字母缩略词，而是期刊的意思，期刊是持续性资源的一种形式，目前也是应用最广泛的一种持续性资源。PRESSoo1.3 文件没有对 oo

的意思做出解释，但作为 PRESSoo 基础的 FRBRoo 对 oo 做出了解释，即面向对象的意思，因此 PRESSoo 的涵义是面向对象的期刊等连续性资源编目概念模型。

2.6.1.2 PRESSoo 的编制

1. 编制 PRESSoo 的原因

2011 年，ISBD，RDA 和 ISSN 的代表在召开的编目工作协调会上指出，作为高水准的国际书目资源的模型，FRBR 不适合连续性资源；三方代表一致认为，FRBR 中的作品 / 内容表达 / 载体揭示之间的关系和连续性资源的动态特征存在着冲突。例如，一种连续性作品的表达方式（如一种报纸的不同语言和版本）可能突然变成一种新的作品（如一种报纸现在出版的内容是原来语言和原来版本不能获得的）。而在 FRBR 中，同一实体先后成为表达和作品是不可想象的，但这种情况对连续性资源来说常常发生。

2. PRESSoo 的编制过程

针对 FRBR 的不足之处，IFLA 于 2009 年提出了 FRBRoo，FRBRoo 是面向对象的 FRBR，FRBRoo 借用了 CIDOC 概念参考模型（CIDOC Conceptual Reference Model，CIDOC CRM）。CIDOC CRM 是国际博物馆学会提出的一种基于事件的编目概念模型，这种模型的类和属性非常丰富，能精确地著录文物资源。

PRESSoo 工作组于 2012 年年末建立，PRESSoo 的开发思想是吸取 CIDOC CRM 和 FRBRoo 的合理内容，工作组于 2013 年开始起草 PRESSoo 1.0，并于 2014 年发布，2015 年交由国际同行专家进行评议。

PRESSoo 1.3 由隶属于 IFLA 编目部的 PRESSoo 评议组于 2017 年在 IFLA 网站上发布。

2.6.2 PRESSoo 1.3 的总体内容

在前言部分，PRESSoo 1.3 介绍了其开发的原因和过程。整个文件的总体内容如表 2-1 所示。

表 2-1　PRESSoo 1.3 的总体内容

章	英文章名	中文含义
1	Introduction	前言
2	Overview of PRESSoo	PRESSoo 概述
3	PRESSoo Class Hierarchy	PRESSoo 类的层级
4	PRESSoo Property Hierarchy	PRESSoo 属性的层级
5	PRESSoo Classes	PRESSoo 类
6	PRESSoo Properties	PRESSoo 属性
7	Mapping From the Data Elements Listed in the ISSN Manual to PRESSoo	ISSN 手册数据元素和 PRESSoo 之间的映射
8	Referred to FRBRoo Classes and Properties	FRBRoo 类和属性的参照
9	Referred to CIDOC CRM Classes and Properties	CIDOC CRM 类和属性的参照

下面进一步阐释表 2-1 的内容，具体如下。

PRESSoo 1.3 的第 1 章指出，作为一种"活的"资源，连续性资源的编目信息可能是变化的，如出版者、出版地和出版频率等。因此，连续性资源的编目是对过去的陈述和对未来的假设。连续性资源之间也存在着复杂的关系，它们可能是其他连续性资源的继承，也可能是其他连续性资源的拆分或合并。

由于 FRBRoo 和 CIDOC CRM 有着丰富的类、属性和关系，能够满足连续性资源的编目要求，所以 PRESSoo 1.3 引入了 FRBRoo 和 CIDOC CRM。

PRESSoo1.3 的第 2 章通过 13 张模型图，详细地阐述了连续性资源编目的各种情况，各图的名称如表 2-2 所示。

表 2-2　PRESSoo 1.3 连续性资源编目各种情况的模型图名称

序号	模型图英语名称	中文含义
1	A continuing resource that is still being published	仍在出版的连续性资源
2	Serial, Issue, Article（physical publishing; assuming the serial is dead）	停刊的物理出版的连续出版物、卷期、文章
3	Serial, Issue, Article（electronic publishing; assuming the serial is dead）	停刊的电子出版的连续出版物、卷期、文章
4	Modelling the relationship between two serials, one of which is the "continuation" of the other	连续出版物继承关系模型

（续表）

序号	模型图英语名称	中文含义
5	Modelling the relationship between two serials, one of which is the "supersedes" of the other	连续出版物替代关系模型
6	Modelling the relationship between two serials, one of which is the "absorbed" of the other	连续出版物吸收关系模型
7	Modelling the relationship between two serials, one of which "separated" itself from the other	连续出版物分自关系模型
8	Modelling the relationships among three serials, two of which are "merged" to create the third one	连续出版物合并关系模型
9	Modelling the relationships among three serials, one of which is "split" to create the other two	连续出版物分裂关系模型
10	Modelling the temporary replacement of a serial with another serial	连续出版物临时替代关系模型
11	Modelling the relationship between a（dead）serial and its facsimile reprint as a monograph	连续出版物及其专题影印本关系模型
12	Modelling the relationship between a（dead）serial and its digitization made available online	连续出版物及其数字化版本关系模型
13	Modelling the relationship between a serial and a cumulative issue	连续出版物及其合订本关系模型

　　PRESSoo1.3 的第 3 章列出了 PRESSoo 中所有的类，这些类中引自 FRBRoo 和 CIDOC CRM 的是 E 类和 F 类，Z 类是 PRESSoo 结合连续性资源的特点新增的类，如 Z2 Absorption，Z5 Issuing Rule Change 等，一些 E 类和 F 类是 Z 的上位类，这就是它们之间的层级关系，如 F30 Publication Event 是 Z4 Temporary Substitution，Z6 Starting of Publication，Z7 Ending of Publication 和 Z14 Storage Unit Creation 的上位类。

　　PRESSoo1.3 的第 4 章列出了 PRESSoo 中所有的属性，这些属性中引自 FRBRoo 和 CIDOC CRM 的是 P 属性与 R 属性，Y 属性是 PRESSoo 结合连续性资源的特点新增的属性，如 Y45—created（was created by）等，一些 P 属性和 R 属性是 Y 的上位属性，这就是它们之间的层级关系，如 P93 took out of existence（was taken out of existence by）是 Y12 separated from（was diminished through）和 Y15 replaced（was replaced through）的上位属性。

PRESSoo1.3 的第 5 章 PRESSoo 的类共有 14 个，分别是 Z1 Serial Transformation，Z2 Absorption，Z3 Separation，Z4 Temporary Substitution，Z5 Issuing Rule Change，Z6 Starting of Publication，Z7 Ending of Publication，Z8 Metadata Management，Z9 Storage Unit，Z10 Sequencing Pattern，Z11 URL，Z12 Issuing Rule，Z13 Monograph，Z14 Storage Unit Creation。

每个类包括父类（Subclass of）、作用域说明（Scope note）、实例（Examples）和属性（Properties）。

例如：

Z6 Starting of Publication.

Subclass of：F30 Publication Event.

Scope note：This class comprises activities that consist of publishing the first issue of a given continuing resource.（限于篇幅，笔者没有列出 Scope note 的全文）

Examples：The publication of Volume 1，Number 1，of the periodical entitled "Animal"（ISSN 1751-7311）in February 1997.

Properties：Y17 launched（was launched through）：F18 Serial Work.

上例 Z6 Starting of Publication 类解读如下：

Z6 Starting of Publication 类的父类是 F30 Publication Event，本类的作用域是该连续性资源的第一期。

实例：1997 年出版的 ISSN 号为 1751-7311、刊名为动物的第一卷第一期。

本类的属性是 Y17 launched（was launched through），launched 的意思是正式推出。

PRESSoo1.3 的第 6 章 PRESSoo 的属性有 64 种，从 Y1 到 Y64，如 Y1 provided a continuation to（was continued through），Y5 split（was split through）和 Y8 merged into（resulted from merger）等。

每个属性包括领域（Domain）、范围（Range）、父属性（Subproperty of）、关系方式（Quantification）、作用域说明（Scope note）、实例（Examples）。

例如：

Y8 merged into（resulted from merger）.

Domain：Z1 Serial Transformation .

Range：F18 Serial Work .

Subproperty of：F27 Work Conception. R16 initiated（was initiated by）：F1 Work .

Quantification：（0，1：0，1）.

Scope note：This property associates an instance of Z1 Serial Transformation with the instance of F18 Serial Work that resulted from merging other instances of F18 Serial Work.

Examples：Merging the periodicals entitled "Animal research"（ISSN 1627-3583）, "Animal science"（ISSN1357-7298）, and "Reproduction nutrition development"（ISSN0926-5287）into the periodical entitled "Animal"（ISSN1751-7311）（Z1）Y8 merged into the periodical entitled "Animal"（ISSN1751-7311）（F18）.

上例 Y8 merged into（resulted from merger）属性解读如下：

该属性的使用领域是连续出版物发生变化，使用范围是连续性出版物的作品，该属性的上位属性是 R16 initiated（was initiated by），本属性的关系方式是多对多。

该属性的作用域是连续性作品发生变化合并成其他形式的连续性出版物作品。

实例：期刊《动物研究》（ISSN 1627-3583）《动物科学》（ISSN1357-7298）和《生殖营养学进展》（ISSN0926-5287）合并成期刊《动物》（ISSN1751-7311）。

PRESSoo1.3 的第 7 章中的 ISSN 手册是 ISSN 国际中心发布的关于期刊编目的工具书，该手册介绍了 ISSN 国际中心的情况，还说明了期刊的著录格式和方法。ISSN 手册数据元素是指期刊题名、出版地、出版时间等著录信息。本章建立了 ISSN 手册数据元素到 PRESSoo 的映射。

第 3 章

ISBD（统一版）的阐释

ISBD 是国际图联主持制定的一套关于文献著录的国际标准，也是我国编制文献编目规则的主要依据。

3.1 ISBD（统一版）制定的目标和过程

3.1.1 ISBD（统一版）制定的目标

20 世纪 90 年代，国际图联研究组建议 ISBD 修订组对所有 ISBD 进行全面修订，以确保 ISBD 的规定和 FRBR 数据要求协调一致。为此，ISBD 修订组决定采用另一种方法，就是将各种 ISBD 集成为一个统一的版本。同时，为在书目记录中建立一个单独的、唯一的、高层的著录单元以解决信息资源类型的区分问题，增加了第 0 项——内容形式和媒体类型项。

2011 年 7 月，ISBD（统一版）出版发布，这是一部划时代的编目规则，它引领着世界编目规则发展的潮流，对当代编目工作产生了深远的影响。了解 ISBD 最新版的特点及其研究进展，对于掌握国际编目理论与实践的发展动态、促进我国相应编目规则的制定，具有十分重要的意义。

我国的 ISBD（统一版）及其 2007 年的预备版（Preminary consolidated edition）都是由顾犇博士译成中文后出版的。[①]

ISBD（统一版）是在其 2007 年预备版的基础上修订而成的，它吸收了近年有关研究的新成果，增加了第 0 项等新内容，修订了全书的内容和文字，形成了一个更加成熟、适用于当前编目工作的描述性著录规则。

---

① 顾犇. 国际标准书目著录（统一版）［M］. 北京：北京图书馆出版社，2007.

3.1.2　ISBD（统一版）的制定过程

为适应编目工作的不断变化的环境和条件，ISBD 在长达 40 多年的发展历程中，由最初的专著著录规则 ISBD（M）逐步扩展成为一系列适用于不同类型信息资源的著录规则 ISBDs。进入 21 世纪以来，随着信息资源类型的扩展和书目环境的不断变化，ISBDs 面临着越来越多的新问题。在 2003 年国际图联大会上，ISBD 评估组决定成立一个 ISBD 未来方向研究组，研究 ISBD 的改进方案及发展趋向。ISBD 未来方向研究组通过调研后认为，将应用于不同文献类型的 ISBD 分则合编为一部 ISBD 具有必要性和可行性，于是 ISBD 评估组委托 ISBD 未来方向研究组制定 ISBD（统一版）。

为此，ISBD 未来方向研究组开展了以下编制工作。

首先，协调、合并迄今为止所有的 ISBD 分则后起草一个文本，并将该文本在德国国家图书馆开设的网站上公之于众，广泛征求修改意见。

其次，ISBD 未来方向研究组根据征集的意见反复修改，并于 2007 年 8 月发布了 ISBD（统一版）的预备版，ISBD 评估组在全球范围内征求修订意见，对其进行评估与修改。同时，ISBD 评估组指定的资料标识符研究组于 2009 年完成了 ISBD 第 0 项——内容形式和媒介类型项的研究。

在这些工作的基础上，ISBD（统一版）于 2011 年出版。

3.2　ISBD（统一版）的基本内容

3.2.1　著录范围、著录目标与具体应用

ISBD（统一版）规定了图书馆馆藏出版资源的著录和标识要求，希望负责编目规则的国家级或国际性机构将它作为本机构著录规则的基础，用以描述每种资源的内容、载体和发行方式。

ISBD（统一版）的总体目标是作为全世界编目领域兼容的描述性编目规则，促进国家书目机构之间及全世界图书情报界实现书目记录的国际交换。其具体目标有四个：使不同来源的书目记录具有互换性，使不同文种的书目记录易于理解，使书目记录易于转换成电子形式，促进书目数据在语义网环

境下的可移植性及 ISBD 与其他内容标准之间的互操作性。

ISBD（统一版）在概述中提出了应用该规则的具体规定。

3.2.1.1　描述著录规则

ISBD 所提供的规则包括书目著录中最重要的著录单元，用于覆盖一系列不同书目资源的著录信息；但不包括检索点及其参照与馆藏信息。因此，ISBD 的著录信息仅为完整书目记录的一个组成部分，一般不能独立使用。

3.2.1.2　书目著录的对象

ISBD 用于著录在知识内容和物理格式方面具有同样特征的资源集合（即版本），一个 ISBD 记录描述一份完整的出版资源。出版资源包括印刷文字资源、地图资源、乐谱资源、录音资料、视觉资源、电子资源、多媒体资源、复制品等，它们可以出版为单部分（单行资源）或多部分（多部分资源），可以有时限的、计划有时限的或长期出版，也可以一次或连续发行。

3.2.1.3　著录单元及其标识符

ISBD（统一版）提供九个著录项目，每个著录项目下再分若干个著录单元，每个著录单元都采用规定标识符号。在著录单元中，有一小部分是必备的，其余的则仅在信息可获得时才需著录。国家书目机构和联合编目机构编制的书目记录，应尽量包含 ISBD 所有的著录单元。

3.2.1.4　著录信息源

描述资源特征时，必须考虑著录信息源。对于所有类型的资源而言，其整个资源构成著录的基础。信息源包括首选信息源和规定信息源，著录不同类型的资源时，必须考虑其信息源的不同特点。

3.2.1.5　其他

应用 ISBD（统一版）描述资源时，还须注意著录的语言和文字、节略和缩略、大写及符号等方面的规定。

3.2.2　内容与结构

为促进书目著录的规范化、标准化，ISBD（统一版）涵盖了各种资源描述著录的详细规则，具体包括以下五个部分。

3.2.2.1　引言

引言开宗明义地阐述了 ISBD 的目的、性质及其广泛的适用性，提出了指导 ISBD 修订工作的目标和原则，强调了与 FRBR 的一致性，回顾了ISBDs 的发展历程及 2007 版形成的过程和特点，也介绍了 ISBD（统一版）的特点。

3.2.2.2　概述

ISBD（统一版）包括 A1~A11 共 11 个方面，阐述了该规则的适用范围、主要目的与应用方式，明确了书目著录的对象、著录项目、著录单元与标识符、著录信息源及著录语言文字等。

3.2.2.3　著录单元说明

著录单元详细说明每一个著录项目及其著录单元的著录规则，该部分是本规则的主体部分，其结构是从第 0 项到第 8 项，共 9 章，即第 0 项为内容形式和媒介类型项，第 1 项为题名和责任说明项，第 2 项为版本项，第 3 项为资料或资源类型特殊项，第 4 项为出版、制作、发行等项，第 5 项为载体形态项，第 6 项为丛编和多部分单行资源项，第 7 项为附注项，第 8 项为资源标识号和获得方式项。

每一章都包括了引言、目次、规定标识符、规定信息源及各著录单元的著录细则等内容，全面阐述了各种资源的描述著录规则。在组织各个项目的著录规则时，先列举所有类型资源著录的一般条款，再列举特殊资源类型著录所要求的特定条款或是与一般规则不同的例外条款，以便充分揭示不同类型资源著录的共性与差异。

3.2.2.4　附录

附录包括多层次著录、双向记录、参考文献、缩略语和词汇表。

3.2.2.5　索引

索引即从著录单元名称指引到该著录单元在本书正文中的所有条款。

3.3　ISBD（统一版）的变化

内容形式和媒介类型项的新的第 0 项包括作为著录单元的内容形式和媒介类型，被收入 ISBD，相应的一般资料标识（General Material Designation，GMD）从第 1 项里去除。经过编辑后避免了文字冗余，前后更为一致。

ISBD（统一版）更多地关注了多部分单行资源，信息源已经按术语和应用的一致性要求修订，更多地考虑了非罗马字符的要求，不符合 ISBD 的古旧单行资源的著录规定已经被去除，澄清了限定词不同于著录单元，第 5 项被更名，允许印刷资源与其他资料著录一致，第 6 项的名称被扩充，词汇表中增加了许多词汇。

ISBD（统一版）主要有下列一些新变化。

3.3.1　增加了第 0 项

ISBD（统一版）新增了第 0 项内容形式和媒介类型项，废除了此前所有 ISBD 版本第 1 项题名与责任说明项中的 GMD 著录单元，删去了 2007 版正文中有关 GMD 的内容及附录中的 "C 推荐的一般资料标识和特定资料标识"。

"内容形式和媒介类型项"在著录位置、著录内容与形式上都不同于原有的 GMD。作为第 0 项，它著录在书目记录的首要位置，其内容包括内容形式（Content form）和媒介类型（Media type）两个著录单元，均为必备著录单元。内容形式著录单元反映资源内容表示的基本形式。著录时，可选用该单元列表中的一个或多个术语，如数据集（dataset）、图像（image）等，或者用编目机构所选语言和文字的等同术语。内容形式还可以通过一个或多个内容限定（Content qualification）子类来扩充，如要限定图像内容的形式，可用术语"运动"（moving）或"静止"（still）来说明图像内容中是否有感觉到的运动。媒介类型著录单元著录用于承载资源内容的载体类别，通常反映储存媒介的格式和载体的存放以及要求表示、观看、运行资源内容的中介设备类型。著录时，可选用该单元列表中的一个或多个术语，如电子（electronic）、视频（video）等；或者用编目机构所选择的语言和文字中的等同术语。设置第 0 项"内容形式和媒介类型项"的目的是，要在著录的最开始表示资源内容表现的基本形式以及用以承载该内容的载体类型，以帮助目录使用者识别和选择适合他们需要的资源。

3.3.2　著录单元必备状态缩减了类型

ISBD（统一版）与 ISBD 相比较，其著录单元的必备状态类型由 3 种简化为 2 种。ISBD（统一版）在 0.3.1 ISBD 概要中规定了著录单元的必备性。其必备状态有 3 种，即 M＝必备、C＝条件、O＝可选；其说明为："对于大多数数据单元，'必备'表明：如果对于该资源适用，该单元就是必备的"，这种表达不甚明了。ISBD 2011 版中规定的必备状态仅有 2 种，即 M 和 MA。"A.3.1 ISBD 概要"中明确说明："对于任何 ISBD 著录都是必备的著录单元在必备状态栏用 M 表示，对于如果信息可获得或对资源适用则必备的著录单元在必备状态栏用 MA 表示。"简化著录单元必备状态的类型，使该规则更加符合著录标准的客观性、简明性原则，也更便于使用。

3.3.3　第 5、6 项的名称被更改

3.3.3.1　第 5 项更名

ISBD（统一版）的第 5 项"载体形态项"是进一步支持资源识别的项目，它通过记录资料数量、其他物理细节、尺寸和附件说明来实现其功能。在 ISBD（统一版）中，载体形态项的英文名称由原来的 Physical description area，改为 Material description area。这使该项对各种载体的资源更具包容性，

也增强了印刷型资源与其他类型资源（如多媒体资源、音像资料）著录的协调性。

3.3.3.2　第6项名称被扩充

ISBD（统一版）的第6项是在丛编或多部分单行资源分散著录时使用的项目，揭示整套丛编或多部分单行资源的特征。长期以来，它一直都包括有丛编和多部分单行资源的正题名、并列题名、其他题名信息、相关的责任说明、国际标准号以及内部编号等著录内容。在 ISBD（统一版）中，其名称由原来的丛编项（Series area）扩展为丛编和多部分单行资源项（Series and multipart monographic resource area），这使多部分单行资源的著录规则更为突出，也使该项内容明确、更加名副其实。

3.3.4　著录对象及著录信息源更加明确

3.3.4.1　明确了书目著录的对象

ISBD（统一版）在"A.2 资源的处理"中，较 2007 版多出了"A.2.1 书目著录的对象"部分。该部分阐述 ISBD 的应用对象为"在知识内容和物理格式方面具有同样特征的资源集合"，也阐述资源出版的不同形式及不同出版形式资源的著录方法，这使书目著录的对象及其出版特征更加明确，也为不同资源处理方法的选择提供了参考意见。

3.3.4.2　澄清了资源著录的基础

ISBD（统一版）阐明了资源著录的基础，在其概述部分的"A.4.1 著录的基础"中特别做出说明："对于所有类型的资料而言，整个资源构成著录的基础。"同时，它还分别对单部分单行资源、多部分单行资源和连续出版物的著录基础做了具体的规定，并增加了第 0 项著录基础的内容。这使"资源著录的基础"更加明晰、准确。而在 2007 版中，对著录基础的表述仍为传统的提法 —— "资源本身"，对不同类型资源著录基础的规定也不够全面、详细，如缺少对"单部分单行资源"著录基础的说明等。

3.3.4.3 修订了著录信息源

ISBD（统一版）按规范和应用的一致性要求对著录信息源进行了修订。例如，在"A.4.2 首选信息源"中，ISBD（统一版）明确提出了首选信息源选取的一般标准，即用于识别的信息的全面性、信息源的接近性和持久性，提出了对同时具有多个信息源的资源选取首选信息源的一般规律。此外，还增加了对地图册、资源中没有信息源的资源采用首选信息源的条款。该规则对于著录信息源的修订，特别是在提出首选信息源选取标准方面，体现出对著录理论与实践经验的提炼和升华。

3.3.5 若干资源的著录规则有所增删

3.3.5.1 增加了多部分单行资源的著录规则

ISBD（统一版）更多地关注到多部分单行资源的著录。在概述部分，如"A.2.1 书目著录的对象"中，增加了多部分资源著录的条款，并专门做出说明：在有些情况下多部分资源的部分可以著录为不同的单部分资源；"A.4.1 著录的基础"中也单独设立了多部分单行资源的条款，并增加了对其著录信息源的论述。在正文部分，各个项目都注意设置有关的条款，如对第 6 项名称的扩充，附注项较 2007 版增加了"多部分单行资源"的内容等。这些修订，弥补了先前 ISBD 版本中的不足，解决了多部分单行资源著录中亟待处理的问题。

3.3.5.2 删除了古旧单行资源不适用的著录规则

ISBD 设立的古旧单行资源特殊规则比较多，ISBD（统一版）对其进行了精简处理：归并那些可以归入各类资源一般著录规则的条款，删除那些明显不适用的特殊著录条款。例如，在概述部分的"A.3.1 ISBD 概要"中，删除了 2007 版的 0.3.1 C，也即删除了"对于古旧单行资源，第 4 项被称为'出版、印刷、制作'等项"。这表明大项的名称必须统一，任何类型的资源都不应有例外。在正文部分，也删除了不少针对古旧单行资源的规则。例如，在"1.3.4.7 并列题名"的第 4 条（资源没有并列题名）规则中，删除了

2007 版中有关古旧单行资源的特殊规定；在第 2 项——版本项中，则从头至尾删除了许多对于古旧单行资源的特殊规则。删减古旧单行资源著录条款的目的是，使该类资源共性特征与个性特征的揭示更为合理，也更加符合 ISBD 的基本原则与方法。

3.3.6 专业词汇大幅度更新

ISBD（统一版）的词汇表中，收录了正文中有关描述著录的专业术语，也收录了表述各种资源类型及其特征的名词，共计 260 余个。与 2007 版相比，该词汇表不仅在数量上多出了 30 余个，还有以下新变化。

3.3.6.1 增加了新词汇

新增的词汇中，有首次出现在 ISBD 中的术语，如媒介类型（media type）、内容形式（content form）等；也有一些是过去存在于正文中但没有收入词汇表中的词汇，如获得方式（terms of availability）、变异题名（variant title）等；还有一些是术语的"见参照"，如书目格式（bibliographic format）等。

3.3.6.2 删除了不适用的词汇

在词汇表中，删除了若干在正文中已废弃的词汇，如一般资料标识（GMD）、资源本身（resource itself）等；也删除了一些目前已不适用的词汇，如并列著录单元（parallel element）、杂志（journal）等。

3.3.6.3 修改了传统的词汇

一方面，精简了一些术语的定义文字，如对 ISBN、ISSN、题名页等的修改；另一方面，扩充了一些术语的定义内容，如对"交替题名"增加了示例、将原有的"插页"改为两个词汇并修改了定义等。此外，对规定标识符、版本、信息源等的定义，也做了局部修改。

3.3.6.4 注明了一些词汇的来源

对一些新增加的词汇，在其定义末尾说明来源。其来源为相关的规则或工具书，如 AACR2、《善本资料（图书）著录》《联机图书情报学词典》和美国国防部制图局的词汇表。ISBD 2011 版词汇表的更新，反映了近年来编目理论研究的新观念，体现出编目实践开拓的新进展，为准确地理解正文内容提供了必要的参考。

3.3.7　全书内容及文字进行了调整

ISBD（统一版）对 ISBD 的内容及文字都进行了修订。限于当时的条件，ISBD 主要完成了对 ISBDs 各分则条款加以汇集的工作。ISBD（统一版）在上述基础上，对全书进一步协调内容、重组条款、梳理文字等。例如，对于各著录项目和著录单元的必备状态，除在 "A.3.1 ISBD 概要" 中集中列出之外，在正文各个部分也一一标明；在概述部分 "首选信息源" 下的 A.4.2.1.1 中增加了若干条款，先总论各种资源首选信息源的一般性规则，再分别论述具体资源个性化的规则；在每一个著录单元之下，都将术语 "推荐标识符" 改为 "规定标识符"。这些修改，使全书的内容协调一致，避免了重复；条款的逻辑性、规律性更强，文字表述更加精练、准确，有助于人们对该版本的正确理解与运用。

3.3.8　出版了配套的著录样例

ISBD（统一版）出版后，国际图联发布了《ISBD 完整样例：ISBD（统一版）的补编》。早在 2006 年，ISBD 评估组就组建了一个样例研究组，并指定该组收集和编辑 ISBD 应用的实例，作为 ISBD（统一版）的附录出版。2009 年 10 月，ISBD（统一版）的完整样例编辑完成。随着 ISBD 第 0 项的发布，该样例又做了进一步的修改，于 2011 年 8 月正式出版。《ISBD 完整样例：ISBD（统一版）的补编》收录有阿拉伯语、英语、俄语、西班牙语等 16 种编目语言的书目记录样例，其中包括 14 个中文编目记录。全部样例按照编目语言的英文字母顺序排列，每一种语言的书目记录数量从数个到 20 余个不等，均采用表格式或段落格式来展示九大著录项目的细节。

3.4 ISBD（统一版）的修订特点

ISBD（统一版）的修订涌现了许多亮点，概括以上内容，结合其修订背景，可以归纳为以下几个方面的特点。①

3.4.1 明确了修订的目标和原则

ISBD 评估组在 ISBD（统一版）的修订之初，就制定了修订工作的指导目标和原则。其目标为：针对各种类型出版资源的共性特征，提供一致性的著录规则；针对不同类型资源的个性化特征，提供特殊性的著录规则。其修订原则有五项：（1）制定世界范围内具有兼容性的描述性编目规则，以促进全世界的图书馆和信息服务行业（包括生产者和出版者）实现书目记录的国际交换；（2）容纳不同的著录级别，包括国家书目机构、国家图书馆和其他图书馆所需的著录级别；（3）明确著录单元的标识及选择一种资源所需要的著录单元；（4）注重信息著录单元的集合，而不考虑它们在特定自动化系统中的应用或显示；（5）考虑著录规则在编目实践中的成本效率。ISBD（统一版）的修订工作遵循基本原则，积极开展调研活动，仔细分析现存问题，广泛征求修订意见，反复斟酌内容和文字，努力实现了预期的目标。

3.4.2 突出了修订的重点内容

针对新的信息环境和信息需求，ISBD（统一版）面向未来，选择了修订的重点。以"内容形式和媒介类型项"取代 ISBD 中的 GMD，是该版最主要的修订内容。随着资源类型的不断发展，越来越多的资源以多种载体形式出版，这就对传统著录中的 GMD 提出了挑战。为迎接这种挑战，GMD 的改革酝酿已久。早在 1998 年，加拿大国家图书馆编目专家汤姆·德尔塞就指出 GMD 的问题：其术语反映出物理格式、资料类别、载体形式及其符号体系之间的混淆，其著录位置打断了题名信息的逻辑顺序。2003 年，ISBD 评估

---

① 王松林，顾犇．从一般资料标识到内容形式和媒介类型——ISBD（统一版）的新特点
　　［J］．中国图书馆学报，2012（5）：103-108.

组组建了 MDSG，对适用于多种格式、混合媒介的一般资料标识和特定资料标识进行调研。2007 年，MDSG 向 ISBD 评估组提交了一份"内容／载体组件"草案。继后续的修订及全球评估之后，由 ISBD 评估组推荐，"内容形式和媒介类型项"于 2009 年被国际图联编目组常设委员会通过，发布于国际图联的网站。随后，它作为首要的著录项目——第 0 项，第一次被收入 ISBD 2011 版。"内容形式和媒介类型项"是 ISBD 2011 版中最具有创新性、独立性的著录成分，体现出国际图联推行的 FRBR 理念，反映了资源内容形式和媒介类型的完整信息。该项的启用，消除了 GMD 著录的混乱状况，既便于合作编目系统内部的书目记录互换，也便于 ISBD 与其他元数据标准的互操作；同时，也有助于用户迅速地了解资源的形式与类型、准确地获取资源。第 0 项的增加，将 ISBD 沿用了半个世纪的八大著录项目扩展为九大项。除此之外，ISBD 2011 版还有其他一些重要的修改内容。例如，第一次修改了第 5、6 项的名称，适应了当前编目对象的发展；更多地关注了多部分单行资源的著录与非罗马字符的著录特点，弥补了过去 ISBD 版本中的不足；合理地重组了若干条款，增强了全文的逻辑性、规律性和一致性；大幅度地修改了词汇表，吸纳了编目领域研究的新成果。通过上述内容的修改，显著提高了该版的新颖性、协调性和适用性，这不仅有效解决了当前编目工作中的实际问题，也有助于开创未来编目理论和实践发展的新局面。

3.4.3　融合了最新的研究成果

ISBD（统一版）的修订充分考虑了 2003 年以来国际编目规则专家系列会议提出的有关建议，贯彻了《国际图联编目原则》的基本原则。例如，ISBD 2011 版"通过描述作为整个载体表现样本的手头文献来描述载体表现"，就是遵从《国际图联编目原则》有关"书目著录通常应该基于代表载体表现的单件"要求的结果。而《国际图联编目原则》也积极推荐 ISBD，在其第 5 节中明确指出：ISBD 为国际认可的、图书馆界的书目著录标准。ISBD 2011 版还特别注重与 FRBR 的协调一致性。FRBR 于 1998 年发表之后，国际图联编目组常设委员会就要求重新全面评估 ISBDs，以保证 ISBD 条款与 FRBR 中对"基本级国家书目记录"数据要求之间的一致性。2004 年，国际图联编目组常设委员会通过了一项《ISBD 著录单元与 FRBR 实体属性和关系之间的映射》研究报告。ISBD（统一版）的修订，充分吸收了前期有关的研究成果，尽量采用与 FRBR 一致的方式来描述所有资源。例如，在数据单元的修订中，考查了每一个数据单元，以保证 FRBR 中可选的数据单元在 ISBD 中也是可选的；在第 0 项的编制中，贯彻了 FRBR 的内容表达和载体表现的理念；在编目词汇的修订中，也参考了 FRBR 的术语。

3.4.4 协调了有关的国际性规范

在 ISBD（统一版）的修订过程中，ISBD 评估组为促进资源编目工作标准化，充分考虑了各个国家和国际编目规则的变化，特别注重与其他有关规范的协调。为了与其他有关规范协调一致，ISBD 评估组长期保持着与有关机构的密切联系。例如，从 ISBD（统一版）的"与其他机构联络的人员名单"中可以看出，ISBD 评估组与 RDA 发展联合指导委员会、ISSN 国际中心、国际音乐图书馆和档案馆及文献中心协会等机构保持沟通与交流；2011年 11 月，ISBD 评估组、JSC/RDA 和 ISSN 网络举行协调会议，三方达成一致的协议：努力促使三个标准所产生的记录在实践层面实现互操作性。为了与其他有关规范协调一致，ISBD（统一版）尝试与其他有关规范互相渗透。例如，该版第 0 项的编制，参考了 2006 年 8 月发布的《RDA／ONIX 资源类别框架》（1.0 版）以及后续的包括该（RDA／ONIX）框架的 RDA 草案，也与 DC 元数据标准中的元素类型（Type）和格式（Format）有着密切的关联，体现出它与 RDA、DC 等的一致性。此外，该版在附录中新增"C 参考文献"，列出了本书参考的多项 ISO 国际标准、AACR2 等编目规则及其他研究文献；在词汇表中，也采用了 AACR2、美国国会图书馆《善本资料（图书）著录》等编目规则中的词汇。

3.4.5 考虑了应用的便利性

ISBD（统一版）的修订充分考虑了实用性原则，为方便它的使用和推广创造了条件。ISBD（统一版）力图做到易于理解和使用，以满足当前编目工作的需要。它的一系列新变化，如简化著录单元必备状态的类型、明确著录对象及著录信息源、调整全书的内容及文字、出版配套的著录样例等，都有助于提高其易用性。同时，在条款的可读性方面，该版也下工夫做了不少的改进工作。例如，它在概述部分的"A.3.1 ISBD 概要"中增加了一个 ISBD 著录单元表，详细列出 ISBD 的各个著录单元，并标明其在正文中条款的编号；在第 6 项之下，将阐述规定信息源时 2007 版划分的 9 类资源归纳为 3 类；对"6.1 丛编或多部分单行资源的正题名"的文字进行了重组，不再保留 2007 版中 6.1.1 ~ 6.1.5 的分述条款。这些修改使条款的内容更加清晰、明确，文字表述更加简练、准确，也更便于编目人员理解和应用。国际图联期望拓展 ISBD 的应用领域，不仅在图书情报领域，甚至延伸到图书情报领域之外，如文化机构、出版社和各种网络社区。

3.4.6　坚持了连续的修订工作

ISBD（统一版）的修订并不追求一次性完成，而是分工合作、各个击破，成熟一部分，发表一部分。如对于第 0 项的处理就是如此。2007 年，国际图联会议预备发布 ISBD（统一版）时，MDSG 的工作尚未结束，为了不影响按时出版，ISBD 评估组决定在 ISBD（统一版）的预备版中保留原有的 GMD。当全新的"内容形式和媒介类型"在 2009 年研制完成、发表后，才被 ISBD（统一版）第一次吸纳。同样，《ISBD 完整样例：ISBD（统一版）的补编》也是一边编纂、一边改进，直到 ISBD（统一版）问世后，才作为其附录独立出版。ISBD（统一版）的完成之日也是新的修订计划启动之时。国际图联编目组确立了继续修订 ISBD 的目标，具体包括：评议 ISBD（统一版）的修订意见，加深对 ISBD 和 FRBR 之间关系的理解，提高 ISBD 与其他编目规则的一致性，兼容目前电子与语义网环境下用于数字和非数字化目录中的管理元数据等。综上可知，ISBD（统一版）与时俱进、特色鲜明，及时解决了当前书目工作中的描述著录问题，对未来的编目理论和实践也具有开创意义。它是国际编目发展史上的又一个里程碑。

3.5 ISBD（统一版）2021 年的更新

ISBD（统一版）在 2021 年具体对以下内容进行了更新。

（1）ISBD 的内容已扩展到包括未发表的资源，重点是手稿。

（2）集成了 ISBD 对组成部分描述的规定。

（3）对制图资源，消除了歧义、明确了规定。

（4）根据需要在适当项和术语表中引入了新元素。

（5）示例已添加到新规定中，以支持本标准用户的实施。

具体的更新内容如下。

（1）资源分为"出版和未出版"，新增"手稿形式"及组成部分（如图书章节、连续出版物文章、录音中曲目）。

（2）书目描述对象。在原有"单部分资源""多部分资源""连续性资源"基础上，新增"组成部分"；在"对较旧单行资源"基础上，新增"对手稿"和"对音乐手稿"，这些资源形式原来应该也包含，现在只是在文字上强调。同时其后各部分有对上述新增内容（未出版资源、手稿、组成部分、音乐 /乐谱及天体图等）的相应说明和示例。

第 0 项，在内容形式和媒介类型之外，新增生产过程，具体如下。

（1）0.2.1 生产过程（可选）。

生产过程类别既反映了载体中内容的固定性（书写、印刷、绘图到磁记录或光学记录），也反映了用于进行生产的工业或手工方法（如手写或银版印刷过程）。

生产过程术语（18 个）：压制（impression），压花（embossing），磁记录（magnetic recording），电子记录（electronic recording），光记录（optical recording），手写（handwriting），影印（photocopying），打字（typing），绘画（drawing），蚀刻（etching），银版印刷（daguerrotype process），照相凹版印刷（photogravure process），冲压（stamping），自动转换（automatic conversion），压制［LP，CD］（pressing），烧制［CD，DVD］（burning），电铸（electroforming），硬拷贝（hard copying）。

生产过程限定词（2 个）：已出版（published）和未出版（unpublished）。

（2）0.2.2 媒介类型（Media type）。

增加两个例子，其中一个用到"生产过程"术语：Text（visual）：handwriting（unpublished），unmediated。

新增元素（A.3 概述）如下。

（1）制图资源的数学数据元素。

①坐标，新增更多子项：地球坐标、非地球坐标、天体坐标（赤经和赤纬）、天体半球。

②在春分秋分（Equinox）前新增：历元（Epoch）、星等（Magnitude）。

（2）3.4 未出版说明。

其他次要变化如下。

（1）1.3 其他题名信息，增加说明文字：当出现在规定信息源上，并且是识别所必需的，或者被认为对目录用户很重要时，给出其他题名信息。

（2）第 2 项：版本（edition），名称后添加表示版本的其他术语，变为 edition, drafting, version, etc.

附录 E 术语表：新增术语。归纳为以下几组，也体现本更新版的新增内容。

<天体制图资源>

magnitude：星等（一个数字，现以对数刻度测量，用于表示天体的相对亮度，幅度数越小，亮度越大）。

absolute magnitude：绝对星等（天体光度的一种量度）。

apparent magnitude：视星等（从地球上观测到的天体亮度的一种量度）。

limiting magnitude：极限星等（给定仪器可探测或探测到的天体最微弱的视星等）。

<组成部分>

component part：组成部分（用于书目描述或访问的资源的一部分，如图书的章节、连续出版物中的文章、一段录音等），取决于包含组成部分的资源的标识（参阅宿主资源）。

host resource：宿主资源（包含组成部分的资源，如图书、连续出版物、录音等）。

linking element：链接元素（描述的正式元素，将组成部分的描述与宿主资源的标识相关联）。

multi-part component：多部分组件（由两个或多个子组件组成的组成部分，如连续出版物中的多部分文章）。

sub-component：子组件（多部分组件的部分）。

＜手稿＞

manuscript：在软载体（纸、纸莎草、羊皮纸、纸张或同等材料）上手写的任何内容的资源（文本、乐谱、地图等），无论其长度、内容、语言、文字、年代和功能如何；打印的文件、人工更正的校样页和来自计算机文件的硬打印件在实践中被视为手稿。

＜已出版 vs 未出版＞

published resource：已出版资源（旨在供公众使用或通过商业发行或网络公开提供的资源）。

unpublished resource：未出版资源（不打算供公众使用或广泛发行或访问的资源）。

composite resource：复合资源。

＜未出版资源＞

由多个独立生产的单元组成的资源，后来出于任何原因组装成一个新单元。

第 4 章

RDA 的阐释

RDA 是 RDA 发展联合指导委员会于 2010 年颁布的数字环境下资源描述与检索的新标准。RDA 是为了弥补 AACR 在数字时代文献著录功能的不足而制定的，它以《国际编目原则声明》为准则，基于 FRBR 和《规范数据功能需求》（FRAD），为各种不同类型的信息资源提供著录与检索的方法。RDA 自 2008 年问世以来，我国一些学者已对其进行了研究。对 RDA 进行深入细致的研究并应用到我国的文献信息编目之中非常有必要。

AACR 是由美国、英国、加拿大图书馆协会等合作制定的，于 1967 年发布的一部英语文献编目工作的标准化工具书。AACR 在遵循 ISBD 的同时，还增加了标目法的内容。在 AACR 之后，AACR2 及其修订版相继出版。AACR2（2002 年修订版）分为描述著录，标目、统一题名与参照，附录三部分。AACR2 没有发展成 AACR3，而是发展成了 RDA。

4.1 RDA 的内涵

RDA 是应数字环境的发展而制定的最新国际编目规则，是 AACR2 的升级产品，其目标在于满足数字环境下资源著录与检索的新要求，成为数字世界的通行标准。RDA 以《国际编目原则声明》为纲领，以传统的 AACR2 为基础，以现代的 FRBR 和 FRAD 概念模型为框架，创造性地提供了一套更为综合、能覆盖所有内容和媒介类型的资源描述与检索的原则及说明，其包容性与可扩展性、一致性与连贯性、灵活性与便利性、继承性与协调性，以及经济性与高效性为国际编目界所瞩目。

RDA 是于 2008 年取代 AACR2 的新的编目标准，RDA 超越了过去的编目规则，它提供了数字资源编目的指南，更强调帮助用户查找、标识、选择和获得他们所需要的信息。RDA 还支持书目记录的聚类，显示作品及其创建者之间的关系，这个新特点使得用户更清楚地了解作品的不同版本、译本或物理格式。

RDA 是一个为数字世界设计的新的资源描述和检索的标准，提供了数字资源和传统资源的编目的规定，将图书馆推向数字世界。

2007 年 10 月，大英图书馆、加拿大图书馆和档案馆、美国国会图书馆以及澳大利亚国家图书馆达成协议，通过协调培训资料和实施计划来支持 RDA 的工作。RDA 在 2008 年第三季度发布，其实施是分阶段的，图书馆有足够的时间来规划 RDA 的实施工作。

RDA 由 RDA 联合指导委员会负责，代表来自美国图书馆协会、加拿大图书馆协会、澳大利亚编目委员会、大英图书馆、加拿大编目委员会、皇家特许图书馆和情报专业学院、美国国会图书馆、加拿大图书馆和档案馆、澳大利亚国家图书馆等。

4.2 国内外 RDA 的研究情况及深入研究的思考

4.2.1 国外 RDA 的研究情况

国外关于 RDA 的研究比较全面和深入，既有宏观性的研究，也有比较具体的微观性的研究。国外 RDA 的研究主要分为 RDA 实施意义、RDA 体系结构、RDA 应用和 RDA 特点四个方面，其中关于 RDA 应用的研究比较具体和深入。

4.2.1.1 RDA 实施意义的研究

凯伦·科伊尔在《数字图书馆杂志》上发表的《21 世纪的编目规则——RDA》一文是 RDA 早期研究的经典之作，这篇论文从目录载体的变化、信息资源载体的变化、编目技术的变化、信息环境的变化、用户和用户行为的变化等众多方面分析了 RDA 产生的原因。由于这篇论文深刻揭示了 RDA 的

本质，在全世界引起了广泛的关注，被引用次数达到 69 次之多。^①

尚恩·米克萨在《RDA 和新的研究潜力》一文中认为，RDA 超越了过去的编目规则，它提供了关于数字资源编目的指南，更强调帮助用户查找、标识、选择和获得他们所需要的信息。RDA 还支持书目记录的聚类，显示作品及其创建者之间的关系，这个特点使得用户能更清楚地了解作品的不同版本、翻译和物理格式。用户可以将 RDA 内容与许多编码方案（如 MODS 元数据对象描述标准、MARC 21 或都柏林元数据）一起使用。RDA 具有适应性和灵活性，具有被其他信息行业使用的潜在可能性。

4.2.1.2　RDA 体系结构的研究

卡尔详细分析了 RDA 的两个概念模型——FRBR 和 FRAD，他指出，FRBR 和 FRAD 标识了作品与其创建者之间的关系，以及同一作品与其他版本的翻译、解释、改编之间的关系。

梅特指出，RDA 的结构基于 FRBR 和 FRAD 概念模型，以帮助用户更容易地查找他们所需要的信息，使得人们可以在目录中聚集关于同一题名的信息（如翻译、节略、不同的物理格式），设计出更好的显示方式。由于使用了 FRBR 概念模型，RDA 描述作品具有多方面的灵活性。RDA 提供了更灵活的数字资源内容描述框架，还能满足图书馆组织传统资源的需要。

4.2.1.3　RDA 应用的研究

有学者指出，RDA 提供了有关数字资源和传统资源的编目的规定，将图书馆推向数字时代。它基于 AACR2 的优点，重视用户便捷地发现、标识、选择和获得他们所需资料的需要，在不同的元数据领域内支持元数据的共享，并支持图书馆记录在联机服务中的新用途。

还有学者认为，RDA 是一个为数字世界设计的新的资源描述和检索的标准，RDA 侧重于需要描述资源的信息，而不是要说明如何显示该信息。RDA 有 AACR2 中所没有包含的但是却在数字资源的描述中很常见的标识的单元

---

① 曾伟忠，胡建敏 . 国内外 RDA 的研究情况及其深入研究的思考［J］. 图书馆理论与实践，2014（4）：37-39.

和附加的单元。RDA 更适合于新兴的数据库技术，使得机构能在数据抓取和
存储检索中提高效率，从而方便了元数据的机器抓取。

4.2.1.4　RDA 特点的研究

麦克里在《RDA/AACR2 的不同点》和《MARC 记录的编辑（RDA）》
两篇文章中，详细分析了 RDA 和 AACR2 在字段上的不同，如 RDA 取消了
245 字段的一般载体标识，增加了 345、346、347 字段，文章还指出了 RDA
和 AACR2 在作为主要款目的 100 个人名称、110 团体名称、111 会议名称、
130 统一题名的区别，同时还详细列举了从 2×× ~ 7×× 众多字段在著录
时的差别，这两篇文章对掌握 RDA 在文献编目中的应用具有重要参考价值。

丹尼尔·帕拉迪斯在《RDA 和 AACR2 的不同：MARC 编目总结》一文
中，从并列题名、责任者、版权、检索点、日期等多个方面详细分析了 RDA
和 AACR2 的不同。

4.2.2　国内 RDA 的研究情况

国内对于 RDA 的研究主要分为以下几个方面，这些研究为认识 RDA 和
应用 RDA 奠定了基础。

4.2.2.1　RDA 的编制过程及体系结构的研究

胡小菁参考了大量的国外文献，详细描述了 RDA 的酝酿、编制和实施
的过程。张秀兰分析了 RDA 的结构并列表说明了每一部分的功能，RDA 的
正文由 10 大部分构成，第 1 ~ 4 部分是描述，第 5 ~ 10 部分是关联，正文
前有导言，正文后有大写、缩写等 13 个附录。徐涌阐述了 RDA 的开发背景
和经过、RDA 开发的目的和特点、内容构成和目标。

刘炜等则从关联数据的微观角度揭示了 RDA 的元数据结构，RDA 首先
区分书目对象相关实体，再确定各类实体所需描述的属性，以及各类实体、
属性、取值等要素之间的关系，并对各类规范取值词表进行规定。他认为，
这种基于概念模型的描述特别适合利用语义网技术来实现。关联数据是语义
网的一个简化方案，以 RDA 编目的书目数据用关联数据发布，能使 RDA 的

潜力发挥到极致。

4.2.2.2　RDA 与其他编目标准的联系和区别的研究

霍艳蓉介绍了 CONSER 标准记录文件与 RDA 连续性资源著录部分一些主要字段的变化和区别及新增字段。林明以 RDA 的结构和概念为基础，与《中国文献编目规则》进行了比较，发现在揭示实体"属性"方面，两者差异不大，但在揭示实体"关系"方面，二者有较大差异。

胡小菁比较了 RDA 与 ISBD 的内容和媒介类型，指出两者的内容类型在很大程度上源自《RDA/ONIX 资源类型框架》，而《RDA 中的内容与载体术语》中的"宽泛内容"构成了 RDA 内容类型的骨架。

4.2.2.3　RDA 在编目中的应用的研究

吴跃指出了 AACR2 与 RDA 应用于图书著录时的区别，这些区别包括基本项、题名项、责任说明项、版本项、出版发行项、形态描述项、缩写词项和附注项。

姜化林介绍了 RDA Toolkit 的构成、RDA Toolkit 的登录和注册，以及 RDA Toolkit 的具体使用方法。

从以上内容可以看出，国内的学者对 RDA 进行了理论和应用方面的研究与探索，发表了一些成果，取得了一定的成绩，但是，由于 RDA 的研究要求研究人员不但要有良好的科学研究素养，扎实的编目知识基础，还要求研究人员有较高的英语水平，尤其是要求研究人员要有丰富的中文和西文编目工作的实践经验，熟悉 CNMARC 和 MARC21 的各个字段。因此，对 RDA 的内容进行全面研究，准确把握其实质，深入分析、归纳并提炼出其重要的应用价值是摆在我国图书情报领域和编目界的重大课题。

4.2.3　RDA 内容研究的深入

要对 RDA 进行深入的研究，首先必须将 RDA 的内容研究透彻。RDA 的内容研究包括 RDA 体系结构的系统阐释和 RDA 规则的阐释。

4.2.3.1　RDA 体系结构的系统阐释

RDA 体系结构的系统阐释主要是对 RDA 的体系结构进行阐释。RDA 包括 32 个章节和 11 个附录。RDA 体系结构的阐释要进行的不仅仅是列出 RDA 的章节目录，而且要根据实用性原则，精选有用的内容，深入浅出地阐明 RDA 和 FRBR、FRAD 的关系以及 RDA 各部分之间的内在联系，从而创建一个较为系统全面的 RDA 的理论体系。

4.2.3.2　RDA 规则的阐释

RDA 规则包括著录规则、检索点规则和规范控制规则，相应地，RDA 规则的阐释包括对题名和责任者项、版本项、特殊细节项、出版发行项、丛编项、附注项、载体形态项、排检项的著录规则的阐释，对个人责任者标目、团体责任者标目和主题标目的检索点规则的阐释，对缩略语、姓名、时间、称呼等的规范控制规则的阐释。

4.2.4　RDA 研究的运用

RDA 研究的运用是指如何将 RDA 规则运用到图书和期刊等纸质文献之外的其他类型的文献信息的著录中，以及如何将 RDA 规则运用到我国文献编目规则的修改之中等。

4.2.4.1　基于 RDA 的多媒体文献编目的研究

由于数字技术的飞速发展，音频和视频格式的多媒体文献资源的数量急剧增加，人们对影视剧、戏剧、歌曲、伴奏等多媒体文献资源的需求日益增强，多媒体文献的著录和检索越来越受到编目界的重视。

通过调查我们发现，目前国内众多机构对多媒体文献资源没有质量较高的著录方案，多媒体文献没有得到很好的著录，导致其检索效果不太理想，因此有必要制定我国多媒体文献的编目规则，而将 RDA 用于多媒体文献编目是一个比较好的选择。

我国以往的编目规则主要以纸质文献为对象，而多媒体资源（如视频和音频）则通常被置于次要位置，偶尔在个别字段中提及。RDA 与以往的编目规则的显著区别是重视视频、音频等多媒体文献的编目。RDA 将多媒体信息编目和纸质文献编目列入同等重要的地位。

4.2.4.2　基于 RDA 视角的我国文献编目规则的修订研究

网络环境下信息载体、信息传播方式、信息组织形式发生了根本性的变化。对文献机构而言，文献类型和编目环境的变化必然导致编目对象、编目载体、编目模式及编目条例发生变化。数字资源的迅速发展，对传统文献编目规则提出了挑战。

《中国文献编目规则》（第二版）于 2005 年出版，随着时代的发展和数字信息资源的大量涌现，该规则的部分内容需要进行相应的修订。RDA 作为当前国际通行的编目标准提供了众多有价值的参考，因此从 RDA 的视角出发对我国文献编目规则的修订进行研究是比较合适的。

4.3　RDA 载体特征字段著录方式

与 AACR2 对应的机读目录格式相比，RDA 在其 MARC21 机读目录格式中将 245 字段中的一般文献类型标识子字段 $h 去除，相应地增加了内容类型 336 字段、媒介类型 337 字段和载体类型 338 字段，这三个字段的著录方式在国内文献中已有相当多的介绍了，但是和一般文献类型标识相对应的载体特征的 RDA 机读目录著录方式却很少有研究成果涉及。

美国国会图书馆网站新公布了 RDA 载体特征的 MARC21 机读目录格式的著录方式，包括 344 字段声音特征、345 字段电影放映特征、346 字段视频特征和 347 字段数字文件特征。对于这个和一般文献类型标识相对应的 RDA 机读目录格式著录方式的新进展，目前没有看到国内在这方面比较系统的学术成果，这个问题的研究是对文献载体形态 RDA 机读目录格式著录方式的重要补充。

4.3.1 声音特征

4.3.1.1 声音特征 RDA344 字段著录方式

声音特征（Sound Characteristics）是指与资源中声音编码有关的技术规格，声音特征的条文位于 RDA3.16，著录在 MARC21 新增的 344 字段，其第一指示符和第二指示符都为 #（Undefined），著录时留作空格。声音特征 RDA344 字段著录方式如表 4-1 所示。

表 4-1 声音特征 RDA344 字段著录方式（英文）

Subfield Codes	
$a Type of recording（R）	$h Special playback characteristics（R）
$b Recording medium（R）	$0 Authority record control number or standard number（R）
$c Playing speed（R）	$1 Real World Object URI（R）
$d Groove characteristics（R）	$2 Source of term（NR）
$e Track configuration（R）	$3 Materials specified（NR）
$f Tape configuration（R）	$6 Linkage（NR）
$g Configuration of playback channels（R）	$8 Field link and sequence number（R）

表 4-1 翻译成中文如表 4-2 所示。

表 4-2 声音特征 RDA344 字段著录方式（中文）

子字段	
$a 录音类型	$h 特殊播放特征
$b 录音媒介	$0 规范记录控制号或标准号
$c 播放速度	$1 真实对象统一资源标识符
$d 纹槽特征	$2 术语来源
$e 音轨配置	$3 专指资料
$f 录音带配置	$6 连接
$g 播放声道配置	$8 字段连接和顺序号

表 4-1 和表 4-2 中的 $0、$1、$2、$3、$6 和 $8 是控制子字段，其中 $2

的著录内容是术语来源，这里指和 $2 前的子字段名称相对应的 RDA 的条文名称。表 4-1 中的 R 表示该字段可以重复，NR 表示该字段不能重复。

4.3.1.2　声音特征 344 字段的各子字段著录方式示例

$a Type of recording——录音类型

录音类型是指用于供播放的音频内容的编码方法（如模拟、数字）。

示例：

344　　##$a analog$2rdatr

344　　##$c 33 1/3 rpm$2rdaps

344　　##$g stereo$2rdacpc

说明：以上 344 字段 $a 著录的录音类型是模拟录音，该著录方式是根据 RDA3.16.2 的 Type of recording 条文，tr 是 Type of recording 的缩略语。

$b Recording medium——录音媒介

录音媒介是指在音频载体上用于记录声音的媒介类型（如磁、光、磁 - 光）。

示例：

344　　##$a digital$2rdatr

344　　##$b optical$2rdarm

344　　##$g surround$2rdacpc

344　　##$h Dolby Digital 5.1$2rdaspc

说明：以上 344 字段 $b 著录的录音媒介是数字声音，该著录方式是根据 RDA3.16.3 的 Recording medium 条文，rm 是 Recording medium 的缩略语。

$c Playing speed——播放速度

播放速度是指音频载体为产生预期声音所需要的运转速度。

示例：

344　　##$a analog$2rdatr

344　　##$c 78 rpm$2rdaps

说明：以上 344 字段 $c 著录的播放速度是 78 rpm（转每分），该著录方式是根据 RDA3.16.4 的 Playing speed 条文，ps 是 Playing speed 的缩略语。

$d Groove characteristics——纹槽特征

纹槽特征是指模拟盘的纹槽宽度或模拟筒的纹槽间距。

示例：

344　　##$a analog$2rdatr

344　　##$d coarse groove$2rdagc

说明：以上 344 字段 $d 子字段著录的纹槽特征是粗纹（coarse groove），该著录方式是根据 RDA3.16.5 的 Groove characteristics 条文，gc 是 Groove characteristics 的缩略语。

$d 著录模拟盘的纹槽宽度的术语有粗纹和密纹（micro groove），著录模拟筒的纹槽间距可用细纹（fine）和标准纹（standard）等，此外还可著录纹槽特征的细节，如 Vertically cut from inside outward。

$e Track configuration——音轨配置

音轨配置是指声道胶片上音轨的配置。

示例：

344　　##$a analog$2rdatr

344　　##$e edge track$2rdatc

说明：以上 344 字段 $e 著录的音轨配置是边缘音轨（edge track），该著录方式是根据 RDA3.16.6 的 Track configuration 条文，tc 是 Track configuration 的缩略语。

$e 著录音轨配置的术语有中央音轨（central track）和边缘音轨，此外还可著录音轨配置的细节，如 Magnetic sound track。

$f Tape configuration——录音带配置

录音带配置是指录音带上音轨数量。

示例：

344　　##$a analog$2rdatr

344　　##$f 12 track$2rdatc

说明：以上 344 字段 $f 子字段著录的录音带配置是音轨，该著录方式是根据 RDA3.16.7 的 Tape configuration 条文，tc 是 Tape configuration 的缩略语。

$g Configuration of playback channels——播放声道配置

播放声道配置是指用于制作录音的声道数量（例如，一条声道适用于单声道录音，两条声道适用于立体声录音）。

示例：

344　　##$a digital$2rdatr

344　　##$g stereo$2rdacpc

说明：以上 344 字段 $g 子字段著录的播放声道配置是立体声（stereo），该著录方式是根据 RDA3.16.8 的 Configuration of playback channels 条文，cpc 是 Configuration of playback channels 的缩略语。

$g 著录播放声道配置的术语有单声道（mono）、立体声、四声道（quadraphonic）和环绕（surround）等。

$h Special playback characteristics——特殊播放特征

特殊播放特征是指用于制作录音资料的平衡系统、降噪系统等。

示例：

344　　##$a analog$2rdatr

344　　##$h Dolby-B encoded$2rdaspc

说明：以上 344 字段 $h 子字段著录的特殊播放特征是杜比—B 编码（Dolby-B encoded），该著录方式是根据 RDA3.16.9 的 Special playback characteristics 条文，spc 是 Special playback characteristics 的缩略语。

$h 著录特殊播放特征的术语有 CCIR 标准（CCIR standard）、CX 编码（CX encoded）、dbx 编码（dbx encoded）、杜比（Dolby）、杜比—A 编码（Dolby—A encoded）、杜比—B 编码（Dolby—B encoded）和杜比—C 编码（Dolby—C encoded）等。

杜比是英国 R.M.Dolby 博士的中译名，他在美国设立杜比实验室，先后发明了杜比降噪系统、杜比环绕声系统等多项技术，对电影音响和家庭音响产生了巨大的影响。

4.3.2　电影放映特征

4.3.2.1　电影放映特征 RDA345 字段著录方式

电影放映特征（Projection Characteristics of Moving Image）是指与电影放映有关的技术规格，电影放映特征的条文位于 RDA3.17，著录在 MARC21

新增的 345 字段。

本字段第一指示符和第二指示符都为 #（Undefined），著录时留作空格。电影放映特征 RDA345 字段著录方式如表 4-3 所示。

表 4-3　电影放映特征 RDA345 字段著录方式

Subfield Codes	
$a Presentation format（R）	$2 Source of term（NR）
$b Projection speed（R）	$3 Materials specified（NR）
$0 Authority record control number or standard number（R）	$6 Linkage（NR）
$1 Real World Object URI（R）	$8 Field link and sequence number（R）

4.3.2.2　电影放映特征 RDA345 字段的各子字段著录方式示例

$a Presentation format——呈现格式

呈现格式是指用于制作放映图像的格式（如全景放映、IMAX）。

示例：

345　　##$a 3D$2rdapf

345　　##$b 48fps

说明：以上 345 字段 $a 子字段著录的呈现格式是 3D（3D 电影格式），该著录方式是根据 RDA3.17.2 的 Presentation format 条文，pf 是 Presentation format 的缩略语。

$a 著录呈现格式的术语还有全景放映（Cinerama）、三机放映宽银幕（Cinemiracle）、环幕放映（Circarama）、巨幕电影（IMAX）、多机放映（multi-projector）、多屏幕放映（multiscreen）、潘那维申宽银幕（Panavision）、标准无声（standard silent aperture）、标准有声（standard sound aperture）、立体（stereoscopic）和特艺斯科普宽银幕（techniscope）等。

$b Projection speed——放映速度

放映速度是指放映载体为产生预期的动态图像所需要的运转速度。

示例：

345　　##$a Cinerama$2rdapf

345　　##$b 24 fps$2rdaps

说明：以上 345 字段 $b 著录的放映速度是 24 fps（帧每秒），该著录方式是根据 RDA3.17.3 的 Projection speed 条文，ps 是 Projection speed 的缩略语。

4.3.3　视频特征

4.3.3.1　视频特征 RDA346 字段著录方式

视频特征（Video Characteristics）是指与资源中视频图像编码有关的技术规格。视频特征的条文位于 RDA3.18，著录在 MARC21 新增的 346 字段。

其第一指示符和第二指示符都为 #（Undefined），著录时留作空格。视频特征 RDA346 字段著录方式如表 4-4 所示。

表 4-4　视频特征 RDA346 字段著录方式

Subfield Codes	
$a Video format（R）	$2 Source of term（NR）
$b Broadcast Standard（R）	$3 Materials specified（NR）
$0 Authority record control number or standard number（R）	$6 Linkage（NR）
$1 Real World Object URI（R）	$8 Field link and sequence number（R）

4.3.3.2　视频特征 RDA346 字段的各子字段著录方式示例

$a Video format——视频格式

视频格式是指用于资源的模拟视频内容编码的标准等。

示例：

346　　##$a Beta$2rdavf

346　　##$b PAL$2rdabs

说明：以上 346 字段 $a 子字段著录的视频格式是卡式录像带的格式（Beta），该著录方式是根据 RDA3.18.2 的 Video format 条文，vf 是 Video format 的缩略语。

$b Broadcast standard——广播标准

广播标准是指为电视播放而对视频资源进行格式化的体系。

示例：

346   ##$a VHS$2rdavf

346   ##$b NTSC$2rdabs

说明：以上 346 字段 $b 子字段著录的广播标准是美国标准电视广播传输和接收协议（NTSC），该著录方式是根据 RDA3.18.3 的 Broadcast standard 条文，bs 是 Broadcast standard 的缩略语。

$b 著录广播标准的术语还有高清电视（HDTV）、逐行倒相式（PAL）和塞康式（SECAM）等。

4.3.4　数字文件特征

4.3.4.1　数字文件特征 RDA347 字段著录方式

数字文件特征（Digital File Characteristics）是指与资源中文本、图像、音频、视频和其他类型数据的数字编码有关的技术规格。数字文件特征的条文位于 RDA3.19，著录在 MARC21 新增的 347 字段。其第一指示符和第二指示符都为 #（Undefined），著录时留作空格。数字文件特征 RDA347 字段著录方式如表 4-5 所示。

表 4-5　数字文件特征 RDA347 字段著录方式

Subfield Codes	
$a File type（R）	$0 Authority record control number or standard number（R）
$b Encoding format（R）	$1 Real World Object URI（R）
$c File size（R）	$2 Source of term（NR）
$d Resolution（R）	$3 Materials specified（NR）
$e Regional encoding（R）	$6 Linkage（NR）
$f Encoded bitrate（R）	$8 Field link and sequence number（R）

4.3.4.2　数字文件特征 RDA347 字段的各子字段著录方式示例

$a File type——文件类型

文件类型是指在计算机文件中的编码的数据内容的一般类型。

示例：

347　　　##$a audio file$2rdaft

347　　　##$b CD audio$2rdaef

说明：以上 347 字段 $a 子字段著录的文件类型是音频文件（audio file），该著录方式是根据 RDA3.19.2 的 File type 条文，ft 是 File type 的缩略语。

$a 著录文件类型的术语还有数据文件（data file）、图像文件（image file）、程序文件（program file）、文本文件（text file）和视频文件（video file）等。

$b Encoding format——编码格式

编码格式是指为资源的数字内容进行编码的框架、标准等。

示例：

347　　　##$a text file$2rdaft

347　　　##$b PDF$2rdaef

说明：以上 347 字段 $b 子字段著录的编码格式是 PDF（便携式文件格式），该著录方式是根据 RDA3.19.3 的 Encoding format 条文，ef 是 Encoding format 的缩略语。

数字文件特征编码格式名称如表 4-6 所示。

表 4-6　数字文件特征编码格式名称

格式种类	格式名称
音频	CD audio，DAISY，DVD audio，MP3，RealAudio，SACO，WAV
数据	Access，Excel，Lotus，XML
图像	BMP，GIF，JPEG，JPEG2000，PNG，TIFF
程序	Arc/info，BIL，BSQ，CAD，DEM，E00，MID/MIF
文本	ASCII，HTML，MegaDots，MS Word，PDF，RTF，SGML，TeX，Word Perfect，XHTML，XML
视频	Blu-Ray，DVD-R，DVD video，HD-DVD，MPEG-4，Quicktime，RealVideo，SVCD，VCD，Windows media

$c File size——文件大小

文件大小是指数字文件的字节数。

347　　　##$a data file$2rdaft

347　　##$b XML$2rdaef

347　　##$c 182 KB$2rdafs

说明：以上 347 字段 $c 子字段著录的文件大小是 182 KB，该著录方式是根据 RDA3.19.4 的 File size 条文，fs 是 File size 的缩略语。

$c 著录文件大小的术语有字节（B）、千字节（KB）、兆字节（MB）和千兆字节（GB）等。

$d Resolution——分辨率

分辨率是指数字化图像中由图像像素等的度量表达的细部清晰度或精细度。

示例：

347　　##$a image file$2rdaft

347　　##$b JPEG$2rdaef

347　　##$d 3.1 mega pixels$2rdar

说明：以上 347 字段 $d 子字段著录的分辨率是 3.1 mega pixels（百万像素），该著录方式是根据 RDA3.19.5 的 Resolution 条文，r 是 Resolution 的缩略语。

$e Regional encoding——地区编码

地区编码是指数字文档上可识别该文档在世界范围内播放地区的编码，用于防止该数字文档在非销售区的播放器上播放。

示例：

347　　##$a video file$2rdaft

347　　##$b DVD video

347　　##$e region 4$2rdare

说明：以上 347 字段 $e 子字段著录的地区编码是 region 4，该著录方式是根据 RDA3.19.6 的 Regional encoding 条文，re 是 Regional encoding 的缩略语。

$f Encoded bitrate——编码信息传播的速率

编码信息传播的速率是指音频或视频流媒体所设置的播放速度。

示例：

347　　##$a audio file$2rdaft

347　　##$b MP3

347　　##$f 32 kbps$2rdaeb

说明：以上 347 字段 $f 子字段著录的编码信息传播的速率是 32 kbps
（千字节每秒），该著录方式是根据 RDA3.19.7 的 Encoded bitrate 条文，eb 是
Encoded bitrate 的缩略语。

4.3.5　著录载体特征的其他 MARC21 字段

除了以上 RDA 新增的 344、345、346 和 347 字段外，著录载体特征的
其他 MARC21 字段还有载体形态字段 300 和物理媒介 340 字段、一般性附注
500 字段及其他附注字段块 5××、载体形态定长字段 007。

4.4　RDA 在西文会议录编目中的应用

会议录主要是指汇编整理会议资料而成的出版物，亦称会议论文集。西
文会议文献乃学术会议论文集，它及时地反映了各个学科领域的研究成果，
特别是一些知名度很高的国际会议论文集，更是直接代表着当今世界各学科
发展的最新动态和最新水平。因此，西文会议录一直是学者了解世界科技发
展、进行科学研究的重要信息来源。

4.4.1　RDA 西文会议录编目所涉及的实体和元素

4.4.1.1　RDA 西文会议录编目所涉及的实体

RDA 西文会议录编目涉及 FRBR 的实体模型，包括作品（work）、内容
表达（expression）、载体揭示（manifestation）和单件（item）。例如，RDA
的第 2 章说明如何识别载体揭示的各项著录信息，第 3 章说明如何描述载体
的各项信息，第 4 章说明如何提供载体揭示的获取和检索信息。RDA 的第 6
章说明如何识别作品和内容表达的各项信息，第 7 章说明如何描述作品和内
容表达的内容。

4.4.1.2 RDA 西文会议录编目所涉及的元素

RDA 元素相当于 AACR2 中的著录项。每个实体都包括数量众多的 RDA 元素，所以在揭示文献方面更加精细和准确。例如，RDA 第 2 章将题名与责任说明项分成题名（Title）元素和责任说明（Statement of Responsibility）元素两个独立的部分，还增加了版权时间（Copyright Date）元素、制作说明（Production Statement）元素、制造说明（Manufacture Statement）元素、丛编说明（Series Statement）元素、发行模式（Mode of Issuance）元素、附注（Note）元素等。又如 RDA 去除了一般文献类型标示（GMD），而在第 3 章增加了媒介类型（Media Type）元素和载体类型（Carrier Type）元素，在第 6 章增加了内容类型（Content Type）元素。

4.4.2 RDA 西文会议录编目示例说明

RDA 西文会议录编目则是寻求西文会议录著录信息与 RDA 元素的一一对应。表 4-7 为西文会议录 Encoding across frontiers 的 RDA 著录数据，做 * 标记的是 RDA 著录不可缺的核心元素。

表 4-7　西文会议录 Encoding across frontiers 的 RDA 著录数据

RDA Element	Data Recorded
2.3.2　Title proper *	Encoding across frontiers
2.3.4　Other title information	proceedings of the European Conference on Encoded Archival Description and Context（EAD and EAC），Paris，France，7–8 October 2004
2.3.6　Variant title	
2.4.2　Statement of responsibility relating to title *	Bill Stockting，Fabienne Queyroux，editors
2.8.2　Place of publication	New York
	London
	Victoria（AU）
2.8.4　Publisher's name *	The Haworth Information Press，an imprint of The Haworth Press，Inc.
2.11　Copyright date *	©2005

（续表）

RDA Element		Data Recorded
2.13	Mode of issuance	single unit
2.15	Identifier for the Manifestation	ISBN 978-0-7890-3026-9
		ISBN 0-7890-3026-8
		ISBN 978-0-7890-3027-6（paperback）
		ISBN 0-7890-3027-6（paperback）
3.2	Media type	unmediated
3.3	Carrier type *	volume
3.4	Extent of text *	286 pages
3.5	Dimensions	22 cm
6.10	Content type *	text
7.12	Language of the content	In English
7.15	Illustrative content	illustrations
7.16	Supplementary content	Includes bibliographical references and index
18.5	Relationship designator	editor of compliation
19.2	Creator *	European Conference on Encoded Archival Description and Context（EAD and EAC）（2004：Paris，France）
20.2	Contributor	Stockting, Bill
		Queyroux, Fabienne
27.1	Related manifestation	"Co-published simultaneously as Journal of archival organization，volume3，numbers2/3 2005." doi：10.1300/J201v03n02_ 01-doi：10.1300/J201v03n02_19

4.4.2.1　题名（RDA 2.3 Title）

RDA 中，正题名是必需的核心元素，其他题名和变异题名是选择项。本西文会议录的正题名是 Encoding across frontiers，其他题名和变异题名是 proceedings of the European Conference on Encoded Archival Description and Context（EAD and EAC），Paris，France，7-8 October 2004。

4.4.2.2 责任说明（RDA 2.4 Statement of responsibility）

本西文会议录的责任者是比利·斯托廷和法比安·凯鲁，当出现多个责任者时，AACR2 使用省略号和省略标记［et al.］，而 RDA 可以完全著录，也可以省略著录。

4.4.2.3 出版声明（RDA 2.8 Publication statement）

RDA 出版元素包括出版地（RDA 2.8.2）、出版者（RDA 2.8.4）和出版日期（RDA 2.8.6）。

本西文会议录出版地有三个即纽约、伦敦和维多利亚，出版者为霍沃斯信息出版社，没有出版日期，著录的是版权日期。

4.4.2.4 版权日期（RDA 2.11 Copyright date）

AACR2 规定，如果出版发行日期不明，则著录版权日期，而 RDA 将版权日期规定为必须著录的核心元素。本西文会议录的版权日期为 2005 年。

4.4.2.5 媒介类型（RDA 3.2 Media type）

因为 RDA 是数字时代的编目规则，所以对数字时代的媒介类型有更为详细的规定。RDA 媒介类型包括音频（audio）、计算机（computer）、缩微胶片（microform）、显微镜（microscopic）、投影（projected）、立体镜（stereographic）、非媒介（unmediated）和视频（video）。本西文会议录的媒介类型为非媒介（unmediated）。

4.4.2.6 载体类型（RDA 3.3 Carrier type）

RDA 载体类型有音频载体（audio carriers）、计算机载体（computer carriers）、缩微胶片载体（microform carriers）、显微镜载体（microscopic carriers）、投影载体（projected image carriers）、立体镜载体（stereographic carriers）、非媒介载体（unmediated carriers）和视频载体（video carriers）。本西文会议录的载体类型是非媒介载体（unmediated carriers）中的册（volume）。

4.4.2.7 内容类型（RDA 6.10 Content type *)

RDA 内容类型有图集（cartographic dataset）、图像（cartographic image）、移动图像（cartographic moving image）、制图触觉图像（cartographic tactile image）、触觉三维表格（cartographic tactile three-dimensional form）、三维表格（cartographic three-dimensional form）、计算机数据集（computer dataset）、计算机程序（computer program）、乐谱（notated music）、表演音乐（performed music）、声音（sounds）、口语（spoken word）、静止图像（still image）、触觉图像（tactile image）、触觉运动（tactile notated movement）、触觉文本（tactile text）、触觉三维表格（tactile three-dimensional form）、文本（text）、三维表格（three-dimensional form）、三维移动图像（three-dimensional moving image）和二维移动图像（two-dimensional moving image）。本西文会议录的内容类型是文本（text）。

4.4.2.8 其他 RDA 元素

本西文会议录有精装本和平装本各两种。

精装本的 ISBN 号是 978-0-7890-3027-6 和 0-7890-3027-6，平装本的 ISBN 号是 978-0-7890-3026-9 和 0-7890-3026-8，单册发行，数量为 286 页，尺寸为 22cm，语言是英语，有插图。

4.4.2.9 个人、家庭、团体和作品的联系（RDA 19）

RDA 主要包括属性和关系两大部分，建立关系是使标目更加全面，减少漏检的发生。本西文会议录的创作者是会议名称——European Conference on Encoded Archival Description and Context（EAD and EAC）（2004：Paris, France）。

4.4.2.10 贡献者（RDA 20.2 Contributor）

贡献者是本西文会议录编撰者比利·斯托廷和法比安·凯鲁。

4.4.2.11　相关载体揭示（RDA 27）

相关载体揭示属于相关作品，相关载体揭示的著录是为了提供更多的检索点。本西文会议录的相关载体揭示是 "Co-published simultaneously as Journal of archival organization，volume3，numbers2/3 2005." doi：10.1300/J201v03n02_ 01-doi：10.1300/J201v03n02_19。

4.4.3　本西文会议录对应的 RDA 编目的 MARC21 字段说明

本西文会议录的 RDA 编目的 MARC21 格式如表 4-8。

表 4-8　西文会议录 Encoding across frontiers 的 RDA 编目的 MARC21 格式

MARC 21 字段	指示符	数据记录
Leader/06　Type of record		a
Leader/07　Bibliographic level		m
007/00　Physical description fixed Field—Category of material		t
008/35—37　Fixed length data elements—Language		eng
020　International Standard Book Number	##	$a 9780789030269
		$a 0789030268
		$a 9780789030276（paperback）
		$a 0789030276（paperback）
037　Source of acquisition	##	
111　Main entry—Meeting	2#	$a European Conference on Encoded name Archival Description and Context（EAD and EAC）$d（2004 : $c Paris, France）
245　Title statement	10	$a Encoding across frontiers : $b proceedings of the European Conference on Encoded Archival Description and Context（EAD and EAC）, Paris, France 7–8 October 2004 / $c Bill Stockting, Fabienne Queyroux, editors

（续表）

MARC 21 字段		指示符	数据记录
246	Varying form of title	30	$a Proceedings of the European Conference on Encoded Archival Description and Context（EAD and EAC），Paris，France 7–8 October 2004
260	Publication, distribution, etc.,（Imprint）		$a New York；$a London；$a Victoria（AU）：$b The Haworth Information Press, an imprint of The Haworth Press, Inc., $c ©2005
300	Physical description	##	$a 286 pages：$b illustrations；$c 22cm
336	Content type	##	$a text $b txt $2rda content
337	Media type	##	$a unmediated $b n $2rda media
338	Carrier type	##	$a volume $b nc $2rda carrier
504	Bibliography, etc. note	##	$a Includes bibliographical references and index
530	Additional physical form available note	##	$a "Co-published simultaneously as Journal of archival organization, volume 3, numbers 2/3 2005." $u doi：10.1300/ J201v03n02_01-doi：10.1300/J201v03n02_19
546	Language note	##	$a In English
700	Added entry —Personal name	1#	$a Stockting, Bill, $e editor of compilation
			$a Queyroux, Fabienne, $e editor of compilation

4.4.3.1 RDA 多数元素依然按以前的 MARC21 字段格式著录

现在使用的 MARC21 字段是根据 AACR2 的体系结构研制出的，而基于 RDA 体系结构的 MARC 字段还没研制出来。欧美国家 RDA 编目使用的仍是 MARC21，对 MARC21 字段进行修改或者制定新的 MARC，使之适应 RDA 的体系结构也是当前 RDA 工作和研究的一个重要方面。本西文会议录将 RDA 多数元素依然按以前的 MARC21 字段格式著录，其中 020、111、245、246、260、300、504、530、546、700 字段和以前 MARC21 字段相同。

4.4.3.2 RDA 在 MARC21 著录中的新增字段

RDA 在 MARC21 字段著录中的一个新变化是一般资料标识的拆分。旧的 MARC21 是在 245 字段的 $ h 子字段来记录一般资料标识，在载体形态项记录文献类型，而 RDA 将一般资料标识加以细分为内容类型、媒介类型及载体类型三部分，新增 336、337 和 338 三个字段分别记录，并对记录头标区加以修订，为 007 和 008 字段新增代码。

记录头标区的 06 字符位来记录内容，336 字段第 1、第 2 指示符均未定义，空位，由 6 个子字段组成，分别是 $ a（媒体类型术语）、$ b（媒体类型代码）、$ 2（来源）、$ 3（指定材料）、$ 6（连接）、$ 8（字段连接及编号）。337 字段涉及媒体类型的记录需放于 007/00 字符位，338 字段涉及载体类型的记录需放于 007/01 字符位。另外，037 字段是新增加的，是信息来源说明。

4.4.3.3 标目

标目是检索点的设置，111 字段会议名称主要款目检索点是本西文会议录的名称，700 字段个人名称附加款目检索点分别是编撰者比利·斯托廷和法比安·凯鲁。

4.5 RDA 在连续出版物编目中的应用

连续出版物是具有统一题名、印有编号或年月顺序号、定期或不定期在无限期内连续出版并发行的出版物，包括期刊、报纸、年鉴、年刊、指南、学会报告丛刊和会刊、连续出版的专著丛书和会议录等。

4.5.1 RDA 连续出版物编目所涉及的实体和元素

具体内容同 4.4.1 节 RDA 西文会议录编目所涉及的实体和元素。

4.5.2　RDA 连续出版物编目示例说明

　　AACR2 音像资料编目是按照 AACR2 中的八大著录项分别对音像资料进行著录的，与此类似，RDA 连续出版物编目则是寻求连续出版物著录信息与 RDA 元素的一一对应。表 4-9 为连续出版物 CA magazine 的 RDA 著录数据，做 * 标记的是 RDA 著录不可缺的核心元素。

表 4-9　连续出版物 CA magazine 的 RDA 著录数据

RDA Element	Data Recorded
2.3.2　Title proper *	CA magazine
2.3.9　Key title	CA magazine（Toronto）
2.3.10　Abbreviated title	CA mag.（Tor.）
2.6.2　Numeric and/or alphabetic designation of first issue or part *	Volume 104，no. 1
2.6.3　Chronological designation of first issue or part *	January 1974
2.8.2　Place of publication	Toronto，Ontario ，Montreal，Quebec
2.8.4　Publisher's name *	Canadian Institute of Chartered Accountants
2.8.6　Date of publication *	1974–
2.13　Mode of issuance	single unit
2.15　Identifier for the manifestation *	ISSN 0317-6878
2.20.11　Note on frequency	Monthly，January 1974–1990s?；10 times a year（with combined issues in January/ February and June/July），1990s?-
2.20.12　Note on issue，part，or iteration used as the basis for identification of the resource	Latest issue consulted：Volume 140，no. 1（January/February 2007）
3.2　Media type	unmediated
3.3　Carrier type *	volume
3.4　Extent *	volumes
3.5　Dimensions	29 cm
4.2　Terms of availability	$28.00 per year（$25.00 to students；$72.00 outside Canada）

（续表）

RDA Element	Data Recorded
4.3　Contact information	Canadian Institute of Chartered Accountants, 277 Wellington Street West, Toronto, Ontario M5V 3H2
	Canadian Institute of Chartered Accountants, 680 Sherbrooke Street West, 17th floor, Montreal, Quebec H3A 2S3
6.10　Content type *	text
7.12　Language of the content	In English；includes some text in French
7.17　Colour content	chiefly colour
21.3　Publisher	Canadian Institute of Chartered Accountants
24.5　Relationship designator	CA，Canadian chartered accountant
25.1　Related work	continues（work）
26.1　Related expression	Also issued in an online edition containing breaking news, tax updates, job postings, archives, additional articles
27.1　Related manifestation	Also available in microfilm and microfiche format

4.5.2.1　题名（RDA 2.3 Title）

本连续出版物的正题名是 CA magazine，识别题名是 CA magazine（Toronto），缩略题名是 CA mag.（Tor.）。

4.5.2.2　连续出版物编号（RDA 2.6 Numbering of serials）

现存最新一期是第 104 卷第 1 期，该连续出版物于 1974 年 1 月创刊。

4.5.2.3　出版声明（RDA 2.8 Publication statement）

本连续出版物的出版地是多伦多，出版者为加拿大特许会计学院，出版日期 1974 年。

4.5.2.4　其他 RDA 元素

本刊国际标准连续出版物号是 0317-6878，单册发行，有很多册，尺寸是 29cm，定价为 28.00 加元，连续出版物主要是彩色，内容主要是英语，部分是法语。

4.5.2.5　发行频率附注（RDA 2.20.11 Note on frequency）

本刊从 1974 年到 1990 年 1 月是月刊，从 1990 年到现在是一年 10 期，其中 1 月和 2 月、6 月和 7 月合订。1990 年是估计的，所以打了问号。

4.5.2.6　媒介类型（RDA 3.2 Media type）

本连续出版物的媒介类型为非媒介（unmediated）。

4.5.2.7　载体类型（RDA 3.3 Carrier type）

本连续出版物的载体类型是非媒介载体（unmediated carriers）中的册（volume）。

4.5.2.8　联系信息（RDA 4.3 Contact information）

本连续出版物可以通过以下两个地址联系，加拿大特许会计学院，277 Wellington Street West，Toronto，Ontario M5V 3H2 或 680 Sherbrooke Street West，17th floor，Montreal，Quebec H3A 2S3。

4.5.2.9　内容类型（RDA 6.10 Content type *）

本连续出版物的内容类型是文本（text）。

4.5.2.10　相关作品、内容表达和载体揭示

RDA 主要包括属性和关系两大部分，建立关系是使标目更加完全，减少漏检的发生。

本刊相关作品是加拿大特许会计 CA。相关内容表达是发布在网上的在线版本，内容包括税务更新、档案和论文等。

相关载体揭示有缩微胶卷和缩微文档格式。

4.5.3　本连续出版物相应的 RDA 编目的 MARC21 字段说明

本连续出版物的 RDA 编目的 MARC21 字段格式如表 4-10 所示。

表 4-10　连续出版物 CA magazine 的 RDA 编目的 MARC21 字段格式

MARC 21 字段	指示符	数据记录
Leader/06　Type of record		g
Leader/07　Bibliographic level		m
007/00　Physical description fixed Field—Category of material		v
008/35—37　Fixed length data elements—Language		eng
022　International Standard	##	$a 0317-6878 Serial Number
037　Source of acquisition	##	$b Canadian Institute of Chartered Accountants, 277 Wellington Street West, Toronto, Ontario M5V 3H2 $c $28.00 per year $c $25.00（students）$c $72.00（outside Canada）
		$b Canadian Institute of Chartered Accountants, 680 Sherbrooke Street West, 17th floor, Montreal, Quebec H3A 2S3 $c $28.00 per year $c $25.00（students）$c $72.00（outside Canada）
041　Language code	0#	$a eng $a fre
210　Abbreviated key title	0#	$a CA mag. $b（Tor.）
222　Key title	#0	$a CA magazine $b（Toronto）
245　Title statement	00	$a CA magazine
260　Publication, distribution, etc.（Imprint）	##	$a Toronto, Ontario; $a Montreal, etc.（Imprint）Quebec : $b Canadian Institute of Chartered Accountants, $c 1974–
300　Physical description	##	$a volumes : $b illustrations（chiefly colour）, portraits; $c 29 cm
310　Current publication frequency	##	$a 10 times a year（with combined issues in January/February and June/July）, $b 1990s?-
321　Former publication frequency	##	$a Monthly, $b January 1974–1990s?

（续表）

MARC 21 字段	指示符	数据记录
336 Content type	##	$a moving image $b $2rda content
337 Media type	##	$a video $b $2rda media
338 Carrier type	##	$a online resource $b $2rda carrier
362 Dates of publication and/or sequential designation	0#	$a Volume 104, no. 1（January 1974）-
500 General note	##	$a Latest issue consulted：Volume 140, no. 1（January/February 2007） $a Also issued in an online edition containing breaking news, tax updates, job postings, archives, additional articles
530 Additional physical form available note	##	$a Also available in microfilm and microfiche format form available note
546 Language note	##	$a In English，includes some text in French
710 Added entry—Corporate name	2#	$a Canadian Institute of Chartered Accountants
780 Preceding entry	00	$t CA，Canadian chartered accountant

1.RDA 元素大多使用以前的 MARC21 字段格式著录

本连续出版物将 RDA 多数元素依然按以前的 MARC21 字段格式著录，其 022、041、210、222、245、260、300、500、530、546、710、780 字段和以前 MARC21 字段相同。

2.RDA 在 MARC21 著录中的新增字段

具体内容见 4.4.3 节 RDA 在 MARC21 著录中的新增字段。

3. 标目

标目是检索点的设置，由于连续出版物没有主要责任者信息，因此 1×× 主要款目字段空缺，710 字段团体名称附加款目检索点是加拿大特许会计学院，780 字段是后继款目。

4.6　RDA 在流视频编目中的应用

流视频是指将一连串的影像资料压缩后，经过网络分段传送、即时传输，以供观赏的一种视频。由于流视频是一种新出现的文献类型，AACR2 还没有制定相应的编目规则。

4.6.1　RDA 流视频编目所涉及的实体和元素

具体内容同 4.4.1 节 RDA 西文会议录编目所涉及的实体和元素。

4.6.2　RDA 流视频编目示例说明

AACR2 音像资料编目是按照 AACR2 中的八大著录项分别对音像资料进行著录的，与此类似，RDA 流视频编目则是寻求流视频著录信息与 RDA 元素的一一对应。表 4-11 为流视频 For whom the bell tolls 的 RDA 著录数据，做 * 标记的是 RDA 著录不可缺的核心元素。

表 4-11　流视频 For whom the bell tolls 的 RDA 著录数据

RDA Element	Data Recorded
2.3.2　Title proper *	For whom the bell tolls
2.3.4　Other title information	The Spanish Civil War
2.3.6　Variant title	
2.4.2　Statement of responsibility relating to title *	produced by the Hoover Institution and KTEH/San Jose Public Television
	director, Paul Marca
2.8.2　Place of publication	Stanford, Calif
2.8.4　Publisher's name *	Hoover Institution
2.11　Copyright date *	©2000
2.12.2　Title proper of series *	Uncommon knowledge
2.12.9　Numbering within series *	#426
2.13　Mode of issuance	single unit
2.20.2　Note on title	Title from transcript page

（续表）

RDA Element	Data Recorded
2.20.12　Note on issue，part，or iteration used as the basis for identification of the resource	Viewed on February 6，2002
3.2　Media type	video
3.3　Carrier type *	online resource
3.4　Extent *	1 online resource
3.16.2　Type of recording	digital
3.19.2　File type	streaming video file
3.19.3　Encoding format	ASX file
3.20　Equipment and system	System requirements：Windows Media Player
6.10　Content type *	moving image
7.10　Summarization of the content	Panelists Christopher Hitchens and Ronald Radosh discuss the continuing debate over the moral ambiguity of the Spanish Civil War（1936—1939）
7.12　Language of the content	In English
7.17.3　Colour of moving images	color
7.18　Sound content	sound
7.22　Durantion	26 min.，52 sec.
7.23　Performer，narrator，and/or presenter	Host，Peter Robinson；panelists，Christopher Hitchens，Ronald Radosh
7.24　Artistic and/or technical credits	Executive producer，William Free；associate producer/editor，Ian Albert
18.5　Relationship designator	Marca，Paul
	Robinson，Peter
	host
	panelist
	film producer
	editor of moving image work
19.3　Other person，family，or corporate body associated with the work	film director
	KTEH-TV（Television station：San Jose，Calif.）

（续表）

RDA Element	Data Recorded
19.3　Other person, family, or corporate body associated with the work	Free, William
20.2　Contributor	film producer
	Hitchens, Christopher
	Radosh, Ronald
	Albert, Ian
21.3　Publisher	Hoover Institution on War, Revolution, and Peace
24.5　Relationship designator	contained in（work）
	in series（work）
24.6　Numbering of part	no. 426
25.1　Related work	Uncommon knowledge（Television program）
	Uncommon knowledge（Hoover Institution on War, Revolution, and Peace）
27.1　Related manifestation	Originally broadcast March 18, 2000, as part of the weekly public television series Uncommon knowledge

4.6.2.1　题名（RDA 2.3 Title）

本流视频的正题名是 For whom the bell tolls，其他题名信息和变异题名是 The Spanish Civil War。

4.6.2.2　责任者（RDA 2.4 Statement of responsibility）

本流视频的团体责任者是胡佛研究所和 KTEH 电视台，责任方式是制作，个体责任者是保罗·马尔卡，责任方式是导演。

4.6.2.3　出版声明（RDA 2.8 Publication statement）

本流视频出版地是斯坦福，出版者为胡佛研究所，没有出版日期，著录的是版权日期 2000 年。AACR2 规定，如果出版发行等日期不明，则著录版权日期，而 RDA 将版权日期规定为必须著录的核心元素。

4.6.2.4　丛编声明（RDA 2.12 Series statement）

RDA 丛编元素列举了两个子元素，丛编正题名和丛编编号。丛编正题名是 Uncommon knowledge，丛编编号是 426。

4.6.2.5　载体揭示附注（RDA 2.20 Note）

RDA 第 2 章的附注是载体揭示附注，内容包括第 2 章的各个元素，这里的附注说明流视频的题名来自转录页，流视频于 2002 年 2 月 6 日被观看。

4.6.2.6　媒介类型（RDA 3.2 Media type）

本流视频的媒介类型为视频（video）。

4.6.2.7　载体类型（RDA 3.3 Carrier type）

本流视频的载体类型是计算机载体中的在线资源（online resource）。

4.6.2.8　内容类型（RDA 6.10 Content type *）

本流视频的内容类型是移动图像（moving image）。

4.6.2.9　其他元素

本流视频是一个在线资源，其主要特征为录制类型是数字型，编码格式是 ASX 文档，语言是英语，并且是彩色有声视频，持续时间是 26 分钟 52 秒，文档类型是流视频，需用 Windows Media Player 播放。本流视频以单个（single unit）形式发布。

4.6.2.10　演职员

演职员包括表演者和叙述者（RDA 7.23）以及艺术或技术贡献者（RDA 7.24）。本流视频表演者和叙述者是主持人彼得·罗宾逊，嘉宾克里斯托弗·希钦斯和罗纳德·拉多什。艺术或技术贡献者是执行制作者威廉·弗里，副制作者（编辑）伊恩·阿尔伯特。

4.6.2.11　与作品有联系的其他个人、家庭、团体（RDA 19.3）及关系形式（RDA 18.5）

RDA 主要包括属性和关系两大部分，建立关系是使标目更加完全，减少漏检的发生。本影片的导演是保罗·马尔卡，制作者是威廉·弗里，制作团体是 KTEH 电视台。以上人名做检索点时，需要将姓写在前。

4.6.2.12　贡献者（RDA 20.2 contributor）

贡献者有主持人彼得·罗宾逊，嘉宾克里斯托弗·希钦斯和罗纳德·拉多什，副制作伊恩·阿尔伯特。

4.6.3　本流视频相应的 RDA 编目 MARC21 字段说明

本流视频的 RDA 编目的 MARC21 字段格式如表 4-12 所示。

表 4-12　流视频 For whom the bell tolls 的 RDA 编目的 MARC21 字段格式

MARC 21 字段	指示符	数据记录
Leader/06　Type of record		g
Leader/07　Bibliographic level		m
007/00　Physical description fixed Field—Category of material		v
008/35—37　Fixed length data elements—Language		eng
245　Title statement	14	$a For whom the bell tolls : $b the Spanish Civil War/$c produced by the Hoover Institution and KTEH/San Jose Public Television; director, Paul Marca
246　Varying form of title	30	$a Spanish Civil War
260　Publication，distribution，etc.（Imprint）	##	$a Stanford, Calif. : $b Hoover Institution, $c ©2000
300　Physical description	##	$a 1online resource（26 min., 52 sec.）: $b digital, ASX file, sound, color
336　Content type	##	$a moving image $b $2rda content
337　Media type	##	$a video $b $2rda media

（续表）

MARC 21 字段		指示符	数据记录
338	Carrier type	##	$a online resource $b $2rda carrier
490	Series statement		$a Uncommon knowledge, $v #426
500	General note	##	$a Title from transcript page
		##	$a Viewed on February 6, 2002
		##	$a Streaming video file
508	Creation/Production	##	$a Executive producer, William Free; credits note associate producer/editor, Ian Albert
518	Participant or performer note	0#	$a Host, Peter Robinson; panelists, Christopher Hitchens, Ronald Radosh
519 Date/Time and place of an event note		##	$a Originally broadcast March 18, 2000, as part of the weekly public television series Uncommon knowledge
520	Summary, etc.	##	$a Panelists Christopher Hitchens and Ronald Radosh discuss the continuing debate over the moral ambiguity of the Spanish Civil War（1936—1939）
538	System details note	##	$a System requirements: Windows Media Player
546	Language note	##	$a In English
700	Added entry—Personal name	1#	$a Marca, Paul, $e film director
		1#	$a Robinson, Peter, $e host
		1#	$a Hitchens, Christopher, $e panelist
		1#	$a Radosh, Ronald, $e panelist
		1#	$a Free, William, $e film producer
		1#	$a Albert, Ian, $e film producer, $e editor of moving image work
710	Added entry—corporate name	2#	$a Hoover Institution on War, Revolution, and Peace, $e film producer
		2#	$a KTEH-TV（Television station : San Jose, Calif.）, $e film producer
830 title	Series added entry—Uniform	#0	$a Uncommon knowledge（Hoover Institution on War, Revolution, and Peace）; $v no.426
856	Electronic location and access	40	$u

4.6.3.1　RDA 元素大多使用以前的 MARC21 字段格式著录

本流视频将 RDA 多数元素依然按以前的 MARC21 字段格式著录，其 245、246、260、300、490、500、520、538、546、700、710、830、856 字段和以前 MARC21 字段相同。538 字段是系统细节附注，这里说明的是需要流视频播放软件 Windows Media Player。

4.6.3.2　RDA 在 MARC21 著录中的新增字段

037、518 是新增字段，037 是信息来源说明，518 是事件发生时间和地点附注。

4.6.3.3　标目

标目是检索点的设置，由于本流视频没有主要责任者信息，因此 1xx 主要款目字段空缺，700 字段是个人名称附加款目检索点，710 字段是团体名称附加款目检索点，830 字段是丛编附加款目检索点，指示符 2 表示直叙式名称。

4.7　RDA 在声像书编目中的应用

声像书是比较新的文献类型，AACR2 还没有制定相应的编目规则。

4.7.1　RDA 声像书编目所涉及的实体和元素

具体内容同 4.4.1 节 RDA 西文会议录编目所涉及的实体和元素。

4.7.2　RDA 声像书编目示例说明

AACR2 音像资料编目是按照 AACR2 中的八大著录项分别对音像资料进行著录的，与此类似，RDA 声像书编目则是寻求声像书著录信息与 RDA 元素的一一对应。表 4-13 为声像书 Lives of girls and women 的 RDA 著录数据，

做 * 标记的是 RDA 著录不可缺的核心元素。

表 4-13　声像书 Lives of girls and women 的 RDA 著录数据

RDA Element	Data Recorded
2.3.2　Title proper *	Lives of girls and women
2.4.2　Statement of responsibility relating to title *	Alice Munro
2.5.2　Designation of edition *	Abridged
2.5.4　Statement of responsibility relating to the edition	by Ruth Fraser
2.8.2　Place of publication	Fredericton, NB, Canada
2.8.4　Publisher's name *	BTC Audiobooks, an imprint of Goose Lane Editions
2.11　Copyright date *	©2005
2.13　Mode of issuance	multipart monograph
2.15　Identifier for the manifestation	ISBN 0-86492-398-8
3.2　Media type	audio
3.3　Carrier type *	audio disc
3.4　Extent *	3audio discs
3.5　Dimensions	12 cm
3.16.2　Type of recording	digital
4.2　Terms of availability	$29.95 Can ($24.95 US)
6.10　Content type *	spoken word
7.10　Summarization of the content	Born on the backward "Flats Road", Del Jordan is a "nice girl" with big dreams in a small town that expects little from women beyond marriage and babies. In linked short stories, Del suffers embarrassment at the hands of her encyclopedia-selling mother, endures her body's insistent desires, and falls passionately in love with a young lumberyard worker, only to lose her chance for a university scholarship
7.12　Language of the content	In English
7.22　Duration	approximately 3 hr
7.23　Performer, narrator, and/or presenter	Narrated by Judy Mahbey
7.24　Artistic and/or technical credits	Credits: producer, Lawrie Seligman; recording engineer, Eric Wagers

（续表）

RDA Element		Data Recorded
18.5	Relationship designator	abridger
		narrator
		recording engineer
19.2	Creator *	Munro, Alice, 1931–
20.2	Contributor	Fraser, Ruth
		Mahbey, Judy
		Seligman, Lawrie
		Wagers, Eric
26.1	Related expression	Originally broadcast on CBC Radio 1981
27.1	Related manifestation	Abridgement of the first print edition published by McGraw-Hill Ryerson, 1971

4.7.2.1 题名（RDA 2.3 Title）

本声像书的正题名是 Lives of girls and women。

4.7.2.2 责任者（RDA 2.4 Statement of responsibility）

本声像书的责任者是爱丽丝·门罗。

4.7.2.3 版本声明（2.5 Edition statement）

本声像书是删节版，删节版的责任者是露丝·弗雷泽。

4.7.2.4 出版声明（RDA 2.8 Publication statement）

本声像书出版地是弗伦德里顿。出版者为 BTC 有声读物，没有出版日期，著录的是版权日期 2005 年。

4.7.2.5 其他 RDA 元素

本声像书 ISBN 号是 0-86492-398-8，单册发行，数量为 3 张音频光盘，尺寸为 12cm，使用语言为英语，获取条件为 29.95 加元或 24.95 美元。

4.7.2.6　媒介类型（RDA 3.2 Media type）

本声像书的媒介类型为音频（audio）。

4.7.2.7　载体类型（RDA 3.3 Carrier type）

本声像书的载体类型是音频载体（audio carriers）中的音频光盘（audio disc）。

4.7.2.8　内容类型（RDA 6.10 Content type）

本声像书的内容类型是口语（spoken word）。

4.7.2.9　演职员

演职员包括表演者和讲述者以及艺术或技术贡献者。本声像书的表演者和讲述者是讲述人朱迪·马贝伊。艺术或技术贡献者制作者劳瑞·塞利格曼，录音工程师埃里克·韦格斯。

4.7.2.10　与作品有联系的其他个人、家庭、团体（RDA 19.3）及关系形式（RDA 18.5）

RDA 主要包括属性和关系两大部分，建立关系是使标目更加完全，减少漏检的发生。作品的原创作者是出生于 1931 年的爱丽丝·门罗。

4.7.2.11　贡献者（RDA 20.2 Contributor）及其关系形式（RDA 18.5）

贡献者有本声像书删节者露丝·费雷泽，讲述者朱迪·马贝伊，制作者劳瑞·塞利格曼和录音工程师埃里克·韦格斯，以上人名做检索点时，需要将姓写在前面。

4.7.2.12　相关内容表达（RDA 26.1 Related expression）和相关载体揭示（RDA 27.1 Related manifestation）

本声像书的相关内容表达是 1981 年首次在加拿大广播电台 CBC Radio

播放。本声像书的相关载体揭示是 1971 年由 McGraw-Hill Ryerson 出版社出版的第一版的缩减版。

4.7.3　本声像书相应的 MARC21 字段说明

本声像书的 RDA 编目的 MARC21 字段格式如表 4-14 所示。

表 4-14　声像书 Lives of girls and women 的 RDA 编目的 MARC21 字段格式

MARC 21 字段	指示符	数据记录
Leader/06　Type of record		g
Leader/07　Bibliographic level		m
007/00　Physical description fixed Field—Category of material		v
008/35—37　Fixed length data elements—Language		eng
020　International Standard Book Number	##	$a 0864923988 : $c $29.95（Can）$24.95（US）
037　Source of acquisition	##	$b
100　Main entry—Personal name	1#	$a Munro, Alice, $d 1931–
245　Title statement	14	$a For whom the bell tolls : $b the Spanish Civil War/$c produced by the Hoover Institution and KTEH/San Jose Public Television；director, Paul Marca.
250　Edition statement	##	$a Abridged / $b by Ruth Fraser.
260　Publication, distribution, etc.（Imprint）	##	$a Fredericton, NB, Canada : $b BTC Audiobooks, an imprint of Goose Lane Editions, $c ©2005
300　Physical description	##	$a3 audio discs（approximately 3 hr.）: $b digital; $c 12 cm
336　Content type	##	$a spoken word $b spd $2rda content
337　Media type	##	$a audio $b $2rda media
338　Carrier type	##	$a audio $b $2rda carrier
500　General note	##	$a Abridgement of the first print edition published by McGraw-Hill Ryerson，1971
	##	$a Originally broadcast on CBC Radio 1981

（续表）

MARC 21 字段	指示符	数据记录
508　Creation/Production	##	$a Producer：Lawrie Seligman； recording engineer：Eric Wagers
511　Participant or performer note	0#	$a Narrated by Judy Mahbey
520　Summary, etc.	##	$a Born on the backward "Flats Road"，Del Jordan is a "nice girl" with big dreams in a small town that expects little from women beyond marriage and babies. In linked short stories, Del suffers embarrassment at the hands of her encyclopedia-selling mother, endures her body's insistent desires, and falls passionately in love with a young lumberyard worker, only to lose her chance for a university scholarship
546　Language note	##	$a In English
700　Added entry—Personal name	1#	$a Fraser, Ruth, $e abridger
	1#	$a Mahbey, Judy, $e narrator
	1#	$a Seligman, Lawrie
	1#	$a Wagers, Eric, $e recording engineer

4.7.3.1　RDA 元素大多使用以前的 MARC21 字段格式著录

本声像书将 RDA 多数元素依然按以前的 MARC21 字段格式著录，其 100、245、250、260、300、500、511、520、546、700 字段和以前 MARC21 字段相同。

4.7.3.2　RDA 在 MARC21 著录中的新增字段

037、508 是新增字段，037 是信息来源说明，508 是创作或制作说明。

4.7.3.3　标目

标目是检索点的设置，本声像书的主要责任者是原创作者，因此爱丽丝·门罗是 100 字段主要款目个人名称检索点，删减者、讲述者和录音者是次要责任者，是 700 字段个人名称附加款目检索点。

4.8 RDA 在视频编目中的应用

4.8.1 RDA 视频编目所涉及的实体和元素

具体内容同 4.4.1 节 RDA 西文会议录编目所涉及的实体和元素。

4.8.2 RDA 视频编目示例说明

AACR2 音像资料编目是按照 AACR2 中的八大著录项分别对音像资料进行著录的，与此类似，RDA 视频编目则是寻求视频著录信息与 RDA 元素的一一对应。表 4-15 为视频 Black X-mas 的 RDA 著录数据，做 * 标记的是 RDA 著录不可缺的核心元素。

表 4-15 视频 Black X-mas 的 RDA 著录数据

RDA Element	Data Recorded
2.3.2 Title proper *	Black X-mas
2.3.3 Parallel title	Noel noir
2.3.6 Variant title	Black Christmas
2.4.2 Statement of responsibility relating to title *	produced by James Wong and Glen Morgan directed by Glen Morgan
2.9.2 Place of distribution	Montreal，QC
2.9.4 Distributor's name *	Distributed exclusively in Canada by TVA Films
2.10.2 Place of manufacture	［Beverly Hills，California］
2.10.4 Manufacturer's name	2929 Productions
2.11 Copyright date *	©2007
2.13 Mode of issuance	multipart monograph
3.2 Media type	video
3.3 Carrier type *	video disc
3.4 Extent *	2 DVD-videos
3.16.2 Type of recording	digital
3.16.8 Configuration of playback channels	surround
3.16.9 Encoding format DVD video	Dolby digital 5.1
3.19.3 Encoding format	DVD video

（续表）

RDA Element		Data Recorded
6.10	Content type *	moving image
7.7	Intented audience	18A（Canadian Home Video rating）
7.10	Summarization of the content	A group of sorority sisters, snowed in over the holiday break, tries desperately to survive the night as a relentless killer terrorizes and murders them, one by one
7.12	Language of the content	Soundtrack in English and French
7.14	Accessibility content Closed captioning in English.	Closed captioning in English
7.17.3	Colour of moving images	color
7.18	Sound content	sound
7.19	Aspect ratio	wide-screen
7.22	Durantion	approximately 91 min.
7.23	Performer, narrator, and/or presenter	Cast：Katie Cassidy, Michelle Trachtenberg, Mary Elizabeth Winstead, Oliver Hudson, Lacey Chabert, Kristin Cloke, Andrea Martin
7.24	Artistic and/or technical credits	Credits：screenplay, Glen Morgan
18.5	Relationship designator	screenwriter
		film director
		actor
		film producer
19.2	Creator *	Morgan, Glen
19.3	Other person, family, or corporate body associated with the work	Wong, James
		Morgan, Glen
20.2	Contributor	Cassidy, Katie
		Trachtenberg, Michelle
		Winstead, Mary Elizabeth
		Hudson, Oliver
20.2	Contributor	Chabert, Lacey, 1982–
		Cloke, Kristin
		Martin, Andrea, 1947–

RDA Element	Data Recorded
21.4 Distributor	TVA Films（Firm）
21.5 Manufacturer	2929 Productions（Firm）
25.1 Related work	Remake based on the screenplay written by Roy Moore in 1974

4.8.2.1 题名（RDA 2.3 Title）

本视频的正题名是 Black X-mas，并列题名是 Noel noir，变异题名是 Black Christmas。

4.8.2.2 责任者（RDA 2.4 Statement of responsibility）

本视频的责任者是詹姆斯和格伦·摩根，责任方式是制作，另外格伦·摩根还是导演。

4.8.2.3 发行声明（RDA 2.9 Distribution statement）

本视频发行地是蒙特利尔。发行者为 TVA Films。发行日期没有，著录的是版权日期 2007 年。

4.8.2.4 制造（RDA 2.10 Manufacture）

本视频制造地是加利福尼亚州的比弗利山。由于信息来源于它处，所以加上了方括号。制造者的名称是 2929 Productions。

4.8.2.5 媒介类型（RDA 3.2 Media type）

本视频的媒介类型为视频（video）。

4.8.2.6 载体类型（RDA 3.3 Carrier type）

本视频的载体类型是视频载体（Video carriers）中的视频光盘（Video disc）。

4.8.2.7 内容类型（RDA 6.10 Content type）

本视频的内容类型是移动图像（moving image）。

4.8.2.8 其他元素

本视频的数量是 2 张 DVD，录制类型是数字型，编码格式是 DVD 视频，面向的观众是 18A，语言是英语和法语，并且为彩色的有声视频，播放持续时间是大约 91 分钟。本视频以多件（multipart monograph）形式发布。

4.8.2.9 演职员

演职员包括表演者和叙述者（RDA 7.23）以及艺术或技术贡献者（RDA 7.24）。本视频演员有凯蒂·卡西迪、米歇尔·特拉切滕伯格、玛丽·伊丽莎白·文斯蒂德、奥利弗·哈德森、蕾西·查伯特、克里斯汀·克洛克和安德里亚·马丁。艺术或技术贡献者是格伦·摩根。

4.8.2.10 创作者（RDA 19.2 Creator）

本视频创作者是编剧。

4.8.2.11 与作品有联系的其他个人、家庭、团体（RDA 19.3）及关系形式（RDA 18.5）

RDA 主要包括属性和关系两大部分，建立关系是使标目更加完全，不发生漏检。与作品有联系的人有电影制作人詹姆斯，制作兼导演格伦·摩根。以上人名做检索点时，需要将姓写在前。

4.8.2.12 贡献者（RDA 20.2 Contributor）

本视频的贡献者有演员凯蒂·卡西迪、米歇尔·特拉切滕伯格、玛丽·伊丽莎白·文斯蒂德、奥利弗·哈德森、蕾西·查伯特、克里斯汀·克洛克和安德里亚·马丁。

4.8.2.13　与载体揭示有关系的个人、家庭和团体（RDA 21）

与载体揭示有关系的个人、家庭和团体有出品者 2929 Productions 公司，
发行者 TVA Films 公司。

4.8.3　本视频相应的 MARC21 字段说明

本视频的 RDA 编目的 MARC21 字段格式如表 4-16 所示。

表 4-16　视频 Black X-mas 的 RDA 编目的 MARC21 字段格式

MARC 21 字段	指示符	数据记录
Leader/06　Type of record		g
Leader/07　Bibliographic level		m
007/00　Physical description fixed Field—Category of material		v
008/35—37　Fixed length data elements—Language		eng
041　Language	0#	$a eng $a fre $j eng
245　Title statement	14	$a Black X-mas = $b Noël noir / $c produced by James Wong and Glen Morgan；directed by Glen Morgan
246　Varying form of title	3#	$a Black Christmas
		$a Noel noir
260　Publication，distribution，etc.（Imprint）	##	$a Montreal, QC : $b Distributed exclusively in Canada by TVA Films, $c ©2007 $e（［Beverly Hills, California］: $f 2929 Productions）
300　Physical description	##	$a 2 DVD-videos（approximately 91 min.）: $b digital, sound, colour ; $c 12 cm
336　Content type	##	$a moving image $b $2rda content
337　Media type	##	$a video $b $2rda media
338　Carrier type	##	$a online resource $b $2rda carrier
500　General note	##	$a Remake based on the screenplay written by Roy Moore in 1974
508　Creation/Production	##	$a Screenplay: Glen Morgan

（续表）

MARC 21 字段		指示符	数据记录
511	Participant or performer note	0#	$a Katie Cassidy, Michelle Trachtenberg, Mary Elizabeth Winstead, Oliver Hudson, Lacey Chabert, Kristin Cloke, Andrea Martin
520	Summary, etc.	##	$a A group of sorority sisters, snowed in over the holiday break, tries desperately to survive the night as a relentless killer terrorizes and murders them, one by one
521	Target audience note	8#	$a 18A（Canadian Home Video rating）
538	System details note	##	$a DVD video, Dolby digital 5.1, surround, wide-screen
546	Language note	##	$a Soundtrack in English and French
			$a Closed captioning in English
700	Added entry—Personal name	1#	$a Wong, James, $e film producer
		1#	$a Morgan, Glen, $e screenwriter, $e film producer, $e film director
		1#	$a Cassidy, Katie, $e actor
		1#	$a Trachtenberg, Michelle, $e actor
		1#	$a Winstead, Mary Elizabeth, $e actor
		1#	$a Hudson, Oliver, $e actor
		1#	$a Chabert, Lacey, $d 1982– $e actor
		1#	$a Cloke, Kristin, $e actor
		1#	$a Martin, Andrea, $d 1947– $e actor
710	Added entry—Corporate name	2#	$a TVA Films（Firm）
		2#	$a 2929 Productions（Firm）

4.8.3.1　RDA 元素大多使用以前的 MARC21 字段格式著录

本视频将 RDA 多数元素依然按以前的 MARC21 字段格式著录，其 245、246、260、300、500、520、538、546、700、710 字段和以前 MARC21 字段相同。

4.8.3.2 RDA 在 MARC21 著录中的新增字段

508、511、521 是新增字段，508 是信息来源说明，511 是参加者和表演者附注，521 是目标观众附注。

4.8.3.3 标目

标目是检索点的设置，由于本视频没有主要责任者信息，因此 1xx 主要款目字段空缺，700 字段是个人名称附加款目检索点，这里有 9 人。710 字段是团体名称附加款目检索点，有两个单位。

4.9 RDA 在网站资源编目中的应用

RDA 的产生是因为 AACR2 不能适应时代的发展，不能满足新时代文献编目的要求。具体来说，AACR2 的不足主要表现在三个方面。一是由于 AACR2 产生于卡片时代，在缩写、标点符号和空格的使用、多个著者的选取和省略等著录规则方面都受限于卡片的空间大小，所以其文献揭示的准确性和精确度方面存在不足。二是数字时代新出现的文献资源在格式和种类方面越来越复杂和多样化，而 AACR2 主要针对传统纸质文献的编目，这些新的数字资源的编目规则还不完善或还没有，如没有制定关于网站和流视频的编目规则，其修订本也没有解决以上问题。三是 AACR2 的体系结构基于 11 种文献类型构建，每种文献类型再按总则、题名与责任说明项、版本项、文献特殊细节项、出版发行项、载体形态项、丛编项、附注项、标准号与获得方式项分别制定编目规则，这种体系结构有一个很大的缺点，就是规则的叙述不够紧凑，存在着大量的重复。

RDA 将 FRBR 模型付诸实践，其体系结构围绕着实体的识别、描述和检索过程展开，改变了 AACR2 按文献类型进行编目的做法，实现了各种类型的文献资源编目的统一。

由于网站是一种新的集成型信息资源，AACR2 对此还没有制定相应的编目规则，因此对 RDA 网站资源编目进行研究非常有意义。

4.9.1　RDA 网站资源编目所涉及的实体和元素

具体内容同 4.4.1 节 RDA 西文会议录编目所涉及的实体和元素。

4.9.2　RDA 网站资源编目示例说明

AACR2 的第 6 章是录音资料编目，第 7 章是影片和录像资料编目，第 9
章是电子资源编目，这些资源都是按照 AACR2 中的八大著录项分别进行著
录的，与此类似，RDA 网站资源编目是将网站资源信息与 RDA 元素一一对
应。表 4-17 为 Tolkien Society home page 网站的 RDA 著录数据，做 * 标记的
是 RDA 著录不可缺的核心元素。Tolkien Society 意为托尔金协会，托尔金是
牛津大学教授，古英语学家，其作品有《魔戒》等。

表 4-17　Tolkien Society home page 网站的 RDA 著录数据

RDA Element	Data Recorded
2.3.2　Title proper *	Tolkien Society home page
2.3.6　Variant title	Welcome to the Tolkien Society home page
2.8.2　Place of publication	England
2.8.4　Publisher's name *	Tolkien Society
2.8.6　Date of publication	［2002?］-
2.11　Copyright date *	©2004
2.13　Mode of issuance	integrating resource
2.20.12　Note on issue, part, or iteration used as the basis for identification of the resource	Viewed on June 11, 2008
3.2　Media type	computer
3.3　Carrier type *	online resource
3.4　Extent*	1 online resource
6.10　Content type *	text
7.10　Summarization of the content	This site has information about J.R.R. Tolkien, the books he wrote, his life, books others have written about him, the Society and its events
7.12　Language of the content	In English
7.15　Illustrative content	illustrations

RDA Element	Data Recorded
7.17　Colour content	color
18.5　Relationship designator	issuing body
19.3　Other person，family，or corporate body associated with the work	Tolkien Society（England）

4.9.2.1　题名（RDA 2.3 Title）

本网站的正题名是 Tolkien Society home page，变异题名是 Welcome to the Tolkien Society home page。

4.9.2.2　出版声明（RDA 2.8 Publication statement）

本网站发布地是英格兰，发布者为托尔金协会，发布日期 2002 年是估算出来的，所以加一个方括号，并打上问号，然后再加著版权日期。

4.9.2.3　版权日期（RDA 2.11 Copyright date）

本网站版权日期为 2004 年。

4.9.2.4　其他元素

本网站的发布模式是集成资源，附注中说明访问时间是 2008 年 6 月 11 日，语言是英语，网页中有插图并且是彩色的。

4.9.2.5　媒介类型（RDA 3.2 Media type）

本网站的媒介类型为计算机（computer）。

4.9.2.6　载体类型（RDA 3.3 Carrier type）

本网站的载体类型是计算机载体（computer carriers）中的在线资源（online resource）。

4.9.2.7　内容类型（RDA 6.10 Content type）

本网站的内容类型是文本（text）。

4.9.2.8　内容概述（RDA 7.10 Summarization of the content）

本网站有很多信息，有关于托尔金的，有关于他写的书、他的妻子，有其他人写的关于他的书，以及托尔金协会及发生的事情等。

4.9.2.9　个人、家庭、团体和作品的联系（RDA 19.3）及关系形式（RDA 18.5）

RDA 主要包括属性和关系两大部分，建立关系是使标目更加完全，减少漏检的发生。本网站的发布者是托尔金协会，是一个团体。

4.9.3　本网站 MARC21 字段说明

本网站的 RDA 编目的 MARC21 字段格式如表 4-18 所示。

表 4-18　Tolkien Society home page 网站的 RDA 编目的 MARC21 字段格式

MARC 21 字段	指示符	数据记录
Leader/06　Type of record		a
Leader/07　Bibliographic level		i
007/00　Physical description fixed Field—Category of material		c
008/35—37　Fixed length data elements—Language		eng
245　Title statement	00	$a Tolkien Society home page
246　Varying form of title	3#	$a Welcome to the Tolkien Society home page
260　Publication，distribution，etc.（Imprint）		$a England : $b Tolkien Society, $c［2002?］-
300　Physical description	##	$a 1 online resource : $b color illustrations
336　Content type	##	$a text $b txt $2rda content
337　Media type	##	$a computer $b $2rda media

（续表）

MARC 21 字段		指示符	数据记录
338	Carrier type	##	$a online resource $b $2rda carrier
500	General note	##	$a Viewed on June 11，2008
520	Summary，etc.	##	$a This site has information about J.R.R. Tolkien, the books he wrote, his life, books others have written about him, the Society and its events
546	Language note	##	$a In English
710	Added entry—Corporate name	2#	$a Tolkien Society（England），$e issuing body
856	Electronic location and access	40	

4.9.3.1 RDA 多数元素依然按以前的 MARC21 字段格式著录

本网站将 RDA 多数元素依然按以前的 MARC21 字段格式著录，其 245、260、300、500、520、546、710、856 字段和以前 MARC21 字段相同。

4.9.3.2 RDA 在 MARC21 著录中的新增字段

具体内容同 4.4.3.2 节 RDA 在 MARC21 著录中的新增字段。

4.9.3.3 标目

标目是检索点的设置，由于本网站没有与题名相关的主要责任者信息，因此 1xx 主要款目字段空缺，710 字段是团体名称附加款目检索点，指示符 2 表示直叙式名称。

4.10 RDA 在西文图书编目中的应用

具体内容同 4.9 节 RDA 在网站资源编目中的应用。

4.10.1 RDA 西文图书编目信息源的选择

西文图书是指分开出版的专门印刷文献，除图书外，还包括小册子，不包括测绘文献和乐谱。在西文图书编目信息源的选择上，RDA 和 AACR2 大体上是一致的。

4.10.1.1 信息源种类

西文图书编目信息源包括优先信息源和其他信息源。西文图书的优先信息源为题名页，如果无题名页，则取能提供最完整信息的文献部分，如封面、正文第一页、版权页或其他部分。取自信息源以外的信息在附注中说明或置于方括号内。

4.10.1.2 信息源的选择

RDA 西文图书各著录元素的信息源分布如表 4-19 所示。著录元素有多个信息源的，要按先后顺序进行选择。

表 4-19 RDA 西文图书各著录元素的信息源分布

RDA 著录元素	信息源
题名与责任说明	题名页
版本	题名页、其他序页、版权页
出版、发行等	题名页、其他序页、版权页
载体形态	出版物本身
丛编	丛书题名页、题名页、封面、其余部分
附注	任何来源
标准编号与获得方式	任何来源

4.10.2 RDA 西文图书编目所涉及的实体和元素

具体内容同 4.4.1 节 RDA 西文会议录编目所涉及的实体和元素。

4.10.3 RDA 西文图书编目示例说明

AACR2 西文图书编目是按照 AACR2 中的八大著录项分别对西文图书进行著录的，与此类似，RDA 西文图书编目则是寻求西文图书著录信息与 RDA 元素的一一对应。表 4-20 为 The organization of information 一书的 RDA 著录数据，做 * 标记的是 RDA 著录不可缺的核心元素。

表 4-20 The organization of information 一书的 RDA 著录数据

RDA Element	Data Recorded
2.3.2 Title proper *	The organization of information
2.4.2 Statement of responsibility relating to title *	Arlene G. Taylor
2.5.2 Designation of edition *	Second edition
2.8.2 Place of publication	Westport，Connecticut
	London
2.8.4 Publisher's name *	Libraries Unlimited，a member of the Greenwood Publishing Group
2.11 Copyright date *	©2004
2.12.2 Title proper of series *	Library and information science text series
2.13 Mode of issuance	single unit
2.15 Identifier for the Manifestation	ISBN 1-56308-976-9
	ISBN 1-56308-969-6（paperback）
3.2 Media type	unmediated
3.3 Carrier type *	volume
3.4 Extent of text *	xxvii, 417 pages
3.5 Dimensions	26 cm
6.10 Content type *	text
7.12 Language of the content	In English
7.16 Supplementary content	Includes bibliography and index
19.2 Creator *	Taylor, Arlene G., 1941–
25.1 Related work	Library and information science text series

4.10.3.1　题名（RDA 2.3 Title）

本西文图书的正题名是 The organization of information。

4.10.3.2　责任者（RDA 2.4 Statement of responsibility）

本西文图书的责任者是艾琳·泰勒。当出现多个责任者时，AACR2 使用省略号和省略标记［et al.］，而 RDA 可以完全著录，也可以省略著录，如表 4-21 所示。

表 4-21　图书有多个责任者时 RDA 的著录方式

AACR2 的多个责任者省略	24500 　\$a Principles of marketing / \$c Philip Kotler...［et al.］
RDA 责任者完全著录	24510 　\$a Principles of marketing / \$c Philip Kotler, NorthwesternUniversity, Gary Armstrong, University of NorthCarolina, Peggy H. Cunningham, Dalhousie University, ValerieTrifts, Dalhousie University
RDA 多个责任者省略著录	24510 　\$a Principles of marketing/\$c Philip Kotler［and three others］

4.10.3.3　版本声明（RDA 2.5 Edition statement）

AACR2 的版本说明主要采用缩写和数字，RDA 则主要依据信息源如实著录。本西文图书版本 RDA 的著录为 Second edition，而 AACR2 著录为 2nd ed.。RDA 在著录版本的时候，不是专用阿拉伯数字，而是按照书上提供的文字或数字等版本信息著录。

4.10.3.4　出版声明（RDA 2.8 Publication statement）

本西文图书出版地有两个，即康涅狄格州的西港和伦敦，出版者为 Libraries Unlimited，没有出版日期，著录的是版权日期。

4.10.3.5　版权日期（RDA 2.11 Copyright date）

本西文图书版权日期为 2004 年。如图书有明确的出版日期，则著录在版权日期前，如 260 ## \$a New York : \$b Vintage Books, \$c 2006, ©2005。

4.10.3.6　媒介类型（RDA 3.2 Media type）

本西文图书的媒介类型为非媒介（unmediated）。

4.10.3.7　载体类型（RDA 3.3 Carrier type）

本西文图书的载体类型是非媒介载体（unmediated carriers）中的册
（volume）。

4.10.3.8　内容类型（RDA 6.10 Content type）

本西文图书的内容类型是文本（text）。

4.10.3.9　个人、家庭、团体和作品的联系（RDA19）

RDA 主要包括属性和关系两大部分，建立关系是使标目更加完全，减少
漏检的发生。本西文图书的创作者是艾琳·泰勒，但在建立检索点时，需要
将姓写在前。

4.10.3.10　相关作品（RDA 25）

相关作品属于 RDA 第八部分——记录作品、内容表达、载体揭示和单
件之间的关系，相关作品的著录是为了提供更多的检索点。本西文图书的相
关作品是图书馆与信息科学文本系列，它也是丛编项的丛书名。

4.10.4　本西文图书相应的 MARC21 字段说明

本西文图书的 RDA 编目的 MARC21 字段格式如表 4-22 所示。

表 4-22　The organization of information 一书的 RDA 编目的 MARC21 字段格式

MARC 21 字段	指示符	数据记录
Leader/06　Type of record		a
Leader/07　Bibliographic level		m
007/00　Physical description fixed Field—Category of material		t

（续表）

MARC 21 字段	指示符	数据记录
008/35—37 Fixed length data elements—Language		eng
020 International Standard Book Number	##	$a 1563089769
037 Source of acquisition	##	
100 Main entry—Personal name	1#	$a Taylor, Arlene G., $d 1941-
245 Title statement	14	$a The organization of information / $c Arlene G. Taylor
250 Edition Statement	##	$a Second edition
260 Publication, distribution, etc.,（Imprint）		$a Westport, Connecticut; $a London：$b Libraries Unlimited, a member of the Greenwood Publishing Group, $c ©2004
300 Physical description	##	$a xxvii, 417 pages；$c 26 cm
336 Content type	##	$a text $b txt $2rda content
337 Media type	##	$a unmediated $b n $2rda media
338 Carrier type	##	$a volume $b nc $2rda carrier
490 Series statement		$a Library and information science text series
504 Bibliography, etc. note	##	$a Includes bibliography and index
546 Language note	##	$a In English
830 Series added entry—Uniform title	#0	$a Library and information science text series

4.10.4.1 RDA 多数元素依然按以前的 MARC21 字段格式著录

本西文图书将 RDA 多数元素依然按以前的 MARC21 字段格式著录，其中 020、100、245、250、260、300、490、504、546、830 字段和以前 MARC21 字段相同。

4.10.4.2 RDA 在 MARC21 著录中的新增字段

具体内容同 4.4.3.2 节 RDA 在 MARC21 著录中的新增字段。

4.10.4.3　标目

本西文图书的作者是艾琳·泰勒，是 100 字段个人名称主要款目的检索点。

4.11　RDA 在音乐 CD 编目中的应用

音乐 CD 是一种音乐光盘，既能在计算机上播放，又能在录音机上播放。由于音乐 CD 是一种新出现的文献类型，AACR2 还没有制定相应的编目规则。

4.11.1　RDA 音乐 CD 编目所涉及的实体和元素

具体内容同 4.4.1 节 RDA 西文会议录编目所涉及的实体和元素。

4.11.2　RDA 音乐 CD 编目示例说明

AACR2 音像资料编目是按照 AACR2 中的八大著录项分别对音像资料进行著录的，与此类似，RDA 音乐 CD 编目则是寻求音乐著录信息与 RDA 元素的一一对应。表 4-23 为音乐 CD "219 days" 的 RDA 著录数据，做 * 标记的是 RDA 著录不可缺的核心元素。

表 4-23　音乐 CD "219 days" 的 RDA 著录数据

RDA Element	Data Recorded
2.3.2　Title proper *	219 days
2.3.6　Variant title	Two hundred and nineteen days
2.4.2　Statement of responsibility relating to title *	Kalan Porter
2.8.2　Place of publication	Toronto
2.8.4　Publisher's name *	ViK. Recordings
2.9.4　Distributor's name	Distributed by BMG Canada
2.11　Copyright date *	©2004

（续表）

	RDA Element	Data Recorded
2.13	Mode of issuance	single unit
3.2	Media type	audio
		computer
3.3	Carrier type *	audio disc
		Computer disc
3.4	Extent *	1 CD
3.5	Dimensions	12 cm
3.16.2	Type of recording	digital
3.19.3	Encoding format	Real audio
		Windows media
3.20	Equipment and system	System requirements：Windows Media Player
6.10	Content type *	performed music
7.12	Language of the content	In English
7.23	Performer, narrator, and/or presenter	Songs and instrumental music：Kalan Porter with other musicians
7.23	Performer, narrator, and/or presenter	Duet with Theresa Sokyrka
18.5	Relationship designator	composer
		singer
19.2	Creator *	Porter, Kalan
20.2	Contributor	Sokyrka, Theresa

4.11.2.1 题名（RDA 2.3 Title）

本音乐 CD 的正题名是 219 days，变异题名是 Two hundred and nineteen days。

4.11.2.2 责任者（RDA 2.4 Statement of responsibility）

本音乐 CD 的责任者是卡兰·波特。

4.11.2.3 出版声明（RDA 2.8 Publication statement）和 发行声明（RDA 2.9 Distribution statement）

本音乐 CD 的出版地是多伦多。出版者为 Vik 录音公司，没有出版日期和发行日期，著录的是版权日期 2004 年。

4.11.2.4 其他 RDA 元素

本音乐 CD，单册发行，一张 CD，尺寸是 12cm，数字音乐的编码格式是 Real audio 和 Windows media，需要的播放软件是 Windows Media Player，语言是英语。

4.11.2.5 媒介类型（RDA 3.2 Media type）

本音乐 CD 的媒介类型为音频（audio）和计算机（computer）。

4.11.2.6 载体类型（RDA 3.3 Carrier type）

本音乐 CD 的载体类型是音频载体（audio carriers）中的音频光盘（audio disc）和计算机载体（computer carriers）中的计算机光盘（computer disc）。

4.11.2.7 内容类型（RDA 6.10 Content type *）

本音乐 CD 的内容类型是表演音乐。

4.11.2.8 演职员

演职员包括表演者和叙述者以及艺术或技术贡献者。本音乐 CD 的歌曲和器乐由卡兰·波特等音乐人完成，二重唱由特蕾莎·索基卡完成。

4.11.2.9 与作品有联系的其他个人、家庭、团体（RDA 19.3）及关系形式（RDA 18.5）

RDA 主要包括属性和关系两大部分，建立关系是使标目更完全，减少漏检的发生。本音乐 CD 的原创作曲者是卡兰·波特。人名做检索点时，需要将姓写在前。

4.11.2.10 贡献者（Contributor）

本音乐 CD 的贡献者有卡兰·波特和特蕾莎·索基卡。

4.11.3 本音乐 CD 相应的 RDA 编目 MARC21 字段说明

本以上音乐 CD 的 RDA 编目的 MARC21 字段格式如表 4-24 所示。

表 4-24 音乐 CD "219 days" 的 RDA 编目的 MARC21 字段格式

MARC 21 字段	指示符	数据记录
Leader/06 Type of record		g
Leader/07 Bibliographic level		m
007/00 Physical description fixed Field—Category of material		v
008/35—37 Fixed length data、elements—Language		eng
100 Main entry—Personal name	1#	$a Porter, Kalan, $e composer, $e singer
245 Title statement	10	$a 219 days/$c Kalan Porter
246 Varying form of title	30	$a Two hundred and nineteen days
260 Publication，distribution，etc.（Imprint）	##	$a Toronto：$b ViK. Recordings：$b Distributed by BMG Canada, $c ©2004, ©2004
300 Physical description	##	$a 1 CD：$b digital, Real audio, Windows media; $c 12cm
336 Content type	##	$a moving image $b $2rda content
337 Media type	##	$a video $b $2rda media
338 Carrier type	##	$a online resource $b $2rda carrier
511 Participant or performer note	0#	$a Songs and instrumental music：Kalan Porter with other musicians
	##	$a Viewed on February 6，2002
538 System details note	##	$a System requirements：Windows Media Player
546 Language note	##	$a In English
700 Added entry—Personal name	1#	$a Sokyrka, Theresa, $e singer

4.11.3.1　RDA 元素大多使用以前的 MARC21 字段格式著录

本音乐 CD 将 RDA 多数元素依然按以前的 MARC21 字段格式著录，其 100、245、246、260、300、511、538、546、700 字段和以前 MARC21 字段相同。

4.11.3.2　RDA 在 MARC21 著录中的新增字段

具体内容同 4.4.3.2 节 RDA 在 MARC21 著录中的新增字段。

4.11.3.3　标目

标目是检索点的设置，本音乐 CD 的作曲者是主要责任者，因此卡兰·波特是 100 字段个人名称主要款目检索点，700 字段是个人名称附加款目，歌手特蕾莎·索基卡是附加检索。

第 5 章

《UNIMARC 手册》（第三版）的阐释

UNIMARC 最早出现在 1977 年，由国际图联的情报技术部和编目部组成的共同工作组负责制定。为强化书目数据的可交换性，20 世纪 60 年代，国际图联支持并制定了 ISBD，后于 1977 年又制定出版了《国际标准书目著录（总则）》，为促进和支持书目数据的交换奠定了良好的基础。20 世纪 70 年代，美国、英国和法国等国家相继采用计算机技术编制书目数据，但各国的格式不尽相同。也就是说，虽然主要采用通用的格式结构（即 ISO 2709——书目信息交换格式），但其内容标识符各有不同，导致以非标准格式记录的编目数据不能进行有效的信息交换。为此，国际图联组建了由美国、法国、英国、德国、丹麦、加拿大及荷兰等国代表共 10 人组成的 UNIMARC 工作组，研究 UNIMARC。该工作组在经过 6 次工作组会议讨论后形成草案，并于 1977 年公布了 UNIMARC，1980 年出版了 UNIMARC 的第二版。1983 年，国际图联将 UNIMARC 纳入核心计划，成立了国际 MARC 计划（International MARC Programme，IMP）。该核心计划由两部分组成：一是由德国国家图书馆负责技术可行性研究和 UNIMARC 的测试，二是由大英图书馆负责 MARC 的进一步修订。1987 年，国际图联出版了《UNIMARC 手册》，后于 1994 年以活页形式出版了第二版修订版《UNIMARC 手册：书目格式》。经过 1996、1998、2000、2002 和 2005 年五次更新后，国际图联又于 2008 年出版了第三版。除了 UNIMARC 书目数据（UNIMARC/Bibliographic）之外，UNIMARC 还有 UNIMARC 馆藏数据（UNIMARC/Holdings）。

5.1 《UNIMARC 手册》（第三版）的变化

《UNIMARC 手册》（第三版）的变化有以下几项：新增字段、字段名称和字段的功能改变、指示符值的变化、新增子字段。

5.1.1　新增字段

《UNIMARC 手册》（第三版）新增字段如下。

（1）511 半题名（Half title）。本字段用于记录半题名页上的不同于题名页题名的变异题名。

（2）560 自拟题名（Artificial title）。本字段用于记录出版后文献的自拟题名。例如，重新装订后的题名。

（3）617 层次地理名称主题（Hierarchical Geographical Name used as Subject）。本字段包含用作主题标目的具有多层次结构的地名。

（4）621 原作的日期和地点（Place and date of provenance）。本字段包含与原作品关联的出版日期和出版地点的检索点。

（5）740 法律和宗教文本统一惯用名称—主要责任（Uniform Conventional Heading for Legal and Religious Texts — Primary Responsibility）。如果记录是按照承认主款目概念的编目条例制作的，对于法律和宗教等多种文本使用统一惯用名称，则本字段包含以检索点形式出现的主要管辖地区、教会和条约缔约第一方的统一惯用名称。

（6）741 法律和宗教文本统一惯用名称—等同责任（Uniform Conventional Heading for Legal and Religious Texts——Alternative Responsibility）。如果记录是按照不承认主款目概念的编目条例制作的，对于法律和宗教等多种文本使用统一惯用名称，则本字段包含以检索点形式出现的同等管辖地区、教会和条约缔约方的统一惯用名称。

（7）742 法律和宗教文本统一惯用名称—次要责任（Uniform Conventional Heading for Legal and Religious Texts - Secondary Responsibility）。如果对于法律和宗教等多种文本使用统一惯用名称，则本字段包含以检索点形式出现的次要管辖地区、教会和条约缔约方的统一惯用名称。

5.1.2　字段名称和字段的功能改变

《UNIMARC 手册》（第三版）中字段名称和字段功能改变的情况如下。

（1）010 字段国际标准书号。ISBN 由 10 位增至 13 位。

（2）011 字段国际标准连续出版物号。依据新的 ISSN 标准修订，新定义了指示符 1 的内容，增加两个子字段。

（3）314 字段名称改变，由知识责任附注（Notes pertaining to Intellectual responsibility）改为责任附注（Notes pertaining to responsibility），原文中"Intellectual"一词被删除。

（4）316 字段现有藏本的附注。对该字段的内容进行了修订，使本字段的功能有了增加，即增加了 $u 和 $6 子段。

（5）461 字段总集。修订了 461 字段的定义。

（6）530 字段识别题名（连续出版物）。规定本字段的 $a 和 $b 子字段的数据内容按照 ISSN 手册的规定著录。

（7）531 字段缩略题名（连续出版物）。识别题名缩略形式的结构依据的规则为 2003 年 ISSN 国际中心编制的 List of title word abbreviations，其 ISBN 号为 92-9114- 003-1。

（8）604 字段名称和名称主题。修改了本字段与相关字段的连接技术，增加了标准子字段连接方式。

（9）620 字段名称改变，由地点检索点（Place access）改为"出版、演出等的地点和日期"（Place and date of publication，performance，etc）。定义了指示符内容，扩充了 10 个子字段。

5.1.3 指示符值的变化

在《UNIMARC 手册》（第三版）中"210 出版社发行等"字段定义了第 1、2 个指示符值，具体如下。

指示符 1：出版说明顺序（Sequence of publication data）

不适用 / 初期出版者（Not applicable / Earliest available publisher）

0 中期出版者（Intervening publisher）

1 当前或最近的出版者（Current or latest publisher）

指示符 2：发行的类型（Type of release）

制作发行（Produced of release）

1 没有出版或公开发行（Not published or publically distributed）

5.1.4 新增子字段

《UNIMARC 手册》（第三版）新增了如下子字段。

（1）503 字段统一惯用标目。

增加了子字段 $o 地点位置（Place in Locality）。

（2）801 字段记录来源。

增加了子字段 $h 原始控制号（Original Control Number），$h 子字段用于当前的数据库并且具有自己的控制号，而联合编目的数据来自其他若干个数据库，$h 子字段记录其原始记录的 001 控制号。

5.2 《UNIMARC 手册》（第三版）未来修订要考虑的因素

目前《UNIMARC 手册》（第三版）的修订工作正在进行中，有很多重要的因素将会对修订工作产生影响。修订者既要充分考虑 UNIMARC 与 MARC21 的对应关系，也要考虑 UNIMARC 与 RDA、FRBR、FRAD、ISBD 及 ISSN 的融合等问题。

ISBD 第 0 项主要用于著录信息资源的内容形式和载体类型，并取代 GMD。内容形式是指资源内容被表达的基本方式，如 "图像"。载体类型是指能够传递资源内容的承载者，如 "声频"。ISBD 第 0 项能够清晰区分资源的内容和形式，与 RDA 的要求是一致的，而 GMD 几乎不能实现。ISBD 第 0 项在 MARC 格式里应如何体现？MARC 21 采用新增字段 336（内容类型）、337（媒体类型）、338（载体类型）等，以此取代目前 AACR2 中 1.1C 在 245 字段 $h 子字段对一般资料标识的著录方式，是对 ISBD 新增第 0 项著录项目的回应。

目前，UNIMARC 的 1—字段只包含编码数值，没有自然语言文本。MARC 21 新字段 336、337、338 在同一字段里兼有文本术语和编码。法国学者曾建议增加 103、153、155 和 157 字段用于编码数值，203 字段用于自然语言文本，与 UNIMARC 不将编码与文本数值混淆的原则保持一致。在相关的讨论中，国际图联 UAC（UNIMARC Core Activity，UNIMARC 核心活动）接受了一个变通的提案，使用相同的字段，但是用子字段表示编码和文本数据，并计划定义这些新字段使其适用于 ISBD 第 0 项，同时与 MARC 21 兼容。UNIMARC 书目格式将使用 2—字段，而 UNIMARC 规范格式将使用 1—字段。

第 6 章

书目框架的阐释

　　书目框架（Bibframe）是美国国会图书馆于 2011 年启动的一项将书目描述规则设计为关联数据的行动，目的是由它取代 MARC，使书目信息在图书馆领域内外得到更广泛的应用。

　　书目框架采用资源描述框架（RDF）三元组模型对数据建模。书目数据不再以 MARC 格式的记录为单位，而是以更细粒度的数据元素为单位，这些数据元素独立存在而又相互关联，并且不再局限于图书馆系统内的应用，而是扩展到广泛的互联网领域。

　　Bibframe 项目于 2011 年 5 月启动，2012 年 11 月起美国国会图书馆陆续发布 Bibframe 模型草案和词表，并不断完善，随后展开分析和实验工作。基于实验讨论、专家建议和社区评论，美国国会图书馆决定对 Bibframe 模型和词表进行修订，并于 2016 年 4 月发布 Bibframe 2.0 模型和词表。

　　相比 Bibframe 1.0，Bibframe 2.0 模型由 2 层 4 核心类变为 3 层 3 核心类，词表发生了较大变化。Bibframe 词表是资源描述的关键，就像 MARC 格式定义了一套元素和属性一样，Bibframe 词表定义了一套类和属性，一个类标识 Bibframe 资源的一个类型，就像 MARC 的一个字段绑定一个单独的概念，属性作为进一步描述 Bibframe 资源的方法，就像 MARC 的子字段具体标识概念的某些方面。Bibframe 2.0 词表在多个方面发生较大变化，分析这些变化将有助于对 Bibframe 的进一步理解。

6.1　国外 Bibframe 2.0 研究进展

　　Bibframe 是由美国国会图书馆于 2011 年为解决 MARC 数据格式在互联网时代出现的应用局限而提出的一种新的编目数据格式，其优点和目标是读者通过搜索引擎直接检索到图书等图书馆的信息资源。Bibframe 的提出，引起我国众多学者的关注。随着研究的深入，美国国会图书馆于 2015 年在 Bibframe 1.0 的基础上推出了 Bibframe 2.0。Bibframe 2.0 推出后，我国对这方面的研究主要集中于 Bibframe 2.0 词表的更新，如胡小菁和辛苗的论文。关于 Bibframe 2.0 的学术论文、研讨会报告和实践工作的进展，国内学者在这些领域取得的成果相对较少，而这些领域正是我国编目界跟踪 Bibframe 2.0 前沿发展的基础。

Bibframe 2.0 实践工作包含多个层面的内容，主要涉及美国国会图书馆注册项目、美国国会图书馆发布的 MARC 21—Bibframe 2.0 转换规则和 Bibframe 2.0 编目工具的使用。

6.1.1　Bibframe 2.0 学术论文

我们下载了以 Bibframe 为研究对象的 31 篇学术论文，其中关于 Bibframe 2.0 的论文有 10 篇，其他论文主要是关于 Bibframe 产生的原因背景和 Bibframe 1.0 的实施情况。对于 Bibframe 和 Bibframe 1.0 相关的研究，我国已经有一些学术成果了，本书就不赘述。

通过对 Bibframe 2.0 学术论文内容的分析，我们得知国外 Bibframe 2.0 学术论文研究的主题有两个，即 Bibframe 2.0 在美国及其他国家实施的情况、Bibframe 2.0 和其他编目规则之间的映射。

6.1.1.1　Bibframe 2.0 在美国及其他国家实施的情况

1. Bibframe 2.0 在阿拉伯地区的实施

埃及学者拉妮娅·奥斯曼在 2016 年发表的论文中详细介绍了 Bibframe 2.0 在阿拉伯地区的实施情况，具体如表 6-1 所示。[①]

---

① Rania Osman, Are we ready for BIBFRAME? : the future of the new model in the Arab region ［J］. Cybrarians Journal, 2016（41）：1-13.

表 6-1　阿拉伯地区的 Bibframe 大事

日期	大事
2014 年 10 月	Workshop on Bibframe in the Arab region organized by（AFLI）in Tunisia 由 AFLI 组织的在突尼斯城召开的 Bibframe 研讨会
2014 年 12 月	Workshop on Bibframe in Cairo University, Egypt 在埃及开罗大学召开的 Bibframe 研讨会
2015 年 9 月	In Sep. 2015, the 1st conference on Bibframe organized by Cybrarians Cybrarians 杂志于 2015 年 9 月组织召开了第一届 Bibframe 会议

2. 乔治·华盛顿大学图书馆的 Bibframe 2.0 实验

谢杰克在其论文《变革机遇：乔治·华盛顿大学的 Bibframe，早期实验者》（A Transformative Opportunity：Bibframe at the George Washington University，an Early Experimenter）中叙述，美国国会图书馆提出 Bibframe 项目后，乔治·华盛顿大学图书馆积极响应，并开展了 Bibframe 2.0 编目数据的转换实验。他在论文的图 3 中列出了乔治·华盛顿大学图书馆提出的 MARC 21 书目数据格式和规范数据格式转换成 Bibframe 2.0 编目数据格式的建议标准。

3. 伊利诺伊大学香槟分校图书馆的电子图书 Bibframe 2.0 格式转换项目

金强等人在论文中提到伊利诺伊大学香槟分校（UIUC）图书馆科研小组开展 Bibframe 2.0 的研究项目得到了该馆的经费资助，小组提出了一个电子图书的 Bibframe 模型。小组根据这个模型并利用软件将 300 000 册电子图书的 MARC 数据转换成了 Bibframe 2.0 数据格式。

4. 美国国会图书馆 Bibframe 2.0 NACO 名称规范文档的建设

朱迪恩·卡南在论文中介绍了美国国会图书馆 Bibframe 2.0 NACO 名称规范合作项目的建设情况，以及美国国会图书馆已经建成的名称规范文档的检索方式。

6.1.1.2　Bibframe 2.0 和其他编目规则之间的映射

1. Bibframe 2.0 和 RDA 之间的映射

田口正一在其论文中通过 5 个表格对 RDA 和 Bibframe 2.0 书目记录和规范记录之间建立了映射，同时指出 Bibframe 2.0 重新定义了 Agent，并列出了它的子类 Person，Family，Organization，Jurisdiction，Meeting。此外，他在 Bibframe 2.0 规范记录的论述中特别提到了以上变化。

与其他研究者将 MARC 和 Bibframe 2.0 之间的实体与属性进行映射的做法不同，索菲娅·扎普尼多在另一篇论文中通过 8 个表格提出了 RDA 和 Bibframe 2.0 之间的各种关系的映射。

2. Bibframe 2.0 和 MARC 之间的映射

阿曼达在其论文中通过表格展示了美国国会图书馆 MARC 21 和 Bibframe 2.0 书目记录与规范记录的映射。

阿曼达在其另一篇论文中通过 8 个表格列出了名为 Opera Planet 的组合类型文献的 MARC 21 各个字段所对应的 Bibframe 2.0 书目记录的映射。

3. Bibframe Editor 编目工具 MARC 数据映射

托马斯·斯蒂尔在其论文中论述了如何应用 Bibframe Editor 编目工具进行 MARC 数据映射。目前，美国国会图书馆已经将这个编目工具放在其网站上供公众使用。

6.1.2　欧洲 Bibframe2.0 研讨会报告

能反映 Bibframe2.0 在欧洲开展情况的活动是欧洲 Bibframe2.0 研讨会。欧洲 Bibframe2.0 研讨会的目标是分享 Bibframe2.0 实施过程中积累的经验，尤其是那些关于如何利用 Bibframe2.0 模型或工具将 MARC 转换为关联数据的实践技巧。首届欧洲 Bibframe2.0 研讨会于 2017 年在德国法兰克福国家图书馆举办，2018 年在意大利的佛罗伦萨召开了第二届会议。2019 年，第三届研讨会在瑞典的斯德哥尔摩举行，吸引了众多来自欧洲国家的参与者，以及美国国会图书馆的工作人员。

参会者向大会提交了很多报告，这些报告采用 PDF 格式或 PPT 格式，涵盖了以下主题。

6.1.2.1　Bibframe 2.0 和 RDA 之间的映射

南希·洛里默在报告中从总体框架、属性类型等方面对 Bibframe 2.0 和 RDA 进行了映射，并指出了两者的区别，如 Bibframe 2.0 的作品实体融合了 RDA 的作品和内容表达实体，Bibframe 2.0 的实例替代了 RDA 的载体揭示。

萨莉·麦卡勒姆在报告中分析了 RDA 和 Bibframe 2.0 之间的两种映射情况，即一对一映射和一对多映射，此外还列出了 Bibframe2.0 编辑标签和 RDA 的映射。Bibframe2.0 编辑标签是美国国会图书馆在 Bibframe2.0 加入的新实体，在 Bibframe2.0 领域能开展这方面研究的人很少。

6.1.2.2　Bibframe2.0 实体的解读

匈牙利布达佩斯国家图书馆的米克洛什·胡拜在报告中从 MARC 规范记录的角度解读了 Bibframe 2.0 的实体——Agent 类，即 Agent 类包括哪些子类及其属性，Agent 类是 Bibframe 2.0 的一个重点也是难点。

6.1.2.3　Bibframe2.0 和 IFLA-LRM 的映射

蒂齐亚娜·波塞马托在报告中映射了 Bibframe 2.0 和 IFLA-LRM 的实体和关系。IFLA-LRM 是 IFLA 于 2018 年新公布的编目模型，它是由 FRBR、FRAD 和 FRSAD 集成的。

6.1.3　Bibframe 2.0 实施注册项目的开展

Bibframe 2.0 实施注册项目是美国国会图书馆开展的一项旨在发动本国及其他国家的图书馆共同参与到 Bibframe 2.0 工作中来的一项活动。目前参加此项活动的图书馆有美国伊利诺伊大学香槟分校图书馆、匈牙利国家博物馆图书馆、美国国家医学图书馆等。

6.1.3.1 美国伊利诺伊大学香槟分校图书馆

该馆的注册项目致力于美国伊利诺伊大学香槟分校馆藏的 19 世纪英语小说的数字收集和转换。截至 2023 年，该馆研究团队完成了 7 829 种图书从都柏林元数据到 Bibframe 2.0 书目数据的转换工作。

该项目已经实施的工作有以下几个方面。

1. 已经转换过来的 Bibframe 2.0 书目数据的搜索界面

用户可以在该搜索界面的搜索框内输入关键词，即可检索到已经转换成 Bibframe2.0 书目数据的馆藏英语电子图书的 Bibframe 2.0 书目数据。

2. Bibframe 2.0 书目数据实例

表 6-2 为美国伊利诺伊大学香槟分校图书馆网站上列出的一本书名为 A step aside 的单件的 Bibframe2.0 书目数据。

表 6-2　A step aside 的单件的 Bibframe2.0 书目数据

Volume	Vol.01，Vol.02，Vol.03
Author	Gascoigne，Gwendolen Trench, d. 1949
DD Classification	823
Language	English
Held by	University of Illinois
Publisher	London：H. Cox, 1893
Notes	Description based on print version record

需要说明的是，这里列出的数据只是图书 A step aside 的 Bibframe 2.0 中 3 个实体中的 1 个实体单件的书目数据，而不是整个图书的详细的书目数据。

3. 美国伊利诺伊大学香槟分校图书馆 Bibframe 2.0 研究成果

美国伊利诺伊大学香槟分校图书馆 Bibframe 2.0 实施注册项目的研究成果包括论文、转换的 Bibframe 2.0 数据集和报告文档等。其中的数据集的内容比较丰富，主要是美国伊利诺伊大学香槟分校图书馆已经转换的 Bibframe 书目数据，包括 annotation，marc，authority，work，instance，html 等类型的压缩文件，用户可以下载、解压、打开。

6.1.3.2　匈牙利国家博物馆图书馆

匈牙利国家博物馆图书馆已经发布了 Bibframe 2.0 格式的在线书目。该馆在不同的网站发布了 MARC、MARCXML 和 Bibframe2.0 之间的书目数据映射，并将 Bibframe2.0 实例的实体的属性和值列表，这样的表述更加清晰，而其他图书馆一般是将 Bibframe 书目数据中的属性和值写在一起。

6.1.3.3　美国国家医学图书馆

美国国家医学图书馆实施了短期 Bibframe 2.0 书目实验计划。该计划的内容包括应用 Zepheira 工具开发出符合国家医学图书馆的 Bibframe 2.0 词汇表和 Bibframe 2.0 医学书目数据，建立国家医学图书馆的 Bibframe 2.0 规范文档和测试数据。

6.1.4　美国国会图书馆发布的 MARC 21– Bibframe 2.0 转换规则

美国国会图书馆的 Bibframe 2.0 服务包括 MARC 到 Bibframe 2.0 的转换服务以及 MARC 和 Bibframe 2.0 的比较服务。该馆在其网站上挂出了转换工具 Bibframe Editor 和 Bibframe Profile Editor。前者是 Windows 控件界面，编目数据都隐藏在控件内，是书目数据转换的工作软件界面；后者是 Bibframe 区块性编目界面，编目人员点击所要编目的区块，然后再进行详细的编目。

美国国会图书馆在其网站上公布了 MARC 21- Bibframe 2.0 转换规则。这个规则包括 MARC 书目数据转换规则和 MARC 名称规范转换规则。

6.1.4.1　MARC 书目数据转换规则

由于是面向全球编目界的指导性规则，这里的 MARC 字段非常详细，列出了包括头标在内的 MARC 21 的所有书目记录字段，而不是主要字段。此外，本规则列出的 MARC 字段不是像 MARC 21 工具书那样按字段数值由小到大排列的，而是按字段的相同功能列举，如 110、610、710、810 - CORPORATE NAME，X30、240、（6，7，8/X00，X10，X11）Uniform titles 等。

6.1.4.2　MARC 名称规范转换规则

MARC 字段对 Bibframe 2.0 规范数据的转换规则进行了详细说明，包括头标在内的 MARC 21 的所有规范记录字段。由于规范记录和书目记录的功能不同，这个规则列出的 MARC 21 字段是按照字段数值由小到大的顺序排列的。

6.1.5　Bibframe 2.0 编目工具

在 Bibframe 2.0 Implementation Register 网页上，美国国会图书馆列出了两种 Bibframe 2.0 编目工具。

6.1.5.1　Bibframe Editor

Bibframe Editor（编辑器）能进行原始编目和套录编目。编目工具共有五个菜单，分别是浏览、编辑器、作品上传、IBC 上传和 MARC 上传。

浏览菜单用来储存转换的或原始编目的 Bibframe 记录；编辑器菜单用来进行原始编目，编目数据可以存储，通过浏览器访问；作品上传菜单上传作品的方式是超链接；IBC 上传菜单也是通过超链接上传；MARC 上传菜单的方式有 Bib ID、LCCN 和 OCLC Number。

6.1.5.2　Bibframe Profile Editor

Bibframe profile Editor（区块性编辑器）的编目区块分为区块名、描述和日期三个部分，通过列表显示。Bibframe Profile Editor 的区块有 Admin Metadata，Agents，Agents Contribution，Cartographic，Classification，Form，Identifiers，Item，Language，Monograph，Moving Image-35mm Feature Film，Moving Image-BluRay DVD，Notated Music，Note，Place，Publication，Distribution，Manufacturer Activity 等，每个区块打开后，需要进一步填写编目元素。

6.2　Bibframe 2.0 词表阐释

6.2.1　Bibframe 2.0 词表总体情况

贾君枝和辛苗对 Bibframe 2.0 词表有着深入的研究。

6.2.1.1　类增加属性减少

Bibframe 2.0 词表提供 3 种类和属性的展示方式：类别视图、清单视图和 RDF 视图。[①]

RDF 视图采用 RDF 表达类和属性。

清单视图以列表方式列出所有类和属性的清单，共 176 个类、197 个属性。

列表视图中的下列 5 个属性未出现在类别视图中：has Equivalent，issued With，other Edition，other Physical Format，related To。

Bibframe 2.0 类的构成情况是 rdf：Resource 的子类 66 个，核心类的子类 16 个，其他类的子类 94 个。

Bibframe 2.0 词表取消了顶级类 Resource，顶级类使用 rdf：Resource，所有类都是其子类。Bibframe 1.0 只有 4 个核心类（作品、实例、规范、注释）有子类，其他类无子类，而 Bibframe 2.0 的 3 个核心类（作品、实例、单件）中，单件没有子类，其他 13 个非核心类有子类。Bibframe 1.0 类 53 个，属性 289 个，类和属性合计 342 个；Bibframe 2.0 类 176 个，属性 197 个，类和属性合计 373 个，类增加 123 个，属性减少 92 个，总量增加 31 个，与 Bibframe 1.0 完全相同的类 39 个、属性 84 个，另有部分改名，其余被取消。

6.2.1.2　部分属性改为类

Bibframe 2.0 类大量增加而属性大量减少的一个重要原因是部分属性改为类。部分属性重新定义为类是 Bibframe 2.0 的一个重要变化。

在 Bibframe1.0 词表中，一些类别中的类型是用属性来表达的，如标识符

---

① 辛苗 . Bibframe 2.0 词表变化分析 ［ J ］. 图书馆杂志，2018（ 5 ）：45-51.

有 ISBN、ISSN、LCCN 等，题名有作品题名、实例题名、缩略题名等，在 Bibframe 2.0 词表中，这些类型改用类来表达。

有 50 个 Bibframe 1.0 的属性改为 Bibframe 2.0 的类，包括分类的 4 个分类法属性 classification Ddc，classification Udc，classification Lcc，classification Nlm 改为分类的子类，标识符（Identifier）的原 37 个属性 coden，isbn，issn，iso 等改为标识符的子类，原提供者（Provider）的 4 个属性发行、制作、出版、生产改为提供活动（Provision Activity）的子类，题名（Title）的原 4 个不同题名类型属性作品题名、实例题名、识别题名、缩略题名改为题名的子类。另外，原拥有资料（Held Material）的属性保存政策（retention Policy）改为使用与获取政策（Usage And Access Policy）的子类。

另有 15 个 Bibframe 1.0 的属性新增对应的类，同时保留原属性，包括宽高比（aspect Ratio）、条码（barcode）、色彩内容（color Content）、描述认证（description Authentication）、描述规则（description Conventions）、编号与时序（enumeration and Chronology）、数量（extent）、出版频率（frequency）、生成处理（generation Process）、音乐媒介（music medium）、记谱（notation）、附注（note）、排架号（shelf Mark）、声音内容（sound Content）、子位置（sub Location）。

Bibframe 2.0 词表共有 58 个与属性对应的类，Bibframe 1.0 原有 11 个，Bibframe 2.0 新增 47 个，如单元（Unit）、来源（Source）、状态（Status）、内容（Content）、媒介（Media）、载体（Carrier）、体裁形式（Genre Form）等。我们可通过首字母大小写来区分类和属性，类首字母大写，属性首字母小写。Bibframe 2.0 词表中有少数类改为属性的，如原资源间关系类（Related）改为关系属性（related To），具体关系属性为其子属性。

6.2.1.3 复用外部成熟词表

复用其他词表的类和属性以标识相同事物是关联数据领域公认的最佳实践，很多原生词表都遵循这一理念。虽然认识到复用其他词表有诸多好处，但出于对外部命名空间稳定性的担忧，Bibframe 1.0 重新定义类和属性，而不复用其他词表。如果完全采用自己的命名空间将会导致词表庞大到难以维护，也不符合关联数据复用已有成熟词表的最佳实践。Bibframe 2.0 改变了这种保守的做法，开始复用成熟的其他词表，包括对 RDF 和 RDFS 两个命名空间的直接采用，如直接使用 rdf：Resource 而取消顶级类 Resource、取消 label 和 identifier Value 属性而采用 rdfs：label 和 rdf：value，以及因 Web 注释数据模型能满足处理书目数据的需要而取消注释类等。

6.2.2 Bibframe 1.0 和 Bibframe 2.0 的比较

6.2.2.1 变化

1.调整核心类

Bibframe 1.0 的核心类包括作品（Work）、实例（Instance）、规范（Authority）、注释（Annotation）四大类，Bibframe 2.0 的核心类调整为作品（Work）、实例（Instance）、单件（Item）三大类，取消规范和注释，增加单件。

原四大核心类均有子类，规范类被取消后，其 4 个子类：代理（Agent）、地点（Place）、时间（Temporal）、论题（Topic）保留，作为顶级类的子类。注释类被取消后，其子类拥有资料（Held Material）及其子类拥有单件（Held Item）合并为 Bibframe 2.0 的单件类，其他子类：封面（Cover Art）、评论（Review）、摘要（Summary）、目次（Table of Content）保留，作为顶级类的子类。

原作品的 11 个子类（即内容类型）保留，其中的三维物体（Three Dimensional Object）改名为物体（Object），即音频（Audio）、地图（Cartography）、数据集（Dataset）、混合资源（Mixed Material）、动态图像（Moving Image）、多媒体（Multimedia）、动作谱（Notated Movement）、乐谱（Notated Music）、静态图像（Still Image）、文本（Text）、实物（Object）。

原实例的 10 个子类（包括发行方式和媒介类型）保留 5 个，即档案（Archival）、电子（Electronic）、手稿（Manuscript）、印刷品（Print）、触摸（Tactile），删除其余 4 个与发行方式有关的子类，即专著（Monograph）、多部分专著（Multipart Monograph）、连续出版物（Serial）、集成资源（Integrating），另有子类合集（Collection）因不宜归入实例的子类，而变为顶级类的子类，在删除实例中与发行方式有关的子类的同时，增加发行方式类（Issuance）。

单件没有了类，Bibframe 2.0 增加了与单件相关的类，包括子位置（Sub Location）、编号与时序（Enumeration and Chronology）及其子类、排架号（Shelf Mark）及其子类、条码（Barcode），同时保留原属性，增加使用与获取政策（Usage and Access Policy）及其子类和属性。

Bibframe 2.0 核心类的变化，使得 3 层 3 核心的模型结构更加接近 FRBR 的作品、内容表达、载体表现、单件的 4 层结构。Bibframe 1.0 根据图书馆传统规范控制的需要而定义的规范类被取消，其原因是大多数图书馆没有规范库或规范库没有与图书馆自动化系统挂接，规范检索点难以实现改善检索效率的目的，而要在全球范围内达成名称形式一致的规范检索点来实现规范控制几乎是不可能的。关联数据技术使所有资源都可以用统一资源标识符标识。

在关联数据中，规范控制不再是名称形式上的规范，不同机构可以选择不同的名称形式，这些不同的名称形式通过统一资源标识符确认为相同对象，从而确认对象的唯一性，不需要规范检索点。Bibframe 1.0 根据扩展描述的需要而定义的注释类取消，是因为 Bibframe 2.0 改变了以前不复用任何其他词表的保守做法。同时，关联数据词表不断成熟并被广泛应用，Web 注释数据模型已被接纳为 W3C 标准，该模型可通用于处理书目需要，不再需要单独定义注释类。

增加单件类，使得信息揭示更加灵活、方便、准确，改变了传统的书目记录与馆藏记录的明确界限。

2.修改题名类及属性

Bibframe 1.0 题名类无子类，题名信息属性包括题名（title）、部分编号（part Number）、部分题名（part Title）、副题名（subtitle）、缩略题名（abbreviated Title）、作品题名（work Title）、实例题名（instance Title）、识别题名（key Title）、立法日期（legal Date）、音乐的调（music Key）、原创日期（origin Date）、原创地（origin Place）等各种题名和题名附加信息共 26 个。

Bibframe 2.0 题名类的情况是：原作品题名和实例题名，由属性变为题名的子类，同时新增题名子类变异题名（Variant Title），原识别题名和缩略题名由属性改为变异题名的子类，同时新增变异题名子类并列题名（Parallel Title）和总题名（Collective Title）。其他被考虑而未定义的类还有（针对视听资料）容器题名、书脊题名、封面题名、附加题名页题名，未来还可能增加题名类型。

Bibframe 2.0 题名信息属性情况是：原属性部分被取消，仅保留题名、副题名、部分编号、部分题名（由 part Title 改名为 part Name），并新增题名类的属性主要题名（main Title），新增变异题名类的属性变异类型（variant Type）。

定义变异类型属性的目的是用于表达未被定义的变异题名的类型。例如，变异题名没有定义书脊题名这个子类，因此使用变异题名类和变异类型属性来描述书脊题名，Bibframe 2.0 题名规范（Bibframe 2.0 Specification：Titles）的示例：bf：title［a bf：Title, bf：Variant Title；rdfs：label "Chartbook on aging"；bf：variant Type "spine"］。

对于包含在题名字符串中的题名附加信息，如立法日期、音乐的调、原创日期、原创地等不作为题名的属性，而是作为作品的属性，Bibframe 2.0 归入作品识别信息类别中，不再归入题名信息类别中。

题名类及属性变化后的总体情况是：题名类包括作品题名、实例题名、变异题名 3 个子类，以及题名、主要题名、副题名、部分号、部分题名 5 个属性，变异题名又有缩略题名、识别题名、总题名、并列题名 4 个子类及变异类型 1 个属性。

3. 重新定义事件类

Bibframe 1.0 事件类（Event）定义为：事件的时间或地点，属性包括事件代理（event Agent）、事件日期（event Date）、事件地点（event Place）等与事件相关的人物、时间、地点等内容。另外，事件属性（event）定义为事件的地理区域或时间范围，作为作品的主题。

Bibframe 2.0 事件类（Event）定义为：被一种资源记录的发生在特定时间或地点的事情，如一场表演、演说或体育赛事。

在 Bibframe 2.0 的事件规范文件（Bibframe 2.0 Specification：Events）中，

对事件有更详细的说明：事件是指发生的事情，如一场音乐表演、足球赛、战争、电视采访、记者招待会、会议等，事件发生在特定地点和时间或特定的时间间隔。

事件类可以是作品的主题，事件内容可以是作品。若事件内容作为作品，要有一个或多个实例。事件与作品有关，因此采用与 Bibframe 其他资源同样的方式描述，指明人物、组织、主题等。事件描述包括标签和 / 或链接，也包括一些基本信息，如谁、什么事情、什么时间、什么地点、为什么等，还可连接外部更多描述信息。

Bibframe 2.0 提供事件类（Event）及一组对应关系属性事件内容（event Content，event Content of）支持事件描述，原属性 event Agent，event Date、event Place，event 被取消。

4. 改变职能描述相关的类和属性

与作者、插图者、编辑等职能描述相关的类与属性发生改变。Bibframe 1.0 的关系（Relator）改名为贡献（Contribution），原属性创作者（creator）被删除，保留属性贡献者（contributor），新增属性贡献（contribution），原属性职能（role）作为贡献类的专用属性。贡献者属性是 Bibframe 2.0 目前定义的唯一职能，如果要描述具体责任，可使用外部 RDF 资源定义的职能属性，如果没有这样的属性，可使用贡献属性（contribution）和贡献类（Contribution），配合职能（role）和代理（agent）来表达。例如，Bibframe 2.0 职能规范（Bibframe 2.0 Specification：Roles）中的以下示例：bf：contribution ［a bf：Contribution ；bf：role "illustrator" ；bf：agent ］。

5. 标识符属性变子类

Bibframe 2.0 保留标识符类（Identifier），原标识符 barcode，ansi，coden，doi，issn，isbn 等 39 个属性变为其子类，同时新增子类 Copyright Number，Isrc，其中 barcode，shelf Mark 变为子类后仍保留原属性，shelf Mark Ddc，shelf Mark Lcc，shelf Mark Nlm，shelf Mark Udc 属性改为 Shelf Mark 的子类。原标识符其他属性被删除，新增标识符属性 identified By。

6.2.2.2　新增

1. 增加管理元数据

Bibframe 2.0 新增管理元数据属性（admin Metadata）和类（Admin Metadata）。管理元数据属性和类主要用于单独处理关于资源描述的管理元数据。假设资源是一本书，关于这本书的描述的管理元数据可能包括创建日期元数据，目的是表达描述创建的日期而不是书创作的日期。管理元数据类包含描述规则（Description Conventions）、描述认证（Description Authentication）、生成处理（Generation Process）3 个子类，是由原属性增加的对应类，同时保留原属性。管理元数据的属性共有 10 个，包括分配者（assigner）、衍生自（derived From）、生成日期（generation Date）、修改日期（change Date）、创建日期（creation Date）、描述规则（description Conventions）、描述语言（description Language）、生成处理（generation Process）、描述修改者（description Modifier）、描述认证（description Authentication）。Bibframe 2.0 管理元数据规范（Bibframe 2.0 Specification：Administrative Metadata）中的以下示例描述了与 ISSN 相关的管理元数据（只列出标识符部分）：bf：identified By［a bf：Issn；rdf：value "2168-7633"；bf：admin Metadata（a bf：Admin Metadata；bf：assigner "United States"）]。

2. 增加通用类及属性

Bibframe 2.0 增加通用类及属性，如增加管理元数据（admin Metadata）、单元（unit）、来源（source）、状态（status）等属性及对应类，增加附注类（Note），同时保留原属性，增加标识（identified By）、限定（qualifier）、时间（date）、单位数量（count）、代码（code）、部分（part）等属性。

3. 新增作品描述信息相关类及属性

Bibframe 2.0 新增学位论文类（Dissertation）及属性（dissertation），同时修改原专用属性，原学位论文专用属性学位论文附注（dissertation Note）、学位授予年（dissertation Year）被删除，论文标识号（dissertation Identifier）改为标识符（Identifier）的子类，保留学位（degree，由原属性 dissertation Degree 改名）和学位授予机构（granting Institution，由 dissertation Institution

改名）。新增记谱类（Notation）及其子类，同时保留原属性。新增获取类（Capture）及属性（capture）。新增插图类（Illustration），原属性改名。新增补编内容类（Supplementary Content）。新增色彩内容类（Color Content）、声音内容类（Sound Content）、宽高比类（Aspect Ratio），同时保留原属性。新增地图信息类（Cartographic），原地图类（Cartography）保留，地图属性（cartography）被取消，原地图类专用属性：地图赤经和赤纬（cartographic Ascension And Declination）、地图坐标（cartographic Coordinates）、地图二分点（cartographic Equinox）、地图 G 型环以外（cartographic Exclusion GRing）、地图外部 G 型环（cartographic Outer GRing）、地图投影（cartographic Projection），改为地图信息类专用属性，并改名（去除原名称中的 cartographic）。

4. 增加载体描述的类和属性

Bibframe 2.0 增加载体描述的类和属性，包括基材（base Material）、应用材料（applied Material）、感光乳剂（emulsion）、衬底（mount）、制作方法（production Method）、代（generation）、版面设计（layout）、图书开本（book Format）、字体大小（font Size）、极性（polarity）、缩率（reduction Ratio）、声音特征（sound Characteristic）、投影特征（projection Characteristic）、视频特征（video Characteristic）、数字特征（digital Characteristic）等属性，及其对应类，其中声音特征（Sound Characteristic）、投影特征（Projection Characteristic）、视频特征（Video Characteristic）、数字特征（Digital Characteristic）四个类有子类；增加数量（Extent），同时保留原属性；增加系统要求属性（system Requirements）。

5. 新增音乐相关的类及属性

Bibframe 2.0 新增音乐相关的类及属性，包括音乐媒介类（Music Medium）、乐器类（Music Instrument）及属性乐器（instrument）和乐器类型（instrument Type）、音乐合奏类（Music Ensemble）及属性合奏（ensemble）和合奏类型（ensemble Type）、音乐声音类（Music Voice）及属性声音（voice）和声音类型（voice Type）、音乐格式类（Music Format）及属性（music Format）。其他新增，如增加版权登记属性（copyright Registration）及对应类；针对连续出版物，增加出版频率（Frequency），保留原属性等。

6.2.2.3 删除

1. 删除的类

原 Bibframe 1.0 的 53 个类中，除完全相同的 39 个外，改名的 3 个，包括 Provider 改名为 Provision Activity，Related 改为属性 related To，Relator 改名为 Contribution，其余 11 个被删除，情况如下：取消顶级类 Resource，顶级类直接使用 rdf: Resource；取消规范和注释核心类，取消注释类的子类拥有资料（Held Material）及其子类拥有单件（Held Item），两者合并为单件类。删除原实例中与发行方式有关的子类：专著（Monograph）、多部分专著（Multipart Monograph）、连续出版物（Serial）、集成资源（Integrating），增加发行方式类（Issuance）。取消类别（Category），原属性载体类别（carrier Category）、内容类别（content Category）、媒介类别（media Category）、体裁（genre）分别改为载体（carrier）、内容（content）、媒介（media）、体裁形式（genre Form），并增加 4 个对应的类。取消描述管理信息（Description Admin Inforamation）。

2. 删除的属性

原 Bibframe 1.0 的 289 个属性中，除完全相同的 84 个外，有 50 个属性改为类，另有部分改名，如原地图专用信息、学位及学位授予机构等，其余被删除。

6.3 面向 Bibframe 转换的 MARC 简化字段报告的推出

不久的将来美国国会图书馆会实施 Bibframe，届时不再以 MARC21 进行编目，代之以提供由 Bibframe 转换生成的 MARC 记录。为此，合作编目项目于 2022 年初成立"Bibframe 转换之 MARC 简化专责组"，其职责是检查美国国会图书馆的 Bibframe 2.0 到 MARC21 转换程序和相关规范，据此开发一套简化的 MARC 字段，以准确有效支持 Bibframe 的转换，其年中和年末，中期报告和最终报告如期完成发布。

职责：Task Group on MARC Simplification for Bibframe Conversion（2022-2-1）。

中期报告：Interim Report of the PCC Task Group on MARC Simplification for Bibframe Conversion（2022-6-1）。

最终报告：Final Report of the PCC Task Group on MARC Simplification for Bibframe Conversion（2022-10-31）。

这套简化字段，在职责文件中称"瘦 MARC"（Skinny MARC）。出于词义褒贬原因，小组先后考虑过一些其他术语，包括简化 MARC（simplified MARC）、基本 MARC（essential MARC）、BF2MARC、用于 Bibframe 的 MARC 改编（MARC adaptation for Bibframe）、链接 MARC（link MARC）。特别说明的是，需要与先前的"轻量级 MARC"（MARC21 LITE，2008 版）区别开来。小组称不推崇任何上述名称，但或许是出于表述简单的考虑，在最终报告中多用 BF2MARC。

小组提出的 BF 到 MARC 字段表，称为"来自 Bibframe 的 MARC 描述性字段的初步曲目"（Preliminary Repertoire of MARC Descriptive Fields from Bibframe）。所谓初步，是因为提供的 2 个表格中，主表"MARC < -BF"只有 90 多个变长字段子字段（如 020$a）或定长字段位置段（如 008/07-10），其中还包括 12 个无对应的 008 字段位置段，实际有对应的只有 80 多对。副表"MARC not included"列出没有对应 Bibframe 元素的近 130 个子字段等（如 130/240$a）。

MARC 产生于 20 世纪 60 年代，为图书馆书目数据的记录、存储、管理和交换等业务做出了巨大贡献。但随着信息技术的发展，MARC 的缺点逐渐凸显出来，如受卡片著录格式的限制、结构复杂、字段重复设置、数据不易理解、不能通过搜索引擎直接进行数据检索等，MARC 俨然成为当前网络环境下数字图书馆发展的最大阻碍。技术的发展带来文献类型的多样化，使得传统图书馆对书目的描述已不能满足网络环境下用户的资源需求。为了适应网络环境的变化，美国国会图书馆提出新的书目框架，意在使未来的书目描述能广泛应用在网络环境中，让图书馆融入更宽泛的信息社区。

第 7 章

文化艺术作品编目标准的阐释

　　长期以来，国际上的编目工作一直限于文献领域。因为文化艺术作品不属于文献范畴，所以 ISBD 中没有文化艺术作品编目的分则，受 ISBD 影响的 AACR 和我国的文献编目规则自然也没有文化艺术作品编目的分则。因为没有相应的规则作指导，在国际范围内，文化艺术作品的信息组织方式谈不上编目，博物馆等文化艺术作品收藏单位对文化艺术作品的信息管理大多数只是登记，与编目工作相比，登记工作过于简单且没有计算机检索功能。

　　在 20 世纪末，随着信息技术的发展和人类对编目概念认识的深入，编目对象的范围逐渐扩大，文化艺术作品及其图像的编目引起了美国图书馆协会和一些国际文献机构的重视，经过集体研究讨论，国际文献机构和一些组织由浅入深地陆续制定了一系列文化艺术作品编目的规则，如 1996 年由 J.Paul Getty Trust & College Art Association 制定了 Categories for the Description of Work of Art（CDWA），Visual Resources Association Data Standards Committee 于 1996 年制定了 VRA Core Categories for Visual Resources（VRA Core），2006 年 American Library Association 制定了 Cataloging Cultural Objects（CCO）：A Guide to Describing Cultural Works and Their Images。

　　这些规则对文化艺术作品信息的著录和标目做了系统、科学的规定，具有非常强的实用性，对国际文化艺术作品信息的开发和利用产生了巨大的推动作用。在我国，虽然近年来博物馆文物事业发展迅速，但文物分类和编目工作发展相对缓慢。由于各种原因，目前我国还没有文物分类和编目方面的国家层面的规则标准，但国家文物局对规则的制定这项工作非常重视。下面将介绍国际文化艺术作品编目标准 CDWA，VRA Core 和 CCO，希望对未来我国文化艺术作品的分类和编目标准的制定工作起到一个参考借鉴的作用，从而推动我国文化艺术作品分类和编目工作的发展。

7.1 国内关于 CDWA，VRA　Core 和 CCO 的研究

7.1.1 CDWA，VRA Core

CDWA 和 VRA Core 是面向文化艺术作品编目的类目元数据集。

关于 CDWA 和 VRA Core，国内虽然有一些研究成果，但这些成果对 CDWA 和 VRA Core 的研究大多是从元数据的角度进行的，没有将其中的编目要素考虑进去并正确表述。例如，胡春健等介绍了 CDWA 和 VRA Core 的制定单位、时间、所包含的元数据数量，董焱列举了 CDWA 的 27 个核心元数据和 VRA Core 3.0 的 17 个元数据，于嘉详细地介绍了 VRA Core 的产生背景、VRA Core 3.0 和 VRA Core 4.0 的区别、VRA Core 4.0 元素和 DC 元素的对应关系等。其中，董焱将 CDWA 翻译成"艺术作品描述目录"，这种理解在国内有一定的代表性。实际上，CDWA 应该翻译成"艺术作品描述类目"，因为 CDWA 是一个用于对文化艺术作品进行编目的类目集，而目录一般指编目工作完成后的款目的组织结构。

肖婷应用 CDWA 从作品类目、相关文献类目和规范档类目三个方面对数字宋画作品的编目进行了探索，这为 CDWA 等国际文化艺术作品编目标准在我国的应用起了一个非常好的开头。

7.1.2 CCO

根据 CNKI 的调查结果，国内没有发现以 CCO 为论文标题的研究成果，不过于嘉在《VRA Core 元数据的发展与现状》中提到了 CCO，他指出 VRA Core 4.0 和 CCO 是一种共生的关系，但他没有说明 CCO 的体系结构、特点和在文化艺术作品编目中的应用。

7.2 编目标准视野下 CDWA 的解读

7.2.1 CDWA 的目的、方法和应用范围

2023 年 CDWA 最新版发布，CDWA 的原文定义是：CDWA describes the

content of art databases by articulating a conceptual framework for describing and accessing information about works of art, architecture, other material culture, groups and collections of works, and related images。

由此可知，编制 CDWA 的目的是对艺术、建筑和文化作品及相关图像进行著录和标目，具体做法是通过概念框架的表达对艺术数据库的内容进行描述，其应用范围是艺术、建筑和文化作品及相关图像。

7.2.2　CDWA 核心类目的名称

CDWA 核心类目是进行文化艺术作品编目的元素，构成著录项和标目项。由于最新版 CDWA 核心类目和以前版本的核心类目有不少差别，所以有必要在此列出，CDWA 核心类目包括以下两种。

第一种是书目类核心类目，有 13 个，包括 Catalog Level，Object/Work Type，Classification Term，Title or Name，Measurements Description，Materials and Techniques Description，Creator Description，Creator Identity，Creator Role，Creation Date，Subject Matter Indexing Terms，Current Repository/Geographic Location，Current Repository Numbers。其中需要说明的核心类目是 Catalog Level，即类目形态，有 item，volume，group，subgroup，collection，series，set，multiples，component 等几种形式。

第二种是规范类核心类目，个人 / 团体名称规范（the Person/Corporate Body Authority）核心类目有 Name，Biography，Birth Date，Death Date，Nationality/ Culture/Race，Life Roles，Related People / Corporate Bodies。地理位置规范（the Place/Location Authority）核心类目有 Place Name，Place Type，Related Places。体裁概念规范（the Generic Concept Authority）核心类目有 Term，Related Generic Concepts，Scope Note。主题规范（the Subject Authority）核心类目有 Subject Name，Related Subjects。

7.3 编目标准视野下 VRA Core 的解读

7.3.1 VRA Core 的概念及开发者的变化

美国国会图书馆在其网站给 VRA Core 下的定义是，The VRA Core is a data standard for the description of works of visual culture as well as the images that document them. The standard is hosted by the Network Development and MARC Standards Office of the Library of Congress (LC) in partnership with the Visual Resources Association。

根据以上定义，VRA Core 是一种描述视觉文化作品及记录文化作品的图像数据标准，VRA Core 的开发者已经变成了美国国会图书馆网络发展和 MARC 标准办公室，The Visual Resources Association 变成了参与者。

7.3.2 VRA Core 4.0 的元素

VRA Core 4.0 于 2007 年公布，共有 work, collection, agent, cultural Context, date, description, inscription, location, material, measurements, relation, rights, source, state Edition, style Period, subject, technique, textref, title, worktype 20 个元素。

7.3.3 VRA Core 在美国的应用

目前，VRA Core 已经被美国很多文献机构采用。例如，美国自然历史博物馆的照片编目，芝加哥艺术学院、麦卡伦虚拟资源中心图书馆的幻灯片数据库，加州州立大学的加州在线图书馆图像交换项目，哈佛大学 VIA 项目中图像资源的 WEB 编目，OHI2OLINK 对数字化视觉资料数据库的描述和检索。

7.4 编目标准视野下 CCO 的解读

CCO 可以翻译为文化物品的编目——文化作品及其图像描述的指南。与 CDWA 及 VRA Core 相比，CCO 要复杂得多，CCO 不但有详细的编目类目

说明，而且还有编目原则、编目规则、分类方法等内容。最重要的是，CCO
列举了丰富的配有图像的文化艺术作品编目实例，这就大大增强了它的易读
性和实用性。

7.4.1　CCO 的体系结构及其九大著录项内容

CCO 分成三个部分，第一个部分是通则（General Guidelines），第二部
分是元素（Elements），第三部分是规范（Authorities）。

第一部分通则提出了一些文化艺术作品编目必须面对的问题，如最小化
描述（Minimal Description）、编目深度（Cataloging Depth）、CCO 核心类目
的选用等。

第二部分元素列出了 CCO 的类目表，详述了 CCO 的九大著录项，如表
7-1 所示。

表 7-1　CCO 著录项说明

著录项名称	著录项子项名称
Object Naming（物品名称）	Work Type（作品类型）、Title（题名）
Creator Information（创造者信息）	Creator（创造者）Creator Role（创造者角色）
Physical Characteristics（物理特点）	Measurements（尺寸）、Materials and Techniques（质地和技艺）、State and Edition（状态和版本）、Additional Physical Characteristics（另外的物理特点）
Stylistic，Cultural and Chronological Information（式样、文化和年代信息）	Style（式样） Culture（文化） Date（日期）
Location and Geography（地点和地理）	Current Location（目前地点） Creation Location（创作地点） Discovery Location（发现地点） Former Location（以前地点）
Subject（主题标引）	Subject（主题标引）
Class（分类标引）	Class（分类标引）
Description（作品描述）	Description（作品描述） Other Descriptive Notes（其他作品描述附注）
View Information（视图信息）	View Description（视图描述）、View Type（视图类型）、View Subject（视图主题）、View Date（视图日期）

第三部分规范包括个人 / 团体名称规范、地理位置规范、概念规范和主题规范。

7.4.2 CCO 在文化艺术作品编目中的应用举例

以下是根据 CCO 编目规则，CCO 网站列出的 17 世纪荷兰画家扬·梵·海以森（Jan van Huysum）的油画作品 Vase of Flowers（花瓶中的花）的编目记录，右图是编目对象。

■ Class［controlled］: paintings • European art

■ *Work Type［link to authority］: painting

■ *Title: Vase of Flowers | Title Type: preferred

■ *Creator display: Jan van Huysum（Dutch, 1682—1749）

*Role［link］: painter | *［link］: Huysem, Jan van

■ *Creation Date: 1722

［controlled］: Earliest: 1722；Latest: 1722

■ *Subject［links to authorities］: still life • flowers • urn • ledge • crown of thorns plant • tulips • roses • bird's nest • insects • beauty • transience • life • death • senses • Vanitas • Passion of Christ

■ *Current Location［link to authority］: J. Paul Getty Museum（Los Angeles, California, United States）|ID: 82.PB.70

■ *Measurements: 79.4 × 60.9 cm（31 1/4 × 24 inches）

［controlled］: Value: 79.4；Unit: cm；Type: height | Value: 60.9；Unit: cm；Type: width

■ *Materials and Techniques: oil on panel

Material［link］: oil paint • panel（wood）

■ Style［link to authority］: Rococo

■ Description：The subject is a still life of flowers spilling onto a ledge, some decaying and being eaten by insects.It represents the senses of sight and smell；the decay and broken stems symbolize the transient nature of life，youth， and beauty；the ledge pushed up to the picture plane resembles the ledge seen in posthumous portraits，thus symbolizing death. The crown of thorns flower at the top symbolizes the Passion of Christ.

■ Description Source［link］: J. Paul Getty Museum. Handbook of the Collections. Los Angeles：J. Paul Getty Museum，1991；Page：115.

本编目记录共著录了 12 个项目，其中类目前有 * 号标记的是核心类目。

本记录的分类名称是 paintings • European art，这是一个 paintings 和 European art 组配在一起的分类名称，European art 又是一个复合分类名称，这是 CCO 的分类特点。作品类型是 painting。作品题名是 Vase of Flowers，题名类型是优先题名。

作品创作者是扬·梵·海以森，创作者角色是画家，创作日期是 1722 年。

主题标引的主题词有 16 个，这使本作品能比较容易地被检索到。

该作品目前的存放地点是美国洛杉矶市的盖蒂博物馆，作品登记号是 82.PB.70。

该作品具有瑞典 Rococo 风格，尺寸是 79.4cm × 60.9 cm，镶板油画。描述项对油画的外观和象征意义进行了详尽的描述。

本作品编目中广泛地使用各种规范文档和控制词表，这也是文化艺术作品编目的一个特点。

7.5 CCO 文化艺术作品编目规则实例分析

按照编目规则对包括建筑在内的文化艺术作品进行编目是国外近几年来才出现的新事物。

随着数字博物馆的迅猛发展和人们对文化艺术作品信息检索的需求，文化艺术作品的编目引起了美国图书馆协会等文献机构的重视，2006 年美国图书馆协会和视觉资源协会合作制定了世界上第一部文化艺术作品编目规则 —— Cataloging Cultural Objects：A Guide to Describing Cultural Works and Their Images，即文化对象编目：文化作品及其影像编目指南。

7.5.1　CCO 文化艺术作品编目实例分析

为了使广大用户更容易理解 CCO 编目规则，CCO 网站上列举了大量的编目实例，按作品类型分为 8 类，分别是 Architecture，Decorative Arts and Utilitarian Objects，Manuscripts，Paintings，Performance and Installation Art，Photographs/Film，Prints and Drawings，Sculpture Didactic Materials。

以下是 CCO 编目规则列举的美国白宫建筑的编目，（1）是其书目编目记录的说明，（2）是其规范记录的编目说明，黑体字是著录项类目名称或著录项子项类目名称，影像是美国白宫。

（1）CCO 文化艺术作品编目书目记录实例分析。

Work Record

■ **Class**［*controlled*］: architecture • American art

■ ***Work Type*** ［link］: mansion • president's dwelling

■ ***Title***: White House | **Title Type**: preferred

Title: Executive Mansion | **Title Type**: former

Title: President's Palace | **Title Type**: former

Title: President's House | **Title Type**: former

■ ***Creator display***: James Hoban（American，1762—1831）

Role ［link］: architect |［link］: Hoban, James

■ ***Creation Date***: 1793 to 1801, burned 1814, porticos 1824 to 1829

［*controlled*］: **Earliest**: 1793; **Latest**: 1829

■ *Subject[links to authorities]: architecture • presidency • power

■ Style[link]: Georgian • Neoclassical • Palladian

■ *Current Location[link]: Washington(DC, United States)

■ *Measurements: 3 stories, over 100 rooms, White House and the grounds occupy 7.2 hectares(18 acres)

[controlled]: Extent: rooms; Value: 104; Type: count

| Extent: stories; Value: 3; Type: count | Extent: grounds; Value: 7.2; Unit: hectares; Type: area

■ *Materials and Techniques: cut-stone bearing masonry construction

Material[link]: masonry | Technique[link]: dimension stone • load-bearing walls

■ Description: Design was the result of a public competition in 1792. Among the entrants was Thomas Jefferson, later president of the United States. James Hoban won the commission with a plan for a Georgian mansion in the Palladian style.

本编目记录共著录了 11 个项目，其中类目前有 * 号标记的是核心类目。

本记录的分类名称是 architecture • American art，这是一个 architecture 和 American art 组配在一起的分类名称，American art 又是一个复合分类名称，这是 CCO 的分类特点。作品类型是 mansion • president's dwelling。作品题名是 White House，题名类型是首选题名。此外，旧题名还有 Executive Mansion，President's Palace 和 President's House。

建筑创作者是詹姆斯·霍班，创作者角色是建筑师，创作日期是 1793 年到 1801 年。主题标引的主题词有 architecture，presidency，power 共 3 个。

该建筑具有格鲁吉亚的（Georgian）、新古典的（Neoclassical）、帕拉第奥的（Palladian）风格。该建筑位于美国华盛顿。

（2）CCO 文化艺术作品编目规范记录实例分析。

本规范记录是概念规范记录（Concept Authority Record），说明书目记录 Style 项中的 Neoclassical 来源于本规范记录。

Concept Authority Record

■ ***Terms**：

Neoclassical（preferred）

Neo-Classical

Neoclassicism

■ ***Note**：Refers to the style of European and American architecture and fine
and decorative arts between the mid-18th century and the mid-19th century inspired
by archaeological discoveries in the Mediterranean and Near East and characterized
by the imitation of Greek and Roman forms and motifs. Also considered a reaction
to Rococo opulence，Neoclassical works are often linear，symmetrical，and even
severe.

■ ***Hierarchical position**［link］：

Styles and Periods Facet

.... Styles and Periods

.... European

.... <modern European styles>

.... Neoclassical

■ ***Source**［link］：Art & Architecture Thesaurus（1988-）.

规范记录在词语项（Terms）列出了 3 个同义词，其中 Neoclassical（新
古典的）是首选词，在注释项（Note）详细说明了 Neoclassical 这个词的含
义。在层级位置项（Hierarchical position）列出了 Art & Architecture Thesaurus
（艺术和建筑叙词表）对 Neoclassical 这个词的位置描述，这个词属于 Styles
and Periods Facet（风格时代面）下的 modern European styles（现代欧洲风格）
下的词。

7.5.2　CCO 在国际上的使用情况

CCO 已经被 OCLC、美国、德国、比利时、智利等全世界很多文化组织、
学校机构和单位采纳与使用。

7.5.2.1　ARTstor Digital Library

ARTstor Digital Library 是一个非营利的数字影像图书馆，提供 130 多万张有关艺术、建筑、人文和科学领域的影像。这些影像来源于一流的博物馆、档案馆、摄影师、学者和艺术家。目前，来自 45 个国家或地区的 1 400 所教育机构和博物馆使用该馆的高解析影像，以及先进的网上工作区和工具进行教学、研究与学术探讨。

ARTstor 数字图书馆使用 Shared Shelf Overview 软件对数字影像进行编目，软件内嵌 CCO 元数据集，以及包括 AAT，TGN，ULAN 和 CONA 的盖蒂词汇表（Getty vocabularies）。

7.5.2.2　California Digital Library

California Digital Library（加利福尼亚数字图书馆）于 2007 年启动了一个大学校际影像共享项目——UC Shared Images，旨在满足教师和学生在教学与研究中对数字影像的需求。CCO 元数据是影像编目中用到的。

7.5.3　CCO 在我国推广使用的思考

CCO 对文化艺术作品的著录和标目进行了系统、科学的规定，展现出非常强的实用性。它对国际文化艺术作品信息的开发和利用起到了巨大的推动作用。在我国，虽然近年来博物馆文物事业发展迅速，但编目工作发展相对缓慢。由于各种原因，目前我国还没有文物分类和编目方面的国家层面的规则标准，各个博物馆一般自行著录，经常出现遗漏著录项的情况。CCO 能对未来我国文化艺术作品的分类和编目标准的制定工作起到一个参考借鉴的作用，从而推动我国文化艺术作品分类和编目工作的进步。

第 8 章

档案规范控制国际编目标准的阐释

规范控制是通过查询规范文档来维护文献记录中标目的唯一的方法和过程。规范控制的五个步骤为：建立规范记录、将规范记录集中、形成规范文档、将规范文档和书目文档连接、对规范文档和规范系统进行维护。

规范控制是面向所有文献类型的。在我国，目前规范控制主要应用于图书编目领域，而在档案著录中还没有设立规范文档，也未系统开展档案规范控制的工作。

美国已经开展了规范档案著录，具体实例如下。

8.1 ISAAR（CPF）个人名称规范记录解读——以美国前副总统休伯特·H. 汉弗莱为例

《团体、个人和家族档案规范著录国际标准》，即 International Standard Archival Authority Record for Corporate Bodies，Persons and Families，简称 ISAAR（CPF），是由国际档案理事会档案著录标准化委员会于 1996 年颁布的、于 2004 年修订的档案规范控制国际标准。规范控制是文献著录的一个非常重要的方面，档案规范控制也不例外，ISAAR（CPF）第 9 页指出，档案规范控制比图书规范控制有更大的需求。在我国，图书规范控制已经取得了巨大的成绩，而由于种种原因，档案规范控制却一直没有引起应有的重视，这严重影响了我国档案文献著录的质量和检索的效果。不过，这个问题近年来开始逐步得到档案界的重视，本节通过对 ISAAR（CPF）附录 B 列出的一条个人名称规范记录实例——美国前副总统休伯特·H. 汉弗莱（Hubert H. Humphrey）的解读，来阐释 ISAAR（CPF）个人名称规范著录的方法，从而为我国今后相应的档案规范控制标准的制定提供参考。

ISAAR（CPF）共分为六章和两个附录。其中，个人名称规范记录的著录包括两个部分，第一个部分是第 5 章规范记录的元素（Elements of an authority record）的著录，第二个部分是第 6 章和团体、个人及家族相关的档案材料以及其他资源（Relating corporate bodies, persons and families to archival materials and other resources）的著录。

为了更好地理解个人名称规范记录的著录，本节将具体介绍个人名称著录对象——休伯特·H. 汉弗莱的一些情况。休伯特·H. 汉弗莱 1911 年出生于美国南达科他州，早年考入明尼苏达大学，曾帮父亲管理药店。他在 1948 年进入美国参议院，1964 年当选美国副总统，1968 年竞选总统时输给尼克松，之后到明尼苏达大学任教。

8.1.1 休伯特·H. 汉弗莱个人名称规范记录的著录

ISAAR（CPF）规范记录的著录首先是将著录对象分为四个著录项，每个著录项下再进行多个元素的著录。

8.1.1.1 标识项

标识项（Identity Area）著录实体类型及其名称形式。ISAAR（CPF）标识项有六种元素，本条记录的标识项只涉及其中三种元素（见表 8-1），即实体类型（Type of entity）、名称规范形式（Authorized form（s）of name）和根据其他规则而来的名称标准化形式（Standardized forms of name according to other rules）。

表 8-1　标识项涉及的三种元素

5.1.1　Type of entity	Person
5.1.2　Authorized form（s）of name	Humphrey, Hubert H.（Hubert Horatio）, 1911—1978
5.1.4　Standardized forms of name according to other rules	Humphrey, Hubert Horatio, 1911—1978（pre-AACR form）

本条记录实体类型元素栏著录的是个人（Person），名称规范形式元素栏著录的是休伯特·H. 汉弗莱（休伯特·霍雷肖）（Hubert Horatio），1911—1978，说明休伯特·H. 汉弗莱又叫休伯特·霍雷肖，其生于 1911 年，逝于 1978 年，个人名称作为检索点时，姓在前，名在后。根据《英美编目条例》

（AACR），其名称标准化形式为 Hubert Horatio Humphrey。

8.1.1.2　描述项

描述项（Description Area）著录实体的历史发展、功能角色、所处环境和所从事的活动。ISAAR（CPF）描述项有八种元素，本条记录的描述项涉及其中五种元素（见表 8-2），它们分别是实体的存续日期（Dates of existence），实体的历史发展过程（History），实体的地点（Place），实体的功能、工作及所从事的活动（Functions，occupations and activities），实体的内部结构/家谱（Internal structures/Genealogy）。

表 8-2　描述项涉及的五种元素

5.2　DESCRIPTION AREA	
5.2.1　Dates of existence	1911-05-27/1978-01-13
5.2.2　History	Hubert H. Humphrey was born in Wallace, South Dakota, on May 27, 1911. He left South Dakota to attend the University of Minnesota but returned to South Dakota to help manage his father's drug store early in the depression. He attended the Capitol College of Pharmacy in Denver, Colorado, and became a register pharmacist in 1933. On September 3, 1936, Humphrey married Muriel Fay Buck. He returned to the University of Minnesota and earned a B.A. degree in 1939. In 1940 he earned M.A. in political science from Louisiana State University and returned to Minncapolis to teach and pursue further graduate study, he began working for the W.P.A.（Works Progress Administration）. He moved on from there to a series of positions with wartime agencies. In 1943, he ran unsuccessfully for Mayor of Minneapolis and returned to teaching as a visiting professor at Macalester College in St. Paul. Between 1943 and 1945 Humphrey worked at a variety of jobs. In 1945, he was elected Mayor of Minneapolis and served until 1948. In 1948, at the Democratic National Convention, he gained national attention when he delivered a stirring speech in favor of a strong civil rights plank in the party. In November of 1948, Humphrey was elected to the United States Senate. He served as the Senate Democratic Whip from 1961 to 1964.In 1964, at the Democratic Nat-ional Convention, President Lyndon B.Johnson asked the convention to select Humphrey as the Vice Presidential nominee. The ticket was elected in November in Democratic landslide. In 1968, Humphrey was the

（续表）

5.2.2 History	Democratic Party scandidate for President, but he was defeated narrowly by Richard M. Nixon. After the defeat, Humphrey returned to Minnesota to teach at the University of Minnesota and Macalester College. He returned to the U.S. Senate in 1971, and he won reelection in 1976. He died January 13, 1978 of cancer	
5.2.3 Place	Born：Wallace, South Dakota Lived：Minneapolis and St. Paul, Minnesota；Washington, DC	
5.2.5 Functions, occupations and activities	Registered pharmacist University professor Mayor of Minneapolis, Minnesota U.S. Senator, Vice President of the United States	
5.2.7 Internal structures/Genealogy	Married to Muriel Fay Buck Humprhey	

本条记录在实体的存续日期元素栏著录了休伯特·H.汉弗莱生于 1911 年 5 月 27 日，逝于 1978 年 1 月 13 日；在历史发展过程元素栏详细地著录了他的成长过程；在地点元素栏著录了他出生于美国南达科他州华莱士，在明尼苏达州明尼阿波利斯市和圣保罗市及华盛顿生活过；在功能、工作及所从事的活动元素栏著录了他当过注册药剂师、大学教授、明尼苏达州明尼阿波利斯市市长、美国参议员和副总统；在内部结构/家谱元素栏著录了他曾娶穆丽尔·弗伊·巴克·汉弗莱为妻。

8.1.1.3 关系项

关系项（Relationships Area）著录的是实体和其他团体、个人或家族之间的关系，其他团体、个人或家族可能也建立了规范记录。ISAAR（CPF）关系项有四种元素（见表 8-3），它们分别是相关实体的名字或识别符（Name/identifier of the related entity）、关系类型（Category of relationship）、关系描述（Description of relationship）和关系日期（Dates of the relationship），休伯特·H.汉弗莱的关系项有两个关系，这两个关系涉及了以上四种元素。

表 8-3 关系项涉及的四种元素

5.3	RELATIONSHIPS AREA

（续表）

First Relation		
5.3.1　Name/identifier of the related entity	Authorized form of name	Brown, Muriel Buck Humphrey US LC 02-83312367
	Other form of name	
5.3.2　Category of relationship		Family
5.3.3　Description of relationship		Wife of Hubert Humphrey. Muriel Humphrey was appointed by the Governor of Minnesota to the United States Senate, January 25, 1978, to fill the vacancy caused by the death of her husband. She served from January 15, 1978 to November 7, 1978.
5.3.4　Dates of the relationship		1936/1978-01
Second Relation		
5.3.1　Name/identifier of the related entity	Authorized form of name	Humphrey, Hubert H., 1942-US LC 02-86828402
	Other form of name	Humphrey, Hubert H. III
5.3.2　Category of relationship		Family
5.3.3　Description of relationship	Title Narrative	Son of Vice President Hubert H. Humphrey.
5.3.4　Dates of the relationship		
	Dates ISO 8601	1942/1978-01

　　休伯特·H.汉弗莱的第一个关系的相关实体名称元素有两个子元素，它们分别是名称规范形式子元素和其他名称形式子元素，这里的名称规范形式子元素著录的是穆丽尔·弗伊·巴克·汉弗莱，该姓名对应的识别符是美国国会图书馆号 02-83312367。关系类型元素栏著录的是家庭关系。关系描述元素栏著录了穆丽尔是休伯特·H.汉弗莱的妻子，她于 1978 年 1 月 25 日被明尼苏达州州长派往美国参议院，填补她去世丈夫的参议员空缺，她从 1978 年 1 月 15 日服务到 11 月 7 日。关系日期元素栏著录了他们夫妻之间的关系日期是从 1936 年到 1978 年 1 月。

休伯特·H. 汉弗莱的第二个关系的名称规范形式子元素栏著录的是
Hubert H.Humphrey, 1942-, 该姓名对应的美国国会图书馆号是 02-86828402。
名称其他形式子元素栏著录的是 Humphrey, Hubert H. III。关系类型元素栏著
录的是家庭关系。关系描述元素栏著录了他是副总统休伯特·H. 汉弗莱的儿
子。关系日期元素栏著录了他们的父子关系日期是从 1942 年到 1978 年 1 月。

8.1.1.4 控制项

ISAAR（CPF）控制项（Control Area）有九种元素，本记录的控制项
涉及其中的八种元素（见表 8-4），它们分别是规范记录识别符（Authority
record identifier）、机构识别符（Institution identifiers）、著录依据的规则
（Rules and/or conventions）、状态（Status）、详细程度（Level of detail）、记录
创建、修改或删除的日期（Dates of creation, revision or deletion）、语言脚本
（Languages and scripts）和信息来源（Sources）。

表 8-4　控制项涉及的八种元素

5.4	Control Area	
5.4.1	Authority record identifier	US DLC 02-79026910
5.4.2	Institution identifiers	U.S. Library of Congress US DLC
5.4.3	Rules and/or conventions	Anglo-American Cataloguing Rules, second edition, revised
5.4.4	Status	Final
5.4.5	Level of detail	Full
5.4.6	Dates of creation, revision or deletion	2000-04-13
5.4.7	Languages and scripts	English
5.4.8	Sources	Centennial of the Territory of Minn., 1949

规范记录识别符元素栏著录了该记录的识别符是 US DLC 02-79026910，
机构识别符元素栏著录的是美国国会图书馆和 US DLC 这两个机构，著录依
据的规则是《英美编目条例》（第二版）的修订版，规范记录的状态有起草、
修改和完成等，这里的状态是完成。本记录的创建日期是 2000 年 4 月 13 日，
所用语言是英语，本记录的信息来源是 1949 年出版的《明尼苏达州版图 100
周年纪念》。

8.1.2 与休伯特·H.汉弗莱相关的其他资源的著录

ISAAR（CPF）中，与团体、个人及家族相关的档案材料及其他资源的著录有四个元素，与休伯特·H.汉弗莱相关的资源有三项，涉及了这四个元素，它们分别是相关资源的识别符和标题（Identifier and title of related resource）、相关资源的类型（Type of related resource）、关系的性质（Nature of relationship）、相关资源和关系的日期（Dates of related resources and/or relationships）。

（1）第1项相关资源如表8-5所示。

表 8-5　第 1 项相关资源

First Related Resource		
6.1　Identifier and title of related resource	Title	Hubert H. Humphrey papers
	Unique Identifier	US Mnhi Alpha：Humphrey
6.2　Type of related resource		Archival materials- Collection of personal papers
6.3　Nature of relationship		Creator
6.4　Dates of related resources and/or relationships		1919—1978

与休伯特·H.汉弗莱相关的第1项资源是题名为 Hubert H. Humphrey papers 的论文集，其唯一识别符是 US Mnhi Alpha：Humphrey，相关资源类型元素栏著录的是档案资料——个人论文集，关系性质著录的是休伯特·H.汉弗莱为这件作品的创作者，论文集和休伯特·H.汉弗莱之间的关系日期是从1919年到1978年。

（2）第2项相关资源如表8-6所示。

表 8-6　第 2 项相关资源

Second Related Resource		
6.1　Identifier and title of related resource	Title	Hubert H. Humphrey papers：a summary guide, including the papers of Muriel Buck Humphrey Brown
	Unique Identifier	St.Paul, Minnesota.Minnesota Historical Society, 1983

（续表）

6.2	Type of related resource		Archival finding aid to personal papers
6.3	Nature of relationship		Subject
6.4 Dates of related resources and/or relationships			1919—1978

与休伯特·H.汉弗莱相关的第 2 项资源是题名为 Hubert H. Humphrey papers：a summary guide，including the papers of Muriel Buck Humphrey Brown 的论文集，唯一识别符子元素栏著录的是 St.Paul，Minnesota.Minnesota Historical Society，1983。相关资源类型元素栏著录的是对档案发现有帮助的个人论文集。关系性质元素栏著录的论文集的主体是休伯特·H.汉弗莱，论文集和休伯特·H.汉弗莱的关系日期是从 1919 年到 1978 年。

（3）第 3 项相关资源如表 8-7 所示。

表 8-7　第 3 项相关资源

Third Related Resource			
6.1 Identifier and title of related resource	Title	Hubert H. Humphrey Biography	
	Unique Identifier		
6.2	Type of related resource	Biography	
6.3	Nature of relationship	Subject	
6.4 Dates of related resources and/or relationships		2000	

与休伯特·H.汉弗莱相关的第 3 项资源是休伯特·H.汉弗莱传记，相关资源类型元素栏著录的是传记（Biography），关系性质元素栏著录的是传记的主体是休伯特·H.汉弗莱，传记和休伯特·H.汉弗莱的关系日期是 2000 年。

8.2　ISAAR（CPF）团体名称规范记录解读——以美国和平队为例

本节通过对 ISAAR（CPF）附录 B 列出的一条团体名称规范记录实例——和平队（Peace Corps.）的解读，来阐释 ISAAR（CPF）团体名称规范著录的方法，从而为我国今后相应的档案规范控制规则的制定提供参考。

为了更好地理解本团体名称规范记录的著录，下面先介绍一下本团体规范名称著录对象——和平队的一些情况。和平队成立于 1961 年，是根据 1961 年 3 月 1 日美国政府 10924 号行政命令成立的一个志愿服务组织，美国国会同年通过《和平队法案》。和平队队员需要义务服务两年，和平队的主要使命就是以志愿者的方式，向第三世界国家提供教师、医生、护士等各种技术人员支持，通过帮助第三世界国家的社会发展，向广大第三世界国家展现美国文化的精华，改变美国在第三世界国家中的不良形象，增强美国对新兴的第三世界国家的吸引力，并以此向这些国家传播美国文化及价值观念。

8.2.1　和平队团体名称规范记录的著录

ISAAR（CPF）规范记录的著录首先是将著录对象分为四个著录项，每个著录项下再进行多个元素的著录。

8.2.1.1　标识项

本条记录著录的实体类型是团体（Corporate body），本团体规范名称随时间的变化有三个，从 1961 年 3 月 3 日到 1971 年 7 月 1 日称为美国国务院和平队，从 1971 年 7 月 1 日到 1982 年称为 ACTION 和平队，从 1982 年至今称为和平队。另外，根据《英美编目条例》（第二版）的修订版（AACR2R），标准化名称形式称为和平队。本条记录的标识项涉及的三种元素，如表 8-8 所示。

表 8-8　标识项涉及的三种元素

5.1　Identity Area		
5.1.1　Type of entity		Corporate body
5.1.2　Authorized form（s）of name		Department of State. Peace Corps（03/03/1961-07/01/1971）
		ACTION. Peace Corps（07/01/1971-1982）
		Peace Corps（1982-）
5.1.4　Standardized forms of name according to other rules	AACR2R	Peace Corps（U.S.）

8.2.1.2 描述项

本条记录的描述项涉及的三种元素如表 8-9 所示。

表 8-9 描述项涉及的三种元素

5.2 Description Area	
5.2.1 Dates of existence	1961-
5.2.2 History	The Peace Corps was established as an operating agency in the Department of State by Department of State Delegation of Authority 85-11, effective March 3, 1961, pursuant to Executive Order (E.O.) 10924, March 1, 1961. It was recognized legislatively by the Peace Corps Act (75 Stat.612), approved September 22, 1961. The Peace Corps was reassigned to the newly established ACTION by Reorganization Plan No. 1 of 1971, effective July 1, 1971. It was made autonomous with in ACTION by E.O. 12137, May16, 1979, and was made an independent agency by Title VI of the International Security and Development Corporation Act of 1981 (95 Stat. 1540), February 21, 1982.The Peace Corps administered and coordinated Federal international volunteer and related domestic volunteer programs including the areas of agricultural assistance, community development, education, environmental protection, and nation assistance
5.2.5 Functions, occupations and activities	Agricultural assistance, Community development , Education, Environmental protection, Nation assistance

本记录在实体存续日期元素栏著录了美国和平队于 1961 年成立至今, 在历史发展元素栏详细地著录了该团体的历史发展过程, 在功能、工作及从事的活动元素栏著录了该团体从事农业援助、社区发展、教育、环境保护和国家救助活动。

8.2.1.3 关系项

关系项著录的是实体和其他团体、个人或家族之间的关系。ISAAR（CPF）关系项有四种元素, 它们分别是相关实体的名字或识别符（Name/identifier of the related entity）、关系类型（Category of relationship）、关系描述

（Description of relationship）和关系日期（Dates of the relationship）。和平队的关系项有两个关系，这两个关系涉及了以上四种元素。

　　和平队的第一个关系的相关实体名称或识别符元素有两个子元素，它们分别是名称规范形式子元素和名称其他形式子元素。名称规范形式子元素著录的是美国国务院。关系类型元素著录的是上下级关系。关系描述元素著录的是下级机构，意思是说和平队是美国国务院的下级机构。美国国务院与和平队之间的关系日期是从 1961 年 3 月 3 日到 1971 年 7 月 1 日。和平队的第二个关系有两个地方和第一个关系不同，一是相关实体的名称规范形式是ACTION，另一个是 ACTION 与和平队之间的关系日期是从 1971 年 1 月 1日到 1982 年。这里列出了两种表示日期的方法，后一种是国际标准化组织表示日期的方法，具体如表 8-10 所示。

表 8-10　关系项两个关系涉及的四种元素

5.3　Relationships Area			
First Relation			
5.3.1　Name/identifier of the related entity	Authorized form of name	Department of State	
	Other form of name		
5.3.2　Category of relationship		Hierarchical	
5.3.3　Description of relationship	Title Narrative	Subordinate agency	
5.3.4　Dates of the relationship		03/03/1961—07/01/1971	
	Dates ISO 8601	1961/03/03—1971/07/01	
Second Relation			
5.3.1　Name/identifier of the related entity	Authorized form of name	ACTION	
	Other form of name		
5.3.2　Category of relationship		Hierarchical	
5.3.3　Description of relationship	Title Narrative	Subordinate agency	
5.3.4　Dates of the relationship	Dates ISO 8601	01/01/1971-1982	
		1971/01/01-1982	

8.2.1.4　控制项

ISAAR（CPF）控制项有九种元素，本记录的控制项涉及七种元素（见表 8-11），它们分别是规范记录识别符（Authority record identifier）、机构识别符（Institution identifiers）、规则（Rules and/or conventions）、状态（Status）、记录创建或修改或删除日期（Dates of creation, revision or deletion）、语言脚本（Languages and scripts）和信息来源（Sources）。

表 8-11　控制项涉及的七种元素

5.4	Control Area	
5.4.1	Authority record identifier	ARC ID 976172
5.4.2	Institution identifiers	DNA
5.4.3	Rules and/or conventions	U.S.National Archives and Records Administration, Lifecycle Data Requirements Guide（for creating the authorized form of the name）
5.4.4	Status	Approved
5.4.6	Dates of creation, revision or deletion	2001/11/03
5.4.7	Languages and scripts	English
5.4.8	Sources	National Archives Guide, Section 490.1

规范记录识别符元素栏著录了该记录的识别号是美国国家档案馆目录检索号 976172，机构识别符元素栏著录的是 DNA（DNA 表示美国国家档案局，见 ISAAR（CPF）第 31 页）；著录依据的规则是美国国家档案局的生命周期数据需求指南（Lifecycle Data Requirements Guide），这个规则用来创建名称规范形式；规范记录的状态有起草、修改和完成等，这里的状态是通过；本记录的创建日期是 2001 年 11 月 3 日；所用语言是英语；本记录的信息来源于美国国家档案指南第 490 卷第 1 期。

8.2.2　与和平队相关的其他资源的著录

ISAAR（CPF）中，与团体、个人及家族相关的档案材料及其他资源的著录有四个元素，与和平队相关的资源有三项，涉及了这四个元素，它们分别是相关资源的识别符和标题（Identifier and title of related resource）、相关资源的类型（Type of related resource）、关系的性质（Nature of relationship）、相关资源或关系的日期（Dates of related resources and/or relationships）。

（1）第 1 项相关资源如表 8-12 所示。

表 8-12　第 1 项相关资源

First Related Resource		
6.1　Identifier and title of related resource	Title	Photographs of Arts and Culture in Ghana
	Unique Identifier	US DNA 558686
6.2　Type of related resource		Archival materials（series）
6.3　Nature of relationship		Creator
6.4　Dates of related resources and/or relationships		ca. 1970（approximate date of the recordkeeping system）

与和平队相关的第 1 项资源是题名为《在加纳拍摄的艺术和文化照片》的丛编档案资料，唯一识别符是 US DNA 558686（美国国家档案局 558686 号）。和平队是这件作品的创作者，系统记录的创作时间大约是 1970 年。

（2）第 2 项相关资源如表 8-13 所示。

表 8-13　第 2 项相关资源

Second Related Resource		
6.1　Identifier and title of related resource	Title	Photographs of Peace Corps Training in Hilo, Hawaii
	Unique Identifier	US DNA 558689
6.2　Type of related resource		Archival materials（series）
6.3　Nature of relationship		Creator
6.4　Dates of related resources and/or relationships		1963（date of the recordkeeping system）

与和平队相关的第 2 项资源是题名为《和平队在夏威夷希洛训练的照片》的丛编档案资料，唯一识别符是 US DNA 558689（美国国家档案局 558689

号）。和平队是这件作品的创作者，系统记录的创作时间是 1963 年。

（3）第 3 项相关资源如表 8-14 所示。

表 8-14　第 3 项相关资源

Third Related Resource		
6.1　Identifier and title of related resource	Title	Remarks to Peace Corps Trainees
	Unique Identifier	US DNA 193889
6.2　Type of related resource		Archival materials（file）
6.3　Nature of relationship		Subject
6.4　Dates of related resources and/or relationships		1962/09/08　（creation date of the file）

与和平队相关的第 3 项资源是题名为《对和平队受训者的评论》的档案文档资料。和平队是这篇文档的评论对象，系统记录的创作时间是 1962 年 9 月 8 日。

第 9 章

我国文献编目规则对国际编目标准的继承

我国文献编目规则是指文献编目所遵循的所有规则，有宏观和微观之分。微观的文献编目规则包括《中国文献编目规则》及其第二版。宏观的文献编目规则包括《文献著录总则》等文献编目国家标准、《中国图书馆分类法》《中国分类主题词表》《中国机读目录格式》等。

从内容来看，我国文献编目系列规则的制定是对国际编目标准的借鉴和继承。

孙更新编著的《文献信息编目》是本领域重要的教材。

9.1 《中国文献著录国家标准》对 ISBD 的继承

9.1.1 ISBD 简介

《国际编目原则声明》指出："书目记录的著录部分，应以国际上认可的标准为基础。"对于图书馆界，国际标准就是 ISBD。

ISBD 主要对描述性编目进行了规定，以便于国家书目机构之间和世界图书馆及情报服务业之间的书目记录交换。

随着资源类型的不断增加和计算机编目技术的进步，ISBD 在不断进行修订。目前国际图联颁布的 ISBD 系列（ISBDs）包括总则、7 个分则和析出部分著录指南。2011 年，国际图联编目组常设委员会又颁布了 ISBD（统一版）。ISBD（统一版）提供了适用于各种类型资源的通用规则和特定类型资源所要求的规定。

9.1.2 《中国文献著录国家标准》的由来和组成

文献编目国际标准是我国制定文献编目国家标准的主要依据。1983—1987 年，我国依据 ISBD 并结合我国文献特点先后颁布了《中国文献著录国家标准》的总则和 6 个分则，称为 GB3792 系列。随着计算机科学技术的发展，我国文献编目的环境已从手工编目发展到了联机联合编目阶段，GB3792 系列自 2005 年以来也陆续进行了修订，并相继出版，GB3792 系列包括以下分册，编号的末尾数字是该项编目分则的修订年份。

GB/T 3792.1—2009　文献著录总则

GB/T 3792.2—2006　普通图书著录规则

GB/T 3792.3—2009　连续性资源著录规则

GB/T 3792.4—2009　非书资料著录规则

GB/T 3792.6—2005　测绘制图资料著录规则

GB/T 3792.7—2008　古籍著录规则

GB/T 3792.9—2009　电子资源规则

9.1.3　《中国文献著录国家标准》的目标

《文献著录总则》是制定和修订专门文献类型的著录规则的指导性原则。

制定各种文献类型的著录规则的目的是在全国范围内提供各种文献类型的统一的著录规则，以便国家书目机构和国内图书馆与情报界之间、国家书目机构和国际图书馆与情报界之间实现书目记录的交换。

通过指定书目著录的组成单元，规定这些单元的表示顺序，以及区分这些著录单元的标识符，实现以下目标。

（1）使不同来源的记录具有相通性，以便一个图书馆生产的记录，可以被其他图书馆目录或其他书目机构利用；我国生产的编目记录，可以被其他国家的图书馆目录或其他书目机构利用。

（2）帮助克服阅读书目记录的语言障碍，使一种语言用户所做的记录，能被另一种语言的用户所理解。

（3）有助于将手工卡片形式目录转换为电子形式目录。

9.2　我国文献编目系列规则对国际编目标准的继承

《中国文献编目规则》是全国情报文献工作标准化技术委员会和图书馆

学会推荐使用的一部集各种类型的文献著录与文献检索及规范为一体的实用工具书。《中国文献编目规则》旨在解决标目的构成及其表示、标目范围、标目名称、标目参照，要求编目人员在文献著录基础上，明确标目选取的方法，以达到书目规范控制的目的。

2005 年，国家图书馆牵头组织业内专家修订出版了《中国文献编目规则》（第二版），该书依据 GB3792 系列，并参照 ISBDs 和 AACR2 编纂而成，全书包括著录法、标目法和附录三部分内容。

9.2.1 《中国文献编目规则》

《中国文献编目规则》是根据文献工作的发展特点、汉语言文字和我国文献机构的客观实际编撰而成的。它是我国的第一部综合性编目规则，由黄俊贵主编，于 1996 年出版。

9.2.1.1 《中国文献编目规则》的编制目的

自 1983 年 7 月国家标准《文献著录总则》（GB3792-83，以下简称《总则》）颁布以来，我国陆续制定了普通图书、古籍、连续出版、地图、非书资料、档案等一系列著录规则，形成在《总则》指引下的 GB3792 系列文献著录国家标准。

但是必须指出的是，以上文献著录国家标准还不是完整的编目规则，因为文献编目工作包括对文献实体的描述（即著录法）和确定规范化检索点（即标目法）。文献著录国家标准仅限于对文献实体的客观描述，只是编目工作的初级阶段，还需要在文献著录的基础上解决款目的标目规范化问题。

此外，《文献著录总则》仅仅是文献著录原则的规定，不能直接用于各种具体文献的编目工作。作为国家标准的各种文献著录规则也仅仅限于基本方法的规定，不可能包括对各种文献特征的著录细则。而《中国文献编目规则》的文献著录规则以较大篇幅，除包括著录总则外，还详细列举了各类型文献的具体著录条文。

为了有效地利用外国文献编目成果，共享国际文献信息资源，我国文献机构所藏外文文献一般采用国外编目规则编目，如英文文献采用 AACR2，日文文献采用《日本目录规则》（2018 年版），某些具体外文文献，如西文连续出版物、各种文学地图资料，亦可根据本规则有关章节直接编目。

9.2.1.2 《中国文献编目规则》的内容构成

《中国文献编目规则》内容丰富，涉及的范围广泛，共 19 章，50 万字，其体系结构分为著录法和标目法两部分。

第一部分相当于 AACR 第一部分著录（Description），分为 15 章，主要适用于著录各类型汉语文献。

第 1 章总则根据中国 GB3792 系列和 ISBD 对各类型文献进行客观著录的原则与方法做出统一规定，并为其后各章奠定基础。

第 2 章至第 13 章是对各种印刷型文献（包括普通图书、标准文献、科技报告、学位论文、古籍、地图资料、连续出版物等）和非印刷型文献（包括录音资料、影像资料、静画资料、缩微资料、计算机文档等）具体著录方法的规定，力求结合典型实例，详尽阐明。

第 14 章多层次著录和第 15 章分析著录是在规定以上各类型文献常用著录方法之后，对特殊著录方法的规定（即对揭示文献整体与组成部分的特殊规定），也是以上常用著录方法的深化和延伸。

第二部分相当于 AACR 第二部分标目，统一题名和参照（Headings, Uniform titles and References），分为 4 章，从规范控制出发，规定检索标目的范围及其数量、名称及其确定方法，以及标目参照的种类与格式等，主要适用于汉语文献的责任者标目与题名标目及标目参照。

《中国文献编目规则》采用上述编撰体例，有利于完整、系统地体现我国文献编目理论与技术成果；有利于与国际文献编目界广泛交流与合作，进一步发扬我国优秀编目传统；有利于向编目人员提供系统、实用的新型编目工具，不断提高文献编目规范化、标准化水平。

9.2.2 《中国文献编目规则》（第二版）

9.2.2.1 第二版和第一版在结构上的区别

《中国文献编目规则》（第二版）在总体框架上和 1996 年的第一版一致，只增加了一章——手稿规则，并调整了第一版中的多层次著录和分析著录的内容，将这两部分合并为一章（综合与分析著录）。根据图书馆近年来实际工作的需求，第二版对第一版的地图资料、连续出版物、计算机文档等章节做了补充与修改，并将这几部分内容分别易名为测绘制图资料、连续性资源和电子资源，其中电子资源的编目规则较过去更加完善。

第一版在总则中介绍著录标识符时按照不同类型标识符逐一说明，第二版则通过列表方式按照著录项目逐一介绍标识符并将不同著录项目的说明文字出处用单元代码的方式一一标出。这样在编目过程中查找标识符会感到更加清楚和方便。图书馆最大量的文献一般为普通图书，第二版对原有的普通图书著录没有做大的改动，保持了相对的稳定，但对过去编目人员在实际工作中容易产生歧义的地方或不符合国际标准的概念进行了修订。

9.2.2.2 第二版和第一版在样例著录上的区别

《中国文献编目规则》（第二版）在标目法部分结合书目检索的实际需要，对内容、章节、结构做了较大调整并增补了大量样例。修订《中国文献编目规则》的根本目的在于使图书编目人员能够有章可依，客观准确地描述文献外部特征，为读者提供更加准确的检索方式，以提高查准率和查全率。第二版保持了第一版切合编目工作实际这一特点，使编目人员感到可操作性强。有代表性的实例是对编目规则最好的诠释，也是从事实际编目工作的人员最需要参考的内容。

第一版只是在解释各部分具体内容时插入相关著录项目的实例。第二版在保持原有风格的基础上，在各章结尾都增加了 10 个完整的实例。这样既可以使编目人员理解不同著录项目，又能从总体上对不同类型文献整体著录有完整的认识。

9.2.2.3 第二版和第一版在题名与并列题名著录上的区别

过去认为并列题名只是指在题名页上与汉语题名意义相同的其他文种题名，"不载于书名页者（如翻译著作）不应视为并列题名"。第二版根据 ISBD 对并列题名的描述，赋予并列题名的准确定义是"规定信息源对应于正题名的另一文种（或语种）题名"。依据这一定义，澄清了过去不准确的概念，翻译题名应属于并列题名，著录在附注项。

按照第二版，在著录正题名时，对于具有语法标点作用的空格，"应改用顿号或破折号，否则省略空格，连续著录"，编目人员在实际操作中往往将空格照录。第二版修订为"对于有语法关系的标点符号、空格也应照录"，这样的修订贴近了实际工作。

在著录中外文对照读物时，到底取中文题名为正题名还是取外文题名为正题名，第一版对此的解释不太清楚。第二版则明确规定"规定信息源有两种或两种以上文种题名，应选择中文题名作为正题名"。这就使编目人员在选取并列题名时有章可依。

9.2.2.4　第二版和第一版在多卷书著录上的区别

第一版对一次出版的多卷（册）图书强调"以整套多层次著录为原则"；对陆续出版的多卷（册）强调"以分卷（册）著录为原则"。

第二版没有硬性强调对一次出版的多卷（册）图书要以整套多层次著录，而是阐述了对由共同题名与从属题名标识和（或）从属题名组成的正题名如何著录。这样可以使各馆根据本馆集中著录或分散著录的规定，对多卷书进行著录。上述几处改动，虽然对普通图书的著录影响不大，但便于编目人员理解，澄清了过去的一些模糊认识，有利于操作，因此第二版有较强的实用性。

9.3 《中国图书馆分类法》对《杜威十进分类法》的继承

图书分类法是根据图书的内容、形式、体裁和读者用途等，在一定的哲学思想指导下，运用知识分类的原理，采用逻辑方法，将所有学科的图书按其学科内容分成几大类，每一大类下分许多小类，每一小类下再分为子小类。最后，每一种书都可以分到某一个类目下，每一个类目都有一个类号。

《中国图书馆分类法》（原名《中国图书馆图书分类法》）是新中国成立后编制出版的一部具有代表性的大型综合性分类法，是当今国内图书馆使用最广泛的分类法，简称《中图法》。

《中图法》继承了《杜威十进分类法》的很多分类技术和方法。

9.3.1 《杜威十进分类法》介绍

《杜威十进分类法》是美国图书馆学家杜威编制的综合性等级列举式分类法。

该分类法受美国圣路易斯市图书馆哈利斯分类法的启发，根据 17 世纪英国哲学家培根关于知识分类的思想，将人类知识分为记忆（历史）、想象（文艺）和理性（哲学、科学）三大部分，并将其倒置排列，展开为 10 个大类。

《杜威十进分类法》分为详、简两种版本，详本于 1876 年问世，取名为《图书馆图书小册子排架及编目适用的分类法和主题索引》，1951 年的第 15版改名《杜威十进分类法》，目前《杜威十进分类法》详本已出版了第 23 版。

简本篇幅约为详本的 10%，主要供中小型图书馆使用，于 1894 年首次出版。

《杜威十进分类法》共分为如下 10 个大类。

000 总论

100 哲学

200 宗教

300 社会科学

400 语言学

500 自然科学

600 技术科学

700 美术

800 文学

900 历史、地理

为适应科学技术发展和文献出版的需要，从第 16 版起，《杜威十进分类法》逐步将一些过于陈旧的类目剔除，在新版本出版前单独印行一、二个类的改编表，供用户试用，这种改编表被称为"凤凰表"。这种连续的局部更新，使《杜威十进分类法》既能跟上新知识的发展，又保证了分类法的稳定性。《杜威十进分类法》已被翻译成 30 多种语言，被 135 个国家和地区采用，它是世界上历史最久且使用最广的分类法。

《杜威十进分类法》共 4 卷，除主表外，还包括附表（辅助表）、索引及使用手册等。

附表包括如下内容。

（1）标准复分表。

（2）地区复分表。

（3）文学复分表。

（4）语言复分表。

（5）人种、种族、民族复分表。

（6）语种复分表。

（7）人物复分表。

《杜威十进分类法》采用阿拉伯数字作为标记符号，并采用小数制（即十进制）的层累标记制，以三位数（000 ~ 999）形成前三级的等级结构。

在三位数中，凡带 "0" 的号码均表示总论性类目：中间位为 "0" 的号码表示一级类（大类），末位为 "0" 的号码表示二级类，凡末尾不带 "0" 的三位数号码均属三级类。凡在三位数之后展开的号码，均须在三位数后面加一小数点隔开。

例如：

600　应用科学

630　农业

631　农业经营

631.5　作物栽培

9.3.2 《中图法》介绍

《中图法》于 1971 年由北京图书馆（现中国国家图书馆）等 36 个单位组成编辑组开始编制，1973 年 3 月编成试用本，1975 年 10 月由科学技术文献出版社出版第一版。

1979 年 7 月成立的中国图书馆图书分类法编辑委员会对《中图法》进行修订，1980 年 6 月由书目文献出版社出版第二版，1990 年出版第三版，1999 年由北京图书馆出版社出版第四版，2010 年由国家图书馆出版社出版第五版，即《中图法》（第五版）。

《中图法》（第五版）是我国通用的图书分类法。

《中图法》与国内其他分类法相比，编制年代较晚，但发展很快，它不仅系统地总结了我国图书分类法的编制经验，而且吸取了国内外图书分类法的编制理论和技术。它按照一定的思想观点，以学科分类为基础，结合图书资料的内容和特点，分门别类组成分类表。《中图法》采用汉语拼音字母与阿拉伯数字相结合的混合号码，用一个字母代表一个大类，以字母顺序反映大类的次序，大类下细分的学科门类用阿拉伯数字标示。

《中图法》已普遍应用于全国各类型的图书馆，国内主要大型书目、检索刊物、机读数据库及《中国国家标准书号》等都著录《中图法》分类号。

9.3.3 《中图法》的特点

（1）《中图法》是一部综合性的大型分类法，类目详细、注释较多，并有不同类型的版本，可满足各类型图书馆和情报部门文献分类的需要。

（2）在等级列举的基础上采用组配编号法，设置交替类目，并编制多种复分表。

（3）分类号简短易记，便于使用。

（4）编有较为详细的类目索引及使用说明（手册）。

《中图法》已被我国多数图书馆和情报部门所采用。自 1988 年起，我国出版图书的标准书号（见国际标准书号）中采用《中图法》的大类号，其分类号还被印在北京图书馆和上海图书馆编印的集中编目卡片上，1985 年《中图法》获国家科学技术进步奖一等奖。

9.3.4 《中图法》的基本大类和复分表

9.3.4.1 基本大类

《中图法》（第五版）包括马列主义、毛泽东思想，哲学，社会科学，自然科学，综合性图书 5 大部类，22 个基本大类，大类情况具体如下。

A 马克思主义、列宁主义、毛泽东思想、邓小平理论

B　哲学、宗教

C　社会科学总论

D　政治、法律

E　军事

F　经济

G　文化、科学、教育、体育

H　语言、文字

I　文学

J　艺术

K　历史、地理

N　自然科学总论

O　数理科学和化学

P　天文学、地球科学

Q　生物科学

R　医药、卫生

S　农业科学

T　工业技术

U　交通运输

V　航空、航天

X　环境科学、劳动保护科学（安全科学）

Z　综合性图书

9.3.4.2　复分表

《中图法》的复分表包括通论复分表和专类复分表。

通论复分表包括总论复分表、世界地区表、中国地区表、国际时代表、中国时代表、世界种族与民族表，以及通用时间、地点表等。

第 10 章

我国文献编目规则的发展

国际图联制定的 ISBD 自问世以来，一直作为我国图书情报标准化部门制定国家编目标准的依据。ISBD 根据全球图书文献事业的发展需求进行不断修订，国际图联从 1971 年起先后颁布了 ISBD 的 10 种国际标准。

我国于 20 世纪 80 年代先后出台了文献编目领域的《中华人民共和国国家标准》GB3792 系列标准。1996 年黄俊贵等人根据《文献著录国家标准》和 ISBD 编写了《中国文献编目规则》。由于这部编目工具书体现了当时国际和国内的编目标准，文字表达简明通俗，可操作性强，能够结合编目的实际工作，因此这部工具书出版后，在相当长的时期内规范了我国文献编目工作，受到了业内人士好评。

为了进一步规范我国当前图书著录的标准，国家图书馆组织全国各系统、各行业的文献编目专家，特别是 1996 版《中国文献编目规则》的部分作者，依据 ISBD 国际标准，参考《英美编目条例》的最新版本，结合我国编目工作的实际需要，对《中国文献编目规则》进行了修订。在修订过程中国家图书馆还广泛征求了业内专家和从事实际工作人员的意见，因此《中国文献编目规则》（第二版）的出台大大促进了我国文献编目事业的发展。

随着国际文献编目事业的发展，国际图联将会继续推出新的编目标准。我国的文献编目规则亦需持续地进行修订与更新。以下提出了几点关于我国文献编目规则未来发展的建议。

10.1 《中国文献编目规则》（第二版）和《中文图书著录规则》的比较及修订建议

基于国家层面的图书馆管理体制，我国图书馆主要分为公共图书馆和高校图书馆两大类。相应地，在文献编目领域，我们遵循两大主要的规则，即国家图书馆使用的《中国文献编目规则》（第二版）[以下简称《规则》（第二版）]和由中国高等教育文献保障系统（CALIS）推行的《中文图书著录规则》（以下简称《CALIS 规则》）。这两大规则极大地推进了我国文献编目事业的发展，但也暴露出一些不足之处及需要完善的内容。目前我国学者对这两大规则研究方面的成果，主要集中在对这两大规则所对应的机读目录格式的比较上，而对于规则本身的条文比较则较为少见。通过对《规则》（第二版）和《CALIS 规则》的对比，我们可以发现这两大规则在某些方面存在的不足和需要完善的内容。《CALIS 规则》源自 CALIS 联机合作编目中心于2021 年发布的最新版《CALIS 中文图书编目业务培训教材》。

国际标准书目著录的三大要素是著录信息源、著录项目和著录标识符。因为两大规则在著录标识符方面没有明显区别，所以这里的比较就集中在著录信息源的选取和著录项目的处理上。①

10.1.1　著录信息源选取规则的修订建议

著录信息源包括优先信息源和规定信息源。

10.1.1.1　优先信息源

优先信息源是文献著录的首选来源，如图书的题名页或代题名页。长期以来，我国编目界一直将 ISBD 中的 Preferred sources of information 翻译为主要信息源，如 1996 年出版的《中国文献编目规则》规定，普通图书的主要信息源是书名页和版权页；2005 年出版的《规则》（第二版）规定，普通图书的主要信息源是题名页。而《CALIS 规则》没有出现主要信息源这个概念，虽然《CALIS 规则》也涉及了这方面的内容。

修订建议：Preferred sources of information 是 ISBD 著录信息源选取的一个重要概念，《CALIS 规则》不应该遗漏这个概念。另外，在我国编目界，主要信息源这种翻译表述不到位，不能正确反映图书著录信息源应按顺序选取的要求，所以应该将 Preferred sources of information 改译为优先信息源。

---

① 曾伟忠，赵欣. ISBD（统一版）视角下《中国文献编目规则》（第二版）和《中文图书著录规则》的比较和评述［J］.图书馆研究，2023（03）：20-25.

10.1.1.2 规定信息源

规定信息源是针对文献的每一著录项目规定的与之对应的一个或多个著录信息来源。各类型文献的著录项目均需以各自特定的规定信息源及其选取顺序作为著录依据。

两大规则对规定信息源的说明方法不一样，《规则》（第二版）将图书各著录项的规定信息源列表集中在 2.0 通则中进行说明，而《CALIS 规则》将规定信息源分散在图书每个著录项目的第一小节进行说明。表 10-1 是对两大规则各著录项目所对应的规定信息源的比较。

表 10-1 《规则》（第二版）和《CALIS 规则》各著录项目所对应的规定信息源的比较

著录项目	《规则》（第二版）	《CALIS 规则》
题名与责任说明项	题名页或代题名页	题名页
版本项	版权页、题名页	题名页、其他序页、书末出版说明
出版发行项	版权页、题名页	题名页、其他序页、书末出版说明
载体形态项	整部图书及附件	出版物本身
丛编项	题名页、版权页、封面、书脊、封底	题名页、其他序页、书末出版说明
附注项	任何信息源	任何来源
标准编号与获得方式项	版权页、图书其余部分	任何来源

注：《CALIS 规则》2.1 节对"其他序页"的具体内容做了说明，即其他序页包括题名页对面或反面、题名页前的各页和封面 / 封底 / 封里 / 里封底。

修订建议：从表 10-1 可以看出，《规则》（第二版）和《CALIS 规则》规定信息源的主要区别是在著录版本项和出版发行项时，题名页或版权页先选取哪一个。《规则》（第二版）将版权页置于题名页之前，而《CALIS 规则》将题名页置于版权页之前。ISBD（统一版）对图书版本项和出版发行项的规定信息源做出的规定是：题名页、其他正文前书页、书末出版说明、封面、资源的其余部分。从国内外著录标准统一的角度来说，《规则》（第二版）应做出修改。

10.1.2　题名与责任者项修订建议

10.1.2.1　正题名中省略号的符号变换

为避免正题名中的标点符号和著录标识符发生混淆，《CALIS 规则》规定，将正题名中的方括号和省略号分别改为圆括号与破折号，而《规则》（第二版）只规定了将方括号改为圆括号，没有对省略号的变换做出说明。为了避免正题名中的省略号与著录标识中的省略号发生混淆，建议《规则》（第二版）也增加规定，著录图书正题名时要将其省略号改为破折号。

10.1.2.2　当规定信息源有多个题名时如何选取正题名

1. 规定信息源有多文种题名时正题名的选取

当规定信息源中有两种或两种以上文种题名时，《规则》（第二版）规定选取中文题名作为正题名，而《CALIS 规则》规定选取与正文文种相同的题名作为正题名。

修订建议：笔者认为，《CALIS 规则》规定的方法是合适的，一方面是因为图书正题名的文种应该和正文的文种一致。另一方面，ISBD（统一版）1.1.4.2.1 的规定是，当资源有多种语言的规定信息源时，应该从资源的主要部分内容所用语言的规定信息源上选取正题名。

2. 根据版式和题名的顺序仍然不足以选取正题名

《规则》（第二版）和《CALIS 规则》规定，当规定信息源有多个题名时，应该根据版式和顺序选取正题名。但是根据版式和顺序仍然不足以选取正题名时，《规则》（第二版）和《CALIS 规则》都没给出进一步的如何选取正题名的方法。ISBD（统一版）1.1.4.1.1 规定，规定信息源有多个题名，根据版式和顺序仍然不足以明确选取时，选取信息最全面的题名作为正题名。

修订建议：《规则》（第二版）和《CALIS 规则》都可以增加以上 ISBD（统一版）的这一规定。

3. 特殊情况下一般文献类型标识的标注

通常情况下，图书不著录一般文献类型标识，但《规则》（第二版）规定了在三种特殊情况下的图书需要著录一般文献类型标识：a.普通图书与其他类型文献处于同一目录体系时，可在正题名之后著录一般文献类型标识，并置于方括号内；b.图书由另一文献转换而来，应著录图书的一般文献类型标识；c.著录无总题名图书时，一般文献类型标识应著录于第一个正题名之后。

修订建议：《CALIS 规则》也应该像《规则》（第二版）那样，增加对特殊情况下图书的一般文献类型标识进行标注的说明，因为特殊情况下，图书一般文献类型标识需要著录。

4. 并列题名和并列信息

《规则》（第二版）规定了图书并列题名的著录方式，《CALIS 规则》规定的范围是图书的并列信息，并列信息包括并列题名、并列其他题名信息、并列责任说明。

修订建议：随着国际文化交流的日益发展，我国引进的外语原版书越来越多，出现的包含并列其他题名信息和并列责任说明的图书也越来越多。因此，《规则》（第二版）也应该像《CALIS 规则》那样，增加并列其他题名信息、并列责任说明。

10.1.3 版本项修订建议

10.1.3.1 版本范围的确定

《CALIS 规则》涵盖了多个版本，并对这些版本进行了详细的分类和举例说明。经过笔者整理，相关内容如表 10-2 所示。

表 10-2 《CALIS 规则》图书版本范围的分类和举例

版本类别	举例
地区版本类	农村版、华东地区版、海外版
读者对象版本类	经理版、高中版、教师版、普及版
特殊版式类	盲文版、大字印刷版、缩印本、图画版
语种版本类	英语版
时间版本类	1999 年版
专业版本类	农业版、文科版

而《规则》（第二版）规定，对于有关内容特征、体裁特征和适用范围的说明文字，如缩写本、绘画本、英汉对照本、通俗本、校点本、节选本、图文版、少年版、科学版等一般不著录于版本项。

修订建议：关于版本范围，ISBD（统一版）2.1.1 设置了地区版本类（如海外版、欧洲国际版）、特殊兴趣版本类（如经理版、少年版）、特殊版式类（如大字印刷版、缩微版）、语种版本类（如英语版、日语版、中英文对照版）。由此可以看出，《规则》（第二版）的版本范围应该和 ISBD（统一版）、《CALIS 规则》保持一致。

10.1.3.2　并列版本说明是否著录

《规则》（第二版）规定，规定信息源有另一种语言和 / 或文字的版本说明，可著录在版本说明之后。而《CALIS 规则》在说明著录项目的 ISBD（M）大项一览表中注明了 CALIS 不用并列版本说明。

修订建议：并列版本说明在《规则》（第二版）中是选择性著录项目，《CALIS 规则》也应将其改为选择著录项目，因为并列版本说明也是重要的著录信息。

10.1.4　出版发行项修订建议

10.1.4.1　图书没有出版者只有发行者时的著录方式

对于图书没有出版者只有发行者的情况，《CALIS 规则》规定，当没有出版者而只有发行者时，图书才著录发行者，此时不必在其后注明"发行"字样。对于这种情况，《规则》（第二版）规定，图书未载明出版者，可著录发行者，并在其后注明"发行者"字样，置于方括号内。

例如，论文学语言 / 铁马著 .—上海：文化工作社［发行者］

修订建议：笔者认为，当图书没有出版者只有发行者时，《CALIS 规则》应该像《规则》（第二版）那样，在发行单位后注明"发行者"字样。

10.1.4.2 特殊情况下印刷地、印刷者、印刷年的著录方式

通常情况下，图书的印刷地、印刷者、印刷年不需要著录，但特殊情况下需要著录。《规则》（第二版）的 2.4.4 对印刷地、印刷者、印刷年需要进行著录的两种特殊情况进行了说明。

一种情况是，图书的出版、发行事项不详，著录印刷地、印刷者、印刷年，并置于圆括号内。另一种情况是，图书已载明出版发行事项，又有必要著录印刷事项，印刷事项著录于出版发行事项之后的圆括号内。

《CALIS 规则》在 4.4.4 印刷信息小节中，没有对印刷地、印刷者、印刷年需要著录的特殊情况进行说明。

修订建议：《规则》（第二版）对印刷地、印刷者、印刷年需要进行著录的两种特殊情况是很重要的，建议《CALIS 规则》补充。

10.1.5 载体形态项修订建议

10.1.5.1 多段页码数字的著录方式

《规则》（第二版）2.5.1.1 规定图书的页数用阿拉伯数字著录，多段页码亦如此，如 155，376，19 页；《CALIS 规则》5.2.1 规定页码数字依出版物上出现的形式著录，如 xxi，312，24 页。

修订建议：一些图书多段页码中的第一段页码常常用罗马数字标记，罗马数字比较复杂，因此建议《CALIS 规则》应像《规则》（第二版）那样，将多段页码图书中的罗马数字转换成阿拉伯数字进行著录。

10.1.5.2 叶的含义

《CALIS 规则》规定，若出版物只以单面编码时，特定资料标识可用"叶"，而《规则》（第二版）只是提到了载体形态的数量单位中有"叶"，并没有对"叶"的含义进行解释。笔者认为，"叶"的含义很多人不清楚，所以《规则》（第二版）应该像《CALIS 规则》那样，对"叶"的含义进行解释。

10.1.5.3　图书不著录页码著录成 1 册的情况

《CALIS 规则》和《规则》（第二版）分别对图书不著录页码而著录成 1 册的情况进行了规定。《CALIS 规则》规定，正文的段数最多著录为三段，超过三段时可只著录为 1 册；《规则》（第二版）规定，图书页数难以统计时，可著录为 1 册。

修订建议：正文的段数就算超过了三段，依然应该分别著录每段的页数，没必要著录为 1 册；像《规则》（第二版）规定的当图书难以进行页数统计时，著录为 1 册较为合理。

10.1.6　丛编项

10.1.6.1　并列丛编题名是否著录

《规则》（第二版）的 2.6.2 规定并列丛编题名需要著录，而《CALIS 规则》的 6.2 规定并列丛编题名可省略不著录。ISBD（统一版）6.2.1 对于并列丛编题名的著录规定如下。

如果丛编的正题名以多种语言出现在规定信息源上，则可以著录并列题名。如果对于识别有必要，或者认为对于目录的使用者重要，应该著录丛编的并列题名。

修订建议：并列丛编题名也是图书重要的识别信息，《CALIS 规则》应该像《规则》（第二版）和 ISBD（统一版）那样进行著录。

10.1.6.2　丛编责任说明是否著录

《规则》（第二版）的 2.6.4 规定，丛编责任说明一般不予著录，《CALIS 规则》的 6.2 规定，丛编的责任者可省略不著录。ISBD（统一版）6.4.1 则规定，如果丛编的正题名是通用术语，则第一责任说明是必备的。如果丛编责任说明对于识别丛编有必要，或者被认为对于目录的使用者重要，它们应予著录。

修订建议：丛编责任也是图书重要的信息，可以作为检索点，应予著录。未来《规则》（第二版）和《CALIS 规则》修订的时候，应增加对丛编责任说明的著录条文。

10.1.7 附注项修订建议

10.1.7.1 《规则》（第二版）特有的附注对象

《规则》（第二版）和《CALIS 规则》的附注对象主要是除附注项之外的另外的六大著录项目，但《规则》（第二版）特有而《CALIS 规则》没有的附注对象有如下几种：《规则》（第二版）2.7.1.1 图书性质、范围或艺术形式附注和 2.7.1.2 图书语种、改编或翻译附注。

修订建议：《CALIS 规则》应该补充图书性质、范围或艺术形式附注，图书语种、改编或翻译附注。

10.1.7.2 两者出版发行附注的内容不同

《规则》（第二版）出版发行附注的内容包括：（1）未在出版、发行项著录的其他出版发行事项等，（2）规定信息源中出版、发行文字有误。《CALIS 规则》出版发行附注的内容包括：（1）表明出版发行限制性文字的附注，（2）不同出版情况的附注。

修订建议：《规则》（第二版）和《CALIS 规则》出版发行附注的内容都是比较实际且重要的，应该互相补充。

10.1.8 标准编号和获得方式项修订建议

10.1.8.1 该项英语名称发生变化

该项在 2007 年 ISBD（预备版）以前的英语名称是 Standard number and terms of availability area，翻译为标准编号和获得方式项。2007 年的 ISBD（预备版）将英语名称改为 Resource identifier and terms of availability area，顾犇将其翻译为资源标识号和获得方式项。

修订建议：《规则》（第二版）于 2005 年出版，用的是原来名称的翻译"标准编号和获得方式项"。但《CALIS 规则》于 2011 年发行，却仍然用的

是标准编号和获得方式项，这就不合适了。两大规则在未来修订时，都应该
将本项翻译为资源标识号和获得方式项。

10.1.8.2　新版 ISBN 号图书产品代码 978 的著录问题

2007 年 1 月 1 日起，新版 ISBN 实行，新版 ISBN 由 13 位数字组成，分
为 5 段，即在原来的 10 位数字前加上 3 位 ENA（欧洲商品编号）图书产品
代码 978。因《规则》（第二版）是 2005 年出版的，其使用的是 10 位数的
ISBN 号，而 2011 年的《CALIS 规则》却没有将图书产品代码 978 添加到
ISBN 号中，这是一个不应有的遗漏。

10.2　《中国文献编目规则》（第二版）修订建议——基于 ISBD（统一版）和 AACR2R-2002 的视角

《中国文献编目规则》（第二版）于 2005 年出版，与 1996 年出版的《中
国文献编目规则》相比，做了很多修订。ISBD（统一版）于 2011 年发布，
是当前国际编目领域最新的标准。AACR2R-2002 是《英美编目条例》（第二
版）2002 年的修订版，是目前英语世界通行的编目标准。《规则》（第二版）
出版后，我国的图书馆事业得到了飞速的发展，特别是随着国际交流的增加
和国际编目规则的发展，其有些内容需要与时俱进。

国际标准书目著录的三大要素是著录信息源、著录项目和著录标识符，
因为几大规则在著录标识符方面没有明显区别，所以本节的比较就集中在著
录信息源和著录项目这两个方面。[①]

10.2.1　著录信息源选取的比较

著录信息源包括主要信息源和规定信息源。主要信息源是文献著录的首
选来源，如图书的题名页。规定信息源对文献的每一著录项目都规定了一个

---

① 曾伟忠，何乐.《中国文献编目规则》（第二版）与 ISBD（统一版）、AACR2R-2002 著录方
式比较［J］.图书馆建设，2015（6）：48-51.

或多个信息来源。各类型文献的著录项目均需以各自特定的规定信息源及其选取顺序作为著录依据。

10.2.1.1　主要信息源

AACR2R-2002 2.0B1 规定，专著的主要信息源是题名页，如果无题名页，则采用能提供最完整信息的文献部分，无论其是封面、正文第一页、版权页、逐页题名还是其他部分。

ISBD（统一版）虽未出现"主要信息源"这样的提法，但实际上始终贯穿着优先选择信息源的思想，对于图书，ISBD（统一版）规定，优先选择的信息源是题名页，如果没有题名页，就用代题名页。代题名页信息源的选择依据是哪一种信息源有最完整的信息。《规则》（第二版）规定，普通图书的主要信息源为题名页。

《规则》（第二版）的规定"主要信息源是题名页"虽然和另两个标准一致，但缺少了另两个标准所列出的如果图书没有题名页该如何处理的补充说明。一本图书没有题名页这样的主要信息源的话，最好要有一个如何选取其他信息源的提示，否则编目人员在众多其他信息源中不知选择哪一个。因此，《规则》（第二版）应该补充，"如果没有题名页，就用代题名页，并且选择信息源最完整的代题名页"。

10.2.1.2　规定信息源

对于题名和责任者项的规定信息源，《规则》（第二版）和 AACR2R-2002、ISBD（统一版）相同，即都是题名页或代题名页。但在版本项、出版发行项的规定信息源的选取上存在着差别。

AACR2R-2002 2.0B2 规定，专著的版本项和出版发行项的规定信息源是题名页、其他正文前书页、版权页。ISBD（统一版）规定，对于专著的版本项和出版发行项，规定信息源的优先顺序是题名页、其他正文前书页、书末出版说明、封面、资源的其余部分。

《规则》（第二版）规定，普通图书版本项和出版发行项的规定信息源的选取顺序是版权页、题名页。

与另外两个标准相比，《规则》（第二版）在版本项和出版发行项的规定信息源著录方面存在两点不同，一点是在顺序上将版权页放在首位，另一点是其规定信息源的数量少，只有两个。

版本项和出版发行项是识别文献的重要因素，由于出版物的版本或出版事项信息也常出现在非题名页上（如版权页、书末出版说明或封面），因此 AACR2R-2002 和 ISBD（统一版）除了仍将题名页作为首选来源外，还扩大至其他来源，即题名页没有出版信息时，可按规定顺序选择其他来源，而《规则》（第二版）却把版权页挪为首选信息源，把题名页列在后面，这显然与 ISBD（统一版）的规定相悖。

10.2.2　著录项目的比较

10.2.2.1　题名与责任者项

1. 无总题名的合订图书的正题名的著录

ISBD（统一版）规定，如果文献没有总题名，有一部作品是文献的主要部分，那么该作品的题名作为文献的正题名，其他作品的题名著录在附注项。

AACR2R-2002 1.1G1 也做出了相同的规定，对于无总题名文献，若其中一部作品是文献的主要部分，则以该作品题名为文献正题名，其他作品入附注项。而《规则》（第二版）规定，由两个或两个以上著作组成的无总题名的图书，按规定信息源所题顺序依次著录。

这里《规则》（第二版）和 ISBD（统一版）的区别是，对于合订文献，没有将有主要部分的合订文献的著录方式区别对待。

2. 组合文献的一般文献类型标识的著录

对于图书和其他类型文献的组合文献的一般文献类型标识的著录，ISBD（统一版）规定，一般文献类型标识用于主要组成部分；如果没有主要组成部分，则著录为"多媒体资源"。AACR2R-2002 2.1C2 规定，如果文献有多种资料类型，但没有一种是文献的主要组成部分，则著录成"多媒体"或"成套资料"。而《规则》（第二版）规定，普通图书与其他类型文献处于同一目录体系时，可在正题名之后著录一般文献类型标识，并置于方括号内。

对于图书和其他类型文献的组合文献，《规则》（第二版）和 ISBD（统一版）的区别在于 ISBD（统一版）将一般文献类型标识放在主要组成部分之后，这个主要组成部分不一定是图书，而《规则》（第二版）规定将一般文献类型标识著录在图书后，这里存在着比较大的区别。

3. 多种责任方式的著录

对于多种责任方式而放在附注中著录的责任者，ISBD（统一版）提到了两个依据，一是"根据判断起次要作用的个人或团体可以著录在附注项"（1.5.2），二是"出现在资源上但不出现在规定信息源上的与附录和其他补充资料相关的责任者说明可以著录在附注项"。

AACR2R-2002 1.1F6 规定，对于多个责任说明，按主要信息源上的次序转录。

《规则》（第二版）1.1.5.3 规定，著录不同责任方式，一般按规定信息源所题顺序不超过四种，其余可在附注项说明。而 2.1.5.4 提到不超过四种，却没有提到可在附注项中说明。

这里可以看出，《规则》（第二版）和 ISBD（统一版）的差别是，ISBD（统一版）将起次要作用的责任者放在附注项著录，而《规则》（第二版）将第五种及后面的责任方式放在附注项。《规则》（第二版）应该修改，不能简单地按责任方式的序数，而应按重要程度来决定其他责任方式的著录位置。

10.2.2.2 版本项

ISBD（统一版）除了有一般的版本说明之外，还设置了地理版（如海外版、国际版）、特殊兴趣范围版（如经理版、少年版）、特殊格式版（如缩微版、CD-ROM 版）和语言版（英语版、中英文对照版、日语版）等。

而《规则》（第二版）规定，对于有关内容特征、体裁特征和适用范围的说明文字，如缩写本、绘画本、英汉对照本、通俗本、校点本、节选本、图文版、少年版、科学版等一般不著录于版本项。

这里可以看出，ISBD（统一版）和《规则》（第二版）在版本项著录上的差异源于对版本这一概念认识上的差异。ISBD（统一版）认为，版本包括根据同样的原始信息制作、由同一个机构或一组机构或一个个人发布的、一种资源的所有复本。在这样的认识下，ISBD（统一版）的版本范围就比较大，《规则》（第二版）没有对版本的概念进行描述，但根据以上信息，《规则》（第二版）的版本的范围大大小于 ISBD（统一版）。

10.2.2.3　出版发行项

1. 出版地信息有误的著录

对于应订正的出版地信息，ISBD（统一版）规定，已知出版地有误时，仍按其所载照录，但应于方括号中予以订正或在附注中说明。对于出版地信息有误的著录，AACR2R-2002 没有说明。

《规则》（第二版）规定，规定信息源所载出版、发行地有误，依原样照录，同时在附注项说明。

与在附注项中说明相比，像 ISBD（统一版）那样在方括号中予以订正更直接和简洁，且不会发生遗漏，如上海［应为北京］：人民出版社。

2. 出版年信息有误的著录

对于出版年信息有误的情况，ISBD（统一版）规定，已知出版物所载年代有误时，仍按其所载照录，但应于方括号中予以订正。例如，1679［i.e.1967］，更正年前冠以 i.e.（即）。AACR2R-2002 的规定和举例与 ISBD（统一版）相同。

《规则》（第二版）规定，规定信息源所载出版年有误，依原样照录，并在附注项说明正确出版年。

在附注项说明正确出版年不如在后冠方括号中说明那么直接和醒目。如果读者疏于检查附注项，就不会发现错误的出版年，但是用 i.e.（即）也不合适，建议改为“应为”，如以上 1679［i.e.1967］可以改为 1679［应为 1967］。

10.2.2.4　载体形态项

1. 图书中多段页码的著录

对于单本图书包含多个序列的页码，ISBD（统一版）规定，如果其中一个序列明确是主要序列，则著录该序列的数量，在方括号中适当著录前后其他序列的总的页码，如 400，[98] p，而不著录为 400，18，60，20p。AACR2R-2002 2.5B8 中也规定著录主要编码段的页数，并将其余各段编码的总数置于方括号内。

而《规则》（第二版）规定，图书有多段页码且各超过 10 页时，分段著录，各段页码前用逗号标识，如 155，376，19 页。

2. 图的颜色特征及插图中部分彩图的著录

ISBD（统一版）规定，对于视觉文献要著录文献的颜色特征，用缩略词"col."（彩色）和"b&w"（黑白）来区分，如果文献既有彩色序列又有黑白序列，应如实著录。

而《规则》（第二版）没有这方面的规定。

ISBD（统一版）规定，如果插图中只有一些是彩色的，其说明信息要著录在括号中，如插图（部分彩图），31 张地图（部分彩图）。AACR2R-2002 与 ISBD（统一版）相同，还增加了"彩图为主"和"插图数量"的著录，如"chiefly col.（彩图为主）"和"48 ill.（插图）"。

而《规则》（第二版）的规定没有将插图中的彩图部分的著录区别开来。另外，《规则》（第二版）43 页 2.5.2.1 下的例 4 后出现了一处错误，"图版"应改为"图表"。

3. 图书尺寸所用文字的著录

ISBD（统一版）规定，出版物的尺寸用厘米表示，缩写为 cm。AACR2R-2002 对尺寸著录的表述与 ISBD（统一版）相同。ISBD（统一版）和 AACR2R-2002 都明确规定了各个著录项目的语言文字，如载体形态项"著录时采用国家书目机构所选用的语言和 / 或字体"。因此，国内中文编目应使用汉语文字表述该项目。而《规则》（第二版）规定页码和插图用中文、尺寸用英文是令人费解的。cm 是英文 centimeter（厘米）的缩写，ISBD（统一版）的英文原版本自然要用 cm 表示尺寸，但这并不意味着使用不同语言文字的编目机构也必须用英文。

10.2.2.5　丛编项

1. 丛编责任说明是否需要著录

ISBD（统一版）规定，丛编、分丛编的第一责任说明是必备的，如果第一责任和后续责任对于识别丛编和分丛编有必要，它们应予著录。AACR2R-2002 1.6E1 规定，当需要识别丛编题名和丛编责任说明是否存在关联时，需要著录。

《规则》（第二版）规定，丛编责任说明一般不予著录。

丛编责任说明是个非常重要的著录单元，一般情况下需要著录。

2. 丛编编号的著录

ISBD（统一版）规定，对于丛编编号，应用阿拉伯数字替代其他数字或用文字表示的数字，可以使用缩略词，它们与"期"或"部分"的标识一起著录，如果编号同时包含罗马数字和阿拉伯数字，应按其出现形式转录。对于丛编编号的著录，AACR2R-2002 1.6G1 和 ISBD（统一版）有相同的规定。

《规则》（第二版）规定，丛编编号用阿拉伯数字著录。

这里的区别是，ISBD（统一版）对丛编编号著录的缩略词包含了序数词和量词，而《规则》（第二版）规定的阿拉伯数字只是基数词，没有对丛编编号的序数词和量词进行相应的规定，这是不全面的。

10.2.2.6　附注项

1. 附注著录的顺序及组合

ISBD（统一版）规定，除非有某种方式表示，附注的呈现顺序是可选的，两个或更多的附注可以成为一个附注。

AACR2R-2002 2.7B 规定，按以下分规则及其次序做附注，如果某一附注特别重要，则先著录此附注。

《规则》（第二版）规定，若有多项附注内容，按顺序依次著录。

综上，《规则》（第二版）没有规定附注项的著录顺序可以调整，也没有规定可以将多项附注进行组合放在一起著录。而现在的 CNMARC 附注项多达35项，容易出现错误，将 CNMARC 的附注项进行合并是一个改革的思路。

2.一种文献和其他文献之间关系的附注的著录

ISBD（统一版）规定，一种文献和其他文献关系的附注形式有翻译、复制件、不同版本、带有补编的文献、补编的主要文献等。

《规则》（第二版）没有规定一种文献和其他文献关系的附注，但在2.7.1.5 使用了"版本和书目沿革附注"，这个名称来自 AACR2R-2002。笔者认为，"版本和书目沿革附注"这个名称不大妥当，没有将文献和文献之间关系的附注表达清楚，"书目沿革"这个概念太小，不能反映文献之间的关系，至少也应该是"文献沿革附注"或者像 ISBD（统一版）那样改为"文献关系附注"。

10.2.2.7　标准编号和获得方式项

1.错误标准编号的著录

ISBD（统一版）规定，如果标准编号印刷错误，则应著录正确的标准编号，并且附加术语"corrected"（纠正）在括号中，无效的标准编号按其出现的形式著录，其后在括号中加说明语"invalid"（无效）。

AACR2R-2002 1.8B4 规定，印在文献上的标准编号有误，则著录正确的标准编号，并且加"corrected"（纠正）。

《规则》（第二版）规定，国际标准书号有误，照样著录。若同时标有正确书号和错误书号，则先著录正确书号，后著录错误书号，在其后圆括号内注明"错误"字样，错误书号前用项目标识符。

《规则》（第二版）在这里存在两个问题，一个问题是对于错误的国际标准书号的处理没有与 ISBD（统一版）保持一致，就是没有在正确的标准编号后做标记（纠正）。另一个问题是《规则》（第二版）的附注项里没有专门的标准编号附注，当一种文献出现多个国际标准书号时，不宜都著录在标准编号和获得方式项，而 ISBD（统一版）有标准编号附注项。

2.国际标准书号后限定词的著录位置

ISBD（统一版）规定，国际标准书号的限定词著录在国际标准书号后，获得方式 / 价格的限定词著录在获得方式 / 价格后。

而《规则》（第二版）2.8.3.1 将装帧、卷册编号这样的限定说明文字的著录位置没有在国际标准书号和获得方式 / 价格之间区分，将装帧限定说明著录于定价后了，如例 2，ISBN 7-228-08387-3：CNY110.00，CNY180.00（精装）。

从以上的比较可以看出，《规则》（第二版）和 ISBD（统一版）之间在一些方面的著录方式存在着区别，而且有的方面还相当明显，为了和国际编目界更好地接轨以及使著录更加科学、合理，《规则》（第二版）需要对有些方面进行修订。

10.3 《中国文献编目规则》（第二版）文献特殊细节项著录方式的完善建议——基于 ISBD（统一版）和 AACR2R-2002 的视角

文献特殊细节项是文献著录八大项目之一，关于文献特殊细节项的概念，国内众多编目书籍都没有给出明确的描述，ISBD（统一版）虽然也没有给出明确的定义，但其 133 页的解释"文献特殊细节项包含特定资料类别或特定资源类型所特有的数据"，有助于我们正确理解文献特殊细节项的功能。[1]

文献特殊细节项主要应用于测绘制图资料、乐谱、连续性资源和电子资源中，《规则》（第二版）在总则和分则中都对文献特殊细节项的著录方式进行了规定。笔者将其和 2011 年发布的 ISBD（统一版）及 AACR2R-2002 相比，发现《规则》（第二版）在总则和分则中文献特殊细节项的著录方式方面存在一些瑕疵，因此相应地提出了一些完善的建议。

---

[1] 曾伟忠 .《中国文献编目规则》（第二版）文献特殊细节项著录方式探究——基于 ISBD（统一版）和 RDA 的视角 ［J］. 图书馆理论与实践，2016（6）：64-67.

10.3.1 《规则》（第二版）第一章总则文献特殊细节项著录方式需要完善之处

10.3.1.1 没有对组合类型文献的特殊细节项的著录方式进行说明

这里的组合类型文献是一种特殊类型文献和另一种特殊类型文献的组合，如地图连续出版物既是地图又是连续出版物，是地图和连续出版物的组合。对于组合类型义献的特殊细节项的著录方式，ISBD（统一版）第 133 页的引言部分给出了著录方式和例子。ISBD（统一版）规定，对于组合类型文献，首先应著录资源内容的特殊细节项（如地图的比例尺信息或乐谱的格式说明信息），然后再著录连续出版物的特殊细节项（如编号信息）。

例如，. — Scale 1：250000; universal transverse Mercator proj. — No.1（1970）-

AACR2R-2002 3.3G 和 ISBD（统一版）有同样的规定，并有举例。

Scale differ. — Feb. 28-Mar. 6, 1983-Nov. 12-18, 1984

而《规则》（第二版）总则 1.3 文献特殊细节项没有提到组合类型文献的特殊细节项的著录方式。

10.3.1.2 举例不完整

对于文献特殊细节项的应用，《规则》（第二版）总则在第 14 页的 1.3.1 文献特殊细节中提到，文献特殊细节项用于著录连续性资源的卷期（年月）标识和测绘制图资料、乐谱、电子资源等特定文献类型的特殊记载事项。不过在该节后面的举例中，《规则》（第二版）只对连续性资源、测绘制图资料和乐谱的特殊细节著录方式举了例，却没对电子资源的特殊细节著录方式举例。笔者认为，在数字时代，需要著录的电子资源的数量远远超过了测绘制图资料和乐谱，所以应该在总则中对电子资源特殊细节的著录方式举例说明。

10.3.2 《规则》(第二版) 测绘制图资料特殊细节项著录方式
需要完善之处

10.3.2.1 没有对测绘制图资料推算比例尺的应用进行说明

《规则》(第二版) 测绘制图资料 6.3.1 在对比例尺著录方式的说明中，说明的都是附有准确比例尺的地图的著录方式，而现实中，很多情况下需要对测绘制图资料的比例尺进行推算。《规则》(第二版) 没有对比例尺需要推算情况下的著录方式进行说明，ISBD (统一版) 和 AACR2R-2002 都对推算比例尺的著录方式进行了说明。

ISBD (统一版) 3.1.1.5 规定，如果没有数字或文字的比例尺说明，则分数比例尺根据图解比例尺、经纬网或坐标方格推导，或者通过比较已知比例尺的地图推导。这时，分数比例尺外加方括号。

例如，. — Scale［ca. 1：277740］

. —缩尺［约 1：432000］

AACR2R-2002 3.3B1 规定，如信息源无比例尺说明，可以从条形图或网格上做比较，著录一个描写的分数式，并置于方括号内，其前加 "ca."（大约）。3.3B1 还规定，如需著录一张无比例尺的地图，可以与一张已知比例的地图做比较，著录推算比例尺，并置于方括号内，其前加 "ca."（大约）。

10.3.2.2 投影说明方括号位置著录失误

《规则》(第二版) 第 121 页中的 6.3.2.1 规定，规定信息源没有投影说明，如果确有必要，可推测或考证著录，并置于方括号内，而其后与此对应的例 2 却错误地将方括号括在 "比例尺" 前后。

例 2：. —［1：4000000］；等积圆锥投影

这里应将方括号的位置移后，括在投影说明 "等积圆锥投影" 前后。

10.3.2.3 没有对地图坐标的著录顺序进行说明

ISBD (统一版) 和 AACR2R-2002 都对地图坐标的著录顺序进行了规定，如 ISBD (统一版) 3.1.3.2 规定，对于地球地图，坐标按如下顺序著录：地图资源的最西范围（经度）、地图资源的最东范围（经度）、地图资源的最北范围（纬度）、地图资源的最南范围（纬度）。而《规则》（第二版）6.3.3.2 没有对地图坐标的著录顺序进行说明。

10.3.3 《规则》（第二版）乐谱特殊细节项著录方式需要完善之处

10.3.3.1 没有说明乐谱特殊细节的具体含义

《规则》（第二版）7.3.1 乐谱特殊细节没有说明乐谱中的什么内容构成乐谱特殊细节，虽然举了两个例子（总谱、钢琴伴奏谱），这样就容易使编目人员将乐谱特殊细节和乐谱载体形态混淆。ISBD（统一版）3.2 对此有明确的规定，即乐谱特殊细节就是乐谱格式说明，乐谱的物理单位著录在载体形态项。

10.3.3.2 并列乐谱说明性文字位置不当

《规则》（第二版）将并列乐谱说明性文字"乐谱具有多个不同文种的特殊细节，应著录与正题名文种相同的乐谱特殊细节"放在 7.3.1 乐谱特殊细节下，这是明显不妥的，应该放在 7.3.2 并列乐谱特殊细节下作为说明性文字。

ISBD（统一版）将类似的说明性文字放在 3.2.2 并列乐谱格式说明下。

10.3.3.3 并列乐谱特殊细节举例不当

《规则》（第二版）在 7.3.2 并列乐谱特殊细节下将"小总谱 = Miniature score"作为例子，这个举例是不妥当的。小总谱是总谱在规模上的缩减，不属于不同语言文字的乐谱范畴，因此不能将其作为并列乐谱特殊细节的例子。ISBD（统一版）将 Miniature score（小总谱）的例子放在 3.2.1.1 乐谱格式说明的例子下，而没有将其放在 3.2.2 并列乐谱格式说明例子下。

10.3.4 《规则》(第二版)连续性资源特殊细节项著录方式需要完善之处

10.3.4.1 缺乏对报纸和年鉴特殊细节著录方式的说明

报纸也是一种重要的连续性资源,其特殊细节著录方式也应该得到重视。《规则》(第二版)在报纸特殊细节的著录方式方面却缺乏必要的说明,只是在 11.3.0 的序则有一句话说明和 11.3.1.1 的例 3 举了一个例子。

《规则》(第二版)在第 11 章连续性资源中绝大多数内容都是关于期刊著录方式的说明,没有提及年鉴的著录方式,当然对年鉴特殊细节著录方式也没有提及。作为连续性出版物之一的年鉴,其特殊细节著录方式也应该提及。

10.3.4.2 缺乏对没有第一册信息的停止出版的连续出版物特殊细节著录方式的说明

对于停止出版的连续出版物特殊细节的著录方式,AACR2R-2002 12.3F1 将其分为两种情况,并分别举了例子。第一种情况的著录方式是,先著录第一册的标识,后著录最后一册的标识。第二种情况的著录方式是,如果没有第一册的信息,只著录最后一册的标识。对于第二种情况的著录方式,AACR2R-2002 12.3F1 举例如下:

-v. 10, no. 12 (Dec. 1995)

需要引起注意的是,这里没有用 "Vol." 来表示 "卷",而是用的 "v."。

《规则》(第二版)在 11.3.0.2 结构形式这个小节中,详细列举了期刊卷、期、年、月的各种情况的著录方式,却遗漏了以上第二种情况的著录方式,即没有第一册的信息只著录最后一册的标识的著录方式。因此,《规则》(第二版)11.3.0.2 需要补充这种情况的著录方式。

10.3.5 《规则》（第二版）电子资源特殊细节项著录方式需要完善之处

10.3.5.1 对于多文件数据或程序没有分别著录单个文件的大小

数据或程序所包含的文件有单个或多个两种形式。一般来说，多文件数据或程序中的每个文件都有独立的功能，因此也都有独自的语句数或字节数。在对多文件数据或程序中单个文件的大小进行著录时，应该分别著录，而《规则》（第二版）13.3.2.2 的例 4（2 个文件：1.6Mb）、13.3.2.3 的例 1（2 个文件：2Mb 字节）和例 3（7 个文件：6700 记录）、13.3.2.4 的例 2（2 个文件：约 3000 行语句）却将其累计著录，这是不科学的，应该对每个文件的字节数或记录数分别著录。另外需要补充说明的是，《规则》（第二版）13.3.2.3 例 3 中"6700 记录"遗漏了量词"条"。

AACR2R-2002（9.3B2 c）专门用一小节列示了多文件数据或程序的著录方式，其所有的多文件数据或程序都是分别著录单个文件的大小的。

例如，Electronic data（3 files：100，460，550 records）。

10.3.5.2 电子资源字节数量单位著录不规范

《规则》（第二版）13.3.2.2 对电子资源字节数量单位的著录方式有这样的规定，字节数可按信息源出现的不同形式著录（如"兆字节""MB""Mb"）。笔者认为，数量单位的著录既可采用中文又可采用英文的规定是不科学的。字节数量单位的著录应该统一使用一种语言，因为国内外编目规则对一种事物的数量著录单位都只有一种，正如中文文献或英文文献的页码的数量著录单位不能既可采用"页"又可采用"p"，所以《规则》（第二版）对字节的数量单位的著录应该从"兆字节""MB"和"Mb"中确定一种。

另外，《规则》（第二版）13.3.2.3 的例 1 中的"2Mb 字节"和例 2 中的"1.5Mb 字节"出现了重复著录的错误，b 是 byte 的缩写，意思就是字节，以上著录方式中"b"与"字节"重复，所以应该将"2Mb 字节"和"1.5Mb 字节"中的"字节"删去。

10.4　我国文献编目规则著录信息源条文的修订建议

　　文献编目规则的三大著录要素是著录信息源、著录标识和著录项目。目前我国文献编目规则主要有《中国文献编目规则》及其第二版、CALIS《中文图书著录规则》和 GB/T 3792.2 85/2006《普通图书著录规则》。国内编目界对这三种规则的著录项目进行了广泛深入的研究，提出了很多中肯的修订建议，这些建议促进了我国文献编目规则的发展，但这三种编目规则著录信息源条文存在的问题却很少有人进行全面、细致的研究。以图书为例，本节通过仔细研读 ISBD（M）和 ISBD（统一版），指出我国文献编目规则著录信息源条文存在的不足。本节内容旨在为我国文献编目规则著录信息源条文未来的修订工作提供一些有价值的参考意见。[①]

10.4.1　ISBD（M）和 ISBD（统一版）著录信息源条文

　　ISBD 是国际图联颁布的国际书目著录标准，也是制定我国文献编目规则最重要的依据。

10.4.1.1　ISBD（M）著录信息源条文

　　ISBD（M）是 ISBD 系列中关于图书著录方式的专辑，1974 年出版第一版，中间经过 1978 年和 1987 年的两次修订后，2002 年再次进行了修订，这里以 2002 年的修订版为蓝本。

　　ISBD（M）著录信息源条文在第 0.5 节，该节首先提纲挈领地点明了所有类型图书著录的信息来源：根据以下条款，出版物的著录信息来自题名页和其他著录项所对应的规定信息源。随后 ISBD（M）第 0.5 节将著录信息源条文分为信息选取顺序和规定信息源两个部分进行了阐述。

　　1. 信息选取顺序

　　ISBD（M）第 0.5.1 节分别对单卷书、多卷书、无总题名页图书和缺题

---

① 曾伟忠. 我国文献编目规则著录信息源条文存在的问题述评——以图书为例［J］. 图书馆学研究，2018（4）：67-72.

名页图书等各类型图书的题名页的选取顺序做了细致的规定。

2. 规定信息源

ISBD（M）第 0.5.2 节列表对图书的每个著录项目列出了规定信息源，如表 10-3 所示；同时 ISBD（M）还规定，信息来源于非规定信息源时，需加方括号及在附注项中说明。

表 10-3　ISBD（M）Prescribed sources of information

Area	Prescribed sources of information
Title and statement of responsibility	Title page
Edition	Title page, other preliminaries and colophon
Publication, distribution, etc.	Title page, other preliminaries and colophon
Physical description	The publication itself
Series	Title page, other preliminaries, cover, spine, and colophon
Note	Any source
Standard number and terms of availability	Any source

表 10-4 是对表 10-3 的翻译。

表 10-4　ISBD（M）著录项目的规定信息源

著录项目	规定信息源
题名和责任说明项	题名页
版本项	题名页、其他序页、书末出版说明
出版发行项	题名页、其他序页、书末出版说明
载体形态项	出版物本身
丛编项	题名页、其他正文前书页、封面、书脊、书末出版说明
附注项	任何来源
标准号和获得方式项	任何来源

评述：从以上 ISBD（M）著录信息源的条文可以看出，ISBD（M）的信息选取顺序和规定信息源是一致的，即题名页是所有著录项目规定信息源的首选。另外，从表 10-4 可以看出，版权页没有作为著录信息源的一个专有名词，更没有置于题名页之前。

10.4.1.2　ISBD（统一版）

ISBD（统一版）将所有类型的文献著录方式集中进行了阐述，其著录信息源条文分为著录基础、优先信息源和规定信息源三个部分。

1. 著录基础

具体内容略。

2. 优先信息源

ISBD（统一版）第 A.4.2 节将 ISBD（M）中的信息选取顺序改成了优先信息源，第 A.4.2.1 节规定印刷资源的优先信息源是题名页或代题名页。

对单卷图书的题名页信息选取，ISBD（统一版）将 ISBD（M）中的卷题名页改成了分析题名页。

对多卷图书的题名页信息选取，ISBD（统一版）将 ISBD（M）中的第一卷题名页改成了共同题名页。

3. 规定信息源

ISBD（统一版）图书著录规定信息源的条文分散在各个著录项目中，与 ISBD（M）的图书著录信息源条文相比，没有发生什么变化。

10.4.2　《中国文献编目规则》及其第二版著录信息源条文

10.4.2.1　《中国文献编目规则》著录信息源条文

《中国文献编目规则》由广东人民出版社于 1996 年出版，该规则中图书著录信息源条文分为以下两个部分。

1. 主要信息源

普通图书的主要信息源是书名页和版权页。无书名页和版权页的，依次根据封面、书脊、序言、后记、出版说明等处著录，亦可参考图书之外有关信息著录。

评述：这是国内最早将 ISBD（M）中的 Order of preference of sources 翻译为主要信息源的编目规则。笔者认为，主要信息源这种翻译表述不到位，不能正确反映图书著录信息应按顺序选取的要求，所以 Order of preference sources 应该改译为信息选取顺序。另外，如果此处的主要信息源不是误译，那么设置主要信息源条文就是多余的了，因为规定信息源的设置就已经体现出什么信息是图书的主要信息源了。

2. 规定信息源

《中国文献编目规则》图书著录项目的规定信息源如表 10-5 所示。

表 10-5 《中国文献编目规则》图书著录项目的规定信息源

著录项目	规定信息源
题名和责任说明项	书名页或版权页、封面
版本项	版权页或书名页、封面、出版说明等处
出版发行项	版权页或书名页、封面、出版说明等处
载体形态项	整部图书及附件
丛书项	整部图书
附注项	任何信息源
标准号和获得方式项	任何信息源

评述：这也是国内最早将版权页置于题名页或书名页之前作为版本项和出版发行项首选信息源的编目规则，这种处理方法偏离了 ISBD（M）的规定。另外，版权页作为首选信息源也违背了 ISBD（M）在著录信息选取顺序中规定的将题名页作为首选信息源的原则。

10.4.2.2 《中国文献编目规则》（第二版）著录信息源条文

2005 年出版的《中国文献编目规则》（第二版）是对 1996 年出版的《中国文献编目规则》的修订，该规则著录信息源条文同样分为以下两部分。

1. 主要信息源

普通图书的主要信息源为题名页。

评述：《中国文献编目规则》（第二版）在主要信息源这个问题上没有将以上笔者所阐述的《中国文献编目规则》存在的不当之处改正过来。

2. 规定信息源

《中国文献编目规则》（第二版）对图书著录项目的规定信息源进行了列表，如表 10-6 所示。

表 10-6 《中国文献编目规则》（第二版）图书著录项目的规定信息源

著录项目	规定信息源
题名和责任说明项	题名页或代题名页
版本项	版权页、题名页
出版发行项	版权页、题名页
载体形态项	整部图书及附件
丛编项	题名页、版权页、封面、书脊、封底
附注项	任何信息源
标准编号与获得方式项	版权页、图书其余部分

评述：《中国文献编目规则》（第二版）中图书版本项和出版发行项的规定信息源，依然将版权页放在题名页前，没有和 ISBD（M）保持一致。另外，在标准编号与获得方式项，也将版权页作为首选信息源，这也不符合 ISBD（M）的规定。

10.4.3　CALIS《中文图书著录规则》著录信息源条文

CALIS《中文图书著录规则》来自 CALIS 联机合作编目中心 2011 年发行的《CALIS 中文图书编目业务培训教材》。本书对比了 CALIS 联机合作编目中心 2006 年发行的《CALIS 中文图书编目业务培训教材》，发现在著录信息源条文这一块没有任何改动。

CALIS《中文图书著录规则》没有采用主要信息源方面的内容，也没有信息选取顺序方面的内容，而是在著录的七个大项的开头处分别按顺序列出了规定信息源。本节将其每个著录项目的规定信息源进行了整理，具体如表 10-7 所示。

表 10-7　CALIS《中文图书著录规则》著录项目的规定信息源

著录项目	规定信息源
题名和责任说明项	题名页
版本项	题名页、其他序页、书末出版说明
出版发行项	题名页、其他序页、书末出版说明
载体形态项	出版物本身
丛编项	题名页、其他序页、书末出版说明
附注项	任何来源
标准编号与获得方式项	任何来源

　　注：CALIS《中文图书著录规则》第 2.1 节对"其他序页"的具体内容做了说明，即其他序页包括题名页对面或反面、题名页前的各页和封面 / 封底 / 封里 / 里封底。

　　评述：CALIS《中文图书著录规则》没有采用《中国文献编目规则》中的主要信息源的做法是合理的，因为 ISBD（M）和 ISBD（统一版）都没有主要信息源这项内容。在图书著录项目信息选取的实际工作中，也不需要主要信息源这个概念。此外，在著录项目规定信息源的设定方面，CALIS《中文图书著录规则》和 ISBD（M）保持了一致。

　　CALIS《中文图书著录规则》虽然没有将信息选取顺序作为一个小节专门列出，但其 1.1 节规定信息源有这方面的相关内容。

10.4.4　GB/T 3792.2《普通图书著录规则》著录信息源条文

　　GB/T 3792.2《普通图书著录规则》是我国文献编目领域的国家标准，包括 1985 年发布的 GB/T 3792.2—85《普通图书著录规则》和 2006 年发布的 GB/T 3792.2—2006《普通图书著录规则》。

10.4.4.1　GB/T 3792.2—85　《普通图书著录规则》著录信息源条文

　　GB/T 3792.2—85《普通图书著录规则》第 9 节著录信息源条文比较简单，各著录项目的主要来源如下：

　　（1）书名与责任者项——书名页，无书名页为版权页、封面、序言、后记；

（2）版本项、出版发行项、丛书项——书名页、版权页；

（3）载体形态项、附注项、提要项、排检项——整本图书。

评述：GB/T 3792.2—85《普通图书著录规则》在著录信息选取顺序上，其书名页和 ISBD（M）的题名页是一致的，都是首选信息源。不同的是，GB/T 3792.2—85《普通图书著录规则》将版权页作为第二信息源。

10.4.4.2　GB/T 3792.2—2006　《普通图书著录规则》著录信息源条文

GB/T 3792.2—2006《普通图书著录规则》著录信息源条文分为以下两个部分。

1. 主要信息源

单卷出版物应选择所编出版物专用的题名页（如对丛编中的一卷，应是该卷的题名页；对一复印本，应是附有复印说明的题名页）。

多部分出版物的各部分均有一个题名页时，应选择第一部分的题名页。

评述：以上内容是对前文 ISBD（M）第 0.5 节的翻译，笔者认为，GB/T 3792.2—2006《普通图书著录规则》将 Order of preference of sources 翻译为主要信息源的选择是不准确的，此外还有几个地方的翻译不到位，以上内容应翻译为：

信息选取顺序

当单卷出版物有多个题名页时，应选择所编出版物针对的题名页（如对丛编中的一卷，应是该卷的题名页；对一复印本，应是附有复印说明的题名页）。

多卷出版物的各卷均有一个题名页时，应选择第一卷的题名页。

2. 规定信息源

GB/T 3792.2—2006《普通图书著录规则》著录项目的规定信息源如表10-8 所示。

表 10-8 GB/T 3792.2—2006《普通图书著录规则》著录项目的规定信息源

著录项目	规定信息源
题名和责任说明项	题名页（或代题名页）
版本项	题名页、版权页
出版发行项	版权页、题名页
载体形态项	出版物本身
丛编项	题名页、版权页、封面、书脊、封底
附注项	任何信息源
标准号和获得方式项	版权页、出版物其余部分

评述：GB/T 3792.2—2006《普通图书著录规则》规定信息源与 ISBD
（M）的区别在于将版权页作为出版发行项、标准号和获得方式项的首选信
息源。

综上所述，我国文献编目规则著录信息源条文中，只有 CALIS《中文图
书著录规则》大致和 ISBD（M）及 ISBD（统一版）保持了一致，其他规则
都存在两个主要问题：一是将 Order of preference of sources 误译为主要信
源，二是版本项、出版发行项、标准号和获得方式项的规定信息源将版权页
置于题名页之前。

10.5 《中国文献编目规则》(第二版）电子资源与 ISBD (ER)、ISBD（统一版）著录方式比较及修订 建议

随着信息技术的迅猛发展，电子资源作为一种新型的信息载体，因其
内容丰富多彩、传播迅速快捷、占用空间小、存储量大、方便保存等特
点，越来越成为图书情报机构不可或缺的重要馆藏资源，其在馆藏中所占
比例越来越大。电子资源的著录方式也越来越引起我国和国际编目界的重
视，目前我国电子资源著录方式的条文主要是《中国文献编目规则》(第二
版）[以下简称《规则》(第二版)] 第十三章电子资源，该条文主要译自
1997 年出版的 International Standard Bibliographic Description for Electronic

Resources，即 ISBD（ER）。国际图联于 2011 年发布的 ISBD（统一版）将各种文献的著录方式集中进行了阐述，电子资源著录方式也在其中。笔者通过对《规则》（第二版）和 ISBD（ER）及 ISBD（统一版）进行仔细的比较，发现《规则》（第二版）电子资源著录方式的条文存在一些不足。本节内容旨在为我国文献编目规则电子资源著录方式条文未来的修订工作提供一些有价值的参考意见。①

10.5.1 著录信息源的比较

10.5.1.1 主要信息源

《规则》（第二版）13.0.5.1 的标题是"主要信息源"，这个称呼不妥。ISBD（ER）0.5.1 的标题是 Order of preference of sources，ISBD（统一版）A.4.2 的标题是 Preferred sources of information，另外《规则》（第二版）13.0.5.1 的内容也是讲述电子资源著录信息源选取的优先顺序的。因此，《规则》（第二版）13.0.5.1 的标题"主要信息源"应改为"信息源的优先顺序"。

10.5.1.2 规定信息源

ISBD（ER）0.5.2 列出了电子资源各著录项目规定信息源的选取顺序，表 10-9 列出了其中的题名与责任说明项、版本项的规定信息源，表 10-10 是《规则》（第二版）列出的规定信息源的选取顺序。从这两个表可以看出，《规则》（第二版）的规定信息源存在两点不足。

表 10-9　ISBD（ER）Prescribed sources of information

Area	Prescribed sources of information
1. Title and statement of responsibility	Internal sources, labels on the physical carrier, documentation, containers, or other accompanying material
2. Edition	Internal sources, labels on the physical carrier, documentation, containers, or other accompanying material

---

① 曾伟忠，刘琼琼 .《中国文献编目规则》（第二版）电子资源与 ISBD（ER）、ISBD（统一版）著录方式的比较［J］. 图书馆理论与实践，2019（6）：71-73，79.

表 10-10 《规则》（第二版）电子资源著录项目的规定信息源

著录项目	规定信息源
题名与责任说明项	内部信息源、物理载体上的标签、说明性资料、容器或其他附件
版本项	记载有版权信息的内部信息源或外部载体

第一点不足是《规则》（第二版）13.0.5.2 版本项的规定信息源为"记载有版权信息的内部信息源或外部载体"，这与 ISBD（ER）0.5.2 版本项的规定信息源完全不同，不能清晰地反映版本项规定信息源的选取顺序。

第二点不足是《规则》（第二版）13.0.5.2 将分号改成了顿号，这就导致了规定信息源著录顺序层次性的缺失。

10.5.2　题名与责任说明项的比较

10.5.2.1　规定信息源有多种语言或文字的题名时正题名的选择

ISBD（ER）1.1.3.1 规定，当规定信息源有多种语言或文字的题名时，正题名应选择与正文语种相同的语言；而《规则》（第二版）13.1.1.4 规定，规定信息源有多种语言或文字的题名时，优先选择中文题名作为正题名。

笔者认为，正题名应选择与正文语种相同的语言，同时在 5×× 相关题名块著录中文题名设置检索点。

10.5.2.2　规定信息源有相同语言的多个题名时正题名的选择

当规定信息源有相同语言的多个题名时正题名的选择方式，《规则》（第二版）13.1.1 没有说明；而 ISBD（ER）1.1.3.1 规定，当规定信息源有相同语言的多个题名时，根据版式或题名的顺序选择正题名。

10.5.3 版本项的比较

10.5.3.1 版本发生变化但规定信息源没有进行相应说明时版本项的著录

ISBD（ER）2.1.3 规定，当版本发生变化但规定信息源没有相应说明时，应该添加合适的版本说明，并置于方括号内，如［New ed.］［Apr. 1995 issue］［Rev. ed., Aug. 1995］［Version 1.5］和［School ed.］。《规则》（第二版）没有对这种情况进行规定。

10.5.3.2 远程访问型电子资源经常更新时其版本项的著录

ISBD（ER）2.1.1 规定，当远程访问型电子资源经常更新时，更新情况不著录在版本项，而著录在附注项。《规则》（第二版）没有对这种情况进行规定。

10.5.3.3 电子资源所附的说明性资料的版本说明的著录

ISBD（ER）2.1.1 规定，电子资源所附的说明性资料的版本说明不作为电子资源的版本说明，除非该说明性资料中有信息指明其中的版本说明针对电子资源。《规则》（第二版）没有对这种情况进行规定。

10.5.4 出版发行项的比较

10.5.4.1 出版地信息有误时的著录

对于应订正的出版地信息，ISBD（ER）4.1.2 和 ISBD（统一版）4.1.2 都规定，规定信息源上的信息出现错误，应在方括号中订正或在附注项中说明。《规则》（第二版）13.4.1.7 规定，规定信息源所载出版地或发行地有误，依原样照录，同时在附注项说明。

笔者认为，与在附注项中的说明相比，在方括号中予以订正更直接和简洁，如上海［应为北京］：人民出版社。

10.5.4.2　出版地不详时的著录

当出版地不详时，ISBD（统一版）4.4.1 和 ISBD（ER）4.1.15 都规定，著录为 S.L.，并加方括号，即［S.L.］。S.L. 是拉丁语 Sine loco 的缩略语，意思是缺地点。《规则》（第二版）没有对这种情况进行规定。

10.5.4.3　出版年信息有误时的著录

对于出版年信息有误，ISBD（ER）4.4.5 规定，当已知出版物所载年代有误时，仍按其所载照录，但应加方括号予以订正。例如，1897［i.e. 1987］，更正年前冠以 i.e.（即）。《规则》（第二版）13.4.3.3 规定，规定信息源所载出版年有误，依原样照录，并在附注项说明正确出版年。

笔者认为，在附注项说明正确出版年不如在其后冠方括号说明那么直接和醒目。如果读者疏于检查附注项，就不会发现出版年存在错误，但是用 i.e.（即）也不合适，建议改为"应为"，如上述 1897［i.e. 1987］可以改为 1897［应为 1987］。

10.5.5　载体形态项的比较

10.5.5.1　远程访问型电子资源的载体形态项的著录

《规则》（第二版）13.5.0 规定，对于远程访问型电子资源，不予描述载体形态特征。而 ISBD（统一版）则相反，其 5.1.3 For electronic resources 规定，The extent of a resource available by remote access may be given if the information is known and considered important to users，即如果通过远程访问获取的信息的载体形态对用户来说是重要的话，可以著录，如 1 website，1 streaming sound file，1 streaming video file，1 online resource，1 map（5.2 MB）on 1 CD-ROM。

10.5.5.2　色彩的著录

电子资源常常显示多种多样的色彩，《规则》（第二版）13.5.2.3 规定得太简单，只对单纯的彩色或黑白色这两种情况进行了规定，不能准确地反映电子资源丰富的色彩。现实中的电子资源展示的色彩常常较为复杂，ISBD（统一版）5.2.4.2 则对电子资源色彩的著录规定得较为详细，并给出了很多样例，如 wood，blue and white；transparency，col.；stained；col. with b&w sequences；col. and b&w；col.（Ektachrome）；col.（PAL）。

10.5.6 丛编项的比较

10.5.6.1 电子资源属于多个丛编时的著录方式

ISBD（EU）6 中的导言规定，当一个电子资源属于多个丛编时，丛编项需要重复著录，其著录顺序取决于各丛编的重要程度；当各丛编重要程度相同时，丛编项著录根据规定信息源上的顺序。《规则》（第二版）没有对电子资源属于多个丛编时的著录方式进行规定。

10.5.6.2 分丛编责任说明的著录方式

ISBD（EU）6.4.1 对分丛编责任说明的规定和丛编责任说明是一样的，即当分丛编的责任者对识别该丛编是必要的时，需著录。《规则》（第二版）只对丛编责任说明的著录方式进行了规定，没有对分丛编责任说明的著录方式进行规定。

笔者认为，分丛编责任说明也是一种重要的责任说明，它常常出现在电子资源中，也是一种重要的著录信息，很有必要著录。

10.5.7 附注项的比较

10.5.7.1 作品语种、译文及改编情况的附注

ISBD（EU）7.1.1.1 对电子资源作品的语种、译文及改编情况的附注方式进行了规定，如 In German；Screen displays in French and English；Adaptation of：Draculus. 1994；Translation of：Als de dood。《规则》（第二版）没有提及电子资源作品语种、译文及改编情况的附注方式。

10.5.7.2 变异题名和音译题名的附注

ISBD（EU）7.1.1.3 对电子资源的变异题名（variant title）和音译题名（transliterated title）附注进行了规定，如 Title on codebook：New Democratic Party of Ontario，1967；Title on container：Interactive cells；"Personal finances and other applications" - Second title screen；HTML title：Cyber Media；File name：DUB.1。

《规则》（第二版）没有提及电子资源变异题名和音译题名的附注方式。

10.5.8 标准编号与获得方式项的比较

《规则》（第二版）关于标准标号与获得方式项只是简单地列出了一个目次，即序则、标准标号、获得方式和（或）价格、限定说明，没有任何关于电子资源标准编号与获得方式项的说明和举例。ISBD（EU）8 对标准标号与获得方式项进行了非常详细的说明。

10.5.8.1 电子资源出现多个标准编号的原因

ISBD（EU）8 的导言指出，电子资源出现多个标准编号的原因有两个：一是因为电子资源由多个媒体、出版者、制作者或发行者发布；二是电子资源中一个标准编号对应一个单位，另外的标准编号对应于这个单位所在的集团单位。

需要指出的是，国内外图书和连续出版物经常出现多个标准编号，但国内编目书籍很少对这种情况进行解释。

10.5.8.2 错误标准编号的著录方式

ISBD（EU）8.1.3 规定，标准编号有误，原样照录。若同时标有正确书号和错误书号，先著录正确书号，后著录错误书号，在其后加圆括号并在圆括号内注明 "invalid" 字样，例如，

ISBN 0-340-16427-1

ISBN 0-340-16437-2（invalid）

笔者认为，invalid 是 "无效的" 的意思，应改为 "错误" 更准确一些。

10.5.8.3　对定价可能出现的多种情况进行了举例

ISBD（EU）8.3.2 对电子资源的定价进行了举例，如：£8.16（£6.25 until
1 Jan. 1996），$129.00（$100.00 for colleges and universities），$49.00（$59.00
with workbook）。

10.6　我国文献编目规则一般文献类型标识条文修订建议

一般文献类型标识是 ISBD 题名与责任说明项下的一个著录单元，其英
语是 General Material Designation，简称 GMD。GMD 位于正题名后，其功能
是揭示著录对象所属的文献类型。

传统文献的类型比较少，主要有纸质、音像和缩微资料等，所以其 GMD
的著录比较简单。随着数字技术的发展，文献的种类越来越多，文献类型的
著录工作也变得越来越复杂，这就需要确保编目规则中的 GMD 的条文更加
细致、准确，因此也要对国内外文献编目规则的 GMD 条文进行相应的修订。

由于 GMD 不是一个著录项目，它只是著录项目下的一个著录单元，所
以我国文献编目规则 GMD 条文存在的问题不太会引起编目界的注意，长期
以来这个方面的研究成果很少见。笔者通过对国内外文献编目规则的研读，
发现我国中文文献编目规则和西文文献编目规则的 GMD 条文存在一些不足。
本节内容旨在为我国文献编目规则中 GMD 未来的修订工作提供一些有价值
的参考意见。[①]

10.6.1　《中国文献编目规则》（第二版）

《中国文献编目规则》（第二版）[以下简称《规则》（第二版）]于 2005
年由北京图书馆出版社（现更名为国家图书馆出版社）出版，至今还没有新
的版本出现，这是当前我国中文编目使用的最为广泛的工具书。

---

① 曾伟忠，黄梦瑶. 我国文献编目规则一般文献类型标识（GMD）条文存在的问题述评
　　[J]. 图书馆学研究，2019（18）：2-6.

10.6.1.1　总则

对于所有文献类型，《规则》（第二版）1.1.2.1 规定，编制包括多种类型或多种载体文献的目录时，应根据中国国家标准 GB 3469-83《文献类型与文献载体代码》著录于正题名之后，并用方括号"[　]"括起来。

评述：《规则》（第二版）的总则是后面一些分则的引用对象，如《规则》（第二版）2.1.2（普通图书）、4.1.2（古籍）、5.1.2（拓片）、7.1.2（乐谱）等，所以《规则》（第二版）的总则应该像 AACR2 总则的 1A 和 AACR2R-2002 总则的 1.1C 那样，将所有的文献类型列出，这样编目人员才能迅速确定著录对象的文献类型标识，而不是让编目人员再去参见像 GB 3469-83《文献类型与文献载体代码》这样的文献或标准之类。

10.6.1.2　普通图书

对于普通图书的 GMD 著录方式，《规则》（第二版）2.1.2.1 规定，普通图书的一般文献类型标识为"[图书]"（见 GB 3469-83）。

评述：GB 3469-83 的名称是《文献类型与文献载体代码》，其第 4 部分文献类型代码表中没有"图书"的字样，而是"专著"，即 monograph，这是 ISBD 系列的称呼。因此，《规则》（第二版）2.1.2.1 应该将"（见 GB 3469-83）"删除。

10.6.1.3　学位论文、科技报告、标准文献

对于学位论文、科技报告、标准文献的 GMD 著录方式，《规则》（第二版）3.1.2.2 规定，一般文献类型标识按 GB 3469-83《文献类型与文献载体代码》规定著录于正题名之后，并加方括号。

《规则》（第二版）3.1.2.2 又对科技报告和标准文献的文献类型标识进行了举例说明，但唯独没有对较为复杂的标准文献的 GMD 进行举例说明。

评述：标准按性质可划分为技术标准和管理标准，GB 3469-83《文献类型与文献载体代码》没有"标准文献"的文献类型，只有"技术标准"的文献类型。因此，《规则》（第二版）3.1.2.2 应增加对于"标准文献"的 GMD 的明确规定，应明确是著录为 [标准文献] 还是 [技术标准]。

10.6.1.4 拓片

对于拓片的 GMD 著录方式,《规则》(第二版)5.1.2 规定,见第一章 1.1.2
条款。

评述:《文献类型与文献载体代码》第 4 部分文献类型代码表的 26 种文
献类型中,没有"拓片"这种文献类型,但是在其附录 A.10 中,又有古籍包
括金石、竹简等。因此,《规则》(第二版)5.1.2 应做出明确规定,明确"拓
片"的 GMD 著录成 [拓片],以免混淆。

需要指出的是,《规则》(第二版)第五章将《规则》第五章的文献类型
名称"金石拓片"改成了"拓片",这样更准确。

10.6.1.5 测绘制图资料

对于测绘制图资料的 GMD 著录方式,《规则》(第二版)6.1.2.1 中规定,
测绘制图资料的一般文献类型标识本规则推荐使用 "[地图]"。

评述:《规则》(第二版)6.1.2.1 对测绘制图资料的 GMD 的 [地图] 的
使用推荐是多余的。

因为《规则》(第二版)6.0.1 适用范围规定,本章适用于著录各类型测
绘制图资料,包括印刷、晒印、手绘及其他制作方法生产的古今地图、地球
仪、地理模型等各种介质的文献。

既然测绘制图资料的种类不止地图一种,还有地球仪、地理模型等其
他类型的文献,所以《规则》(第二版)6.1.2.1 没有必要对测绘制图资料的
GMD 一概推荐著录成 "[地图]"。

10.6.1.6 缩微文献

对于缩微文献的 GMD 著录方式,《规则》(第二版)12.1.2.1 中规定,缩
微文献的一般文献类型标识采用 GB/T 6159.1《缩微摄影技术词汇第 1 部分:
一般术语》的规定,著录为"缩微品",置于方括号内。

评述:与《规则》相比,《规则》(第二版)的缩微文献 GMD 的术语标
准发生了变化,即将 GB 3469-83《文献类型与文献类型载体代码》改成了
GB/T 6159.1《缩微摄影技术词汇第 1 部分:一般术语》。这也是对前文《规

则》所述 "缩微资料" GMD 著录方式的修正，但是《规则》（第二版）的分则同时采用 GB 3469-83 和 GB/T 6159.1 这两个标准仍不妥当。

10.6.1.7 手稿

与《规则》相比，手稿是《规则》（第二版）新增加的文献编目类型。

评述：《规则》将手稿的 GMD 看成图书的 GMD，这是不正确的。《规则》（第二版）将手稿独立出来，这是符合 ISBD 系列和 AACR 系列文献类型的 GMD 的。

10.6.2 《西文文献著录条例》

《西文文献著录条例》于 1985 年印刷发行，其体系结构来源于 1978 年出版的 AACR2，即没有将各文献类型的著录方式分别阐述，而是对各种文献类型进行一体化阐述。对于一般文献类型标识的著录方式，《西文文献著录条例》引用了 AACR2 的文献类型并进行了如下详细的列举。

art original	艺术原作
chart	挂图
diorama	立体布景模型
filmstrip	幻灯卷片
flash card	闪视图片
game	智力玩具
globe	地球仪
kit	多载体配套资料
machine-readable data file	机读数据档
manuscript	手稿
map	地图
microform	缩微件
microscope slide	显微标本玻璃片
model	模型
motion picture	影片

music	乐谱
picture	绘画
realia	实物教具
slide	幻灯片
sounding recording	录音资料
technical drawing	技术图
text	印刷本
transparency	透射图片
videorecording	录像资料

评述：这种详细列举对于编目人员进行各种文献的 GMD 的著录来说，非常一目了然，特别是以前文献类型少的时候。但以上的翻译有两个错误，一个地方是 microscope slide 不是"显微标本玻璃片"，而应翻译成"显微镜载物片"；另一个地方是 transparency 不是"透射图片"，而应翻译成"透明图片"。

10.6.3 《西文文献著录条例》(修订扩大版)

《西文文献著录条例》(修订扩大版)[以下简称《条例》(扩大版)] 由科学技术文献出版社于 2003 年出版，其体系结构来源于 ISBD 系列及 2002 年出版的 AACR2R-2002，该版本将各文献类型的著录方式分别进行了阐述。

10.6.3.1 总则

《条例》(扩大版) 1.1.3.1 引用了 AACR2R-2002 的文献类型标识表，与以上 AACR2 相比，《条例》(扩大版) 和 AACR2R-2002 的文献类型标识表增加与更改了以下文献类型。

增加了的文献类型：

activity card	游戏卡
art reproduction	艺术复制品
braille	盲文

更改了名称的文献类型：

map（地图）改成了 cartographic material（测绘制图资料）

machine-readable data file（机读数据档）改成了 electronic resource（电子资源）

将 text 的中文翻译（印刷本）改成了（印刷文字资料）

评述：作为总则，《条例》（扩大版）1.1.3.1 详细列举了文献的类型，便于后面章节各种文献类型的 GMD 著录的引用。

10.6.3.2　普通图书

对于普通图书的 GMD 著录方式，《条例》（扩大版）2.1.3 规定，依据 1.1.3 选择著录合适的文献类型标识。

评述：《条例》（扩大版）1.1.3 是总则，其文献类型表来源于 AACR2R-2002，其对西文图书的 GMD 著录方式既不是［monograph］也不是［book］，而是［text］，对这种非常容易出错的地方，《条例》（扩大版）2.1.3 应该用［text］举例说明。

10.6.3.3　连续性资源

对于连续性资源的 GMD 著录方式，《条例》（扩大版）3.1.3.1 举了三个连续性资源 GMD 的著录实例：

Audio arts［GMD］

Bank of Canada review［GMD］

La cause du peuple［GMD］

评述：以上三个例子的 GMD，不应该著录成［GMD］，而应著录具体的文献类型，这样才能起到工具书的作用，让图书馆编目人员掌握各种连续性资源的 GMD 著录方式。

10.6.3.4　测绘制图资料

《条例》（扩大版）4.0.1 对测绘制图资料进行了定义，即测绘制图资料是以比例尺的形式全面地或局部地显示地球或其他天体的资料，包括平面地图和立体地图、航空图、航海图、天体图、航空摄影图和卫星影像图、地球仪、地图集、截面图、鸟瞰图等。

但《条例》（扩大版）4.1.3.1 举的三个例子中最后一个例子是：

Decca aeronautical plotting chart［chart］

评述：chart 是普通的图表，不属于地球或天体图等测绘制图资料，所以不适合作为测绘制图资料的 GMD。另外，《条例》（扩大版）第六章非书资料 6.1.3 将 chart 归入了非书资料中的图示资料。

10.6.3.5　非书资料

《条例》（扩大版）第六章将缩微资料、录音资料、影视资料、图示资料、手稿和立体资料六种类型的文献合并成一个章节——非书资料，《条例》（扩大版）6.1.3 分别规定了这六种类型文献的 GMD 著录方式，其中图示资料和立体资料如下。

图示资料：picture, chart, slide, technical drawing, filmstrip, flashcard。

立体实物：art original, diorama, model, realia, toy, art reproduction。

评述：图示资料和立体实物也是重要的文献类型，不过，在《中国文献编目规则》及其第二版中却没有图示资料和立体实物的章节，笔者认为，在未来的修订版中，这两种文献类型应该补充进来。

10.6.4　RDA 对 AACR2 一般文献类型标识（GMD）条文的改造

为了适应数字世界信息资源 GMD 的迅速发展，RDA 对 AACR2 的 GMD 条文进行了重大的修订。RDA 将 AACR2 的 GMD 扩展并细化成了内容类型（RDA 6.9）、媒介类型（RDA 3.2）和载体类型（RDA 3.3）三个部分，这三个部分对应于不同的 MARC21 字段。

10.6.4.1　内容类型

RDA 6.9 将内容类型定义为：反映内容被表达的基本交流形式的类别及被人类感知的感官类别。

RDA 6.9 将信息资源的内容类型分为地图数据集（cartographic dataset）、地图图像（cartographic image）、地图的动态图像（cartographic moving

image）、地图的触摸图像（cartographic tactile image）、地图的触摸三维模式
（cartographic tactile three-dimensional form）、地图的三维模式（cartographic
three-dimensional form）、计算机数据集（computer dataset）、计算机程序
（computer program）、动作谱（notated movement）、乐谱（notated music）、表
演音乐（performed music）、声音（sounds）、口头表述（spoken word）、静
态图像（still image）、触摸图像（tactile image）、触摸动作谱（tactile notated
movement）、触摸动作乐谱（tactile notated music）、触摸文本（tactile text）、
文本（text）、三维模式（three-dimensional form）、三维动态图像（three-
dimensional moving image）、二维动态图像（two-dimensional moving image）。

10.6.4.2　媒介类型

RDA 3.2 将媒介类型定义为：反映资源内容的浏览、播放、运行等所谓
中间设备的一般类型的分类。

RDA3.2 将信息资源的媒介类型分为音频（audio）、计算机（computer）、缩
微（microform）、显微（microscopic）、投影（projected）、立体（stereographic）、
无中介（unmediated）和视频（video）。

10.6.4.3　载体类型

RDA 3.3 将载体类型定义为：结合资源内容的浏览、播放、运行等所需
中间设备的类型，反映存储媒介格式和载体装置的分类。

RDA3.2 按媒介类型将信息资源的载体类型分为以下八类。

（1）音频载体（Audio carriers）的载体类型：盒式录音带（audio cartridge）、
录音筒（audio cylinder）、录音盘（audio disc）、录音卷（audio roll）、卡式录音带
（audio cassette）、开盘录音带（audiotape reel）和音轨卷（sound-track reel）。

（2）计算机载体（Computer carriers）的载体类型：计算机卡（computer
card）、盒式计算机芯片（computer chip cartridge）、计算机盘（computer
disc）、盒式计算机盘（computer disc cartridge）、盒式计算机磁带（computer
tape cartridge）、卡式计算机磁带（computer tape cassette）、开盘计算机磁带
（computer tape reel）和联机资源（online resource）。

（3）缩微载体（Microform carriers）的载体类型：穿孔卡片（aperture

card）、缩微平片（microfiche）、卡式缩微平片（microfiche cassette）、盒式缩微胶卷（microfilm cartridge）、卡式缩微胶卷（microfilm cassette）、开盘缩微胶卷（microfilm reel）、缩微卷（microfilm roll）、缩微条片（microfilm slip）和不透明缩微品（micro opaque）。

（4）显微载体（Microscopic carriers）的载体类型：显微镜载玻片（microscope slide）。

（5）放映图像载体（Projected image carries）的载体类型：盒式影片（film cartridge）、卡式影片（film cassette）、开盘电影胶片（film reel）、胶卷（film roll）、幻灯条片（film slip）、幻灯卷片（film strip）、盒式幻灯卷片（film strip cartridge）和高射投影幻灯片（overhead transparency slide）。

（6）立体载体（Stereographic carriers）的载体类型：立体卡片（stereograph card）、立体盘（stereograph disc）。

（7）无中介载体（Unmediated carriers）的载体类型：卡片（card）、翻转图（flipchart）、物体（object）、卷（roll）、张（sheet）、卷 / 册（volume）。

（8）视频载体（Video carriers）的载体类型：盒式录像带（video cartridge）、卡式录像带（video cassette）、视频光盘（video disc）、开盘录像带（video tape reel）。

评述：RDA 对信息资源的 GMD 标识进行了极为细致的划分，这些细分的内容类型、媒介类型和载体类型的元素值得我国文献编目规则在对 GMD 修订时作为参考。

10.7 中国机读目录格式相关题名著录方式修订建议

相关题名是 CNMARC 中一组重要的字段，其功能是建立文献的各种题名检索点。关于相关题名的著录方式,《新版中国机读目录格式使用手册》（以下简称《新版手册》）和《CALIS 联机合作编目手册》（以下简称《CALIS 手册》）等编目工具书有专门的章节进行了说明。对于相关题名著录存在的问题，辛苗、邓福泉等人撰文提出了自己的见解。不过，由于相关题名著录问题的复杂性，笔者对辛苗、邓福泉的见解提出了自己的商榷意见，同时还对相关题名著录的其他一些方面做了进一步的探析。

10.7.1 译著统一题名对象的选取

目前国内编目界对译著统一题名对象的选取存在着争议。《CALIS 中文图书编目业务培训教材》第 31 页写到，CALIS 联合目录规定，译著以其原文题名作为统一题名。邓福泉发表论文对此提出了异议，他认为译著的统一题名应该选取译著译名中有名的中文译名。对于以上两种处理方式，笔者认同 CALIS 的方式，原因有以下三点。

10.7.1.1 《UNIMARC 手册》在其统一题名著录方式的样例中将原文题名作为译著统一题名

《新版手册》和《CALIS 手册》主要翻译自《UNIMARC 手册》。《UNIMARC 手册》在 500 字段统一题名的著录方式说明中共列出了 20 个样例，其中第 431 页的 EX 7 就是将原文题名作为译著统一题名的样例，该样例如下。

200 #1$a Londoner Skizzen von Boz

500 10$a Sketches by Boz.$m German.$l Selections

700 #l$a Dickens，$b Charles，$fl 812-1870

Selected portions of Charles Dickens' Sketches by Boz translated into German and entitled Londoner Skizzen von Boz.

评述：译著 Londoner Skizzen von Boz 的语种是德语，译自狄更斯的《博兹札记》(Sketches by Boz)。从以上样例可以看出，UNIMARC 将译著 Londoner Skizzen von Boz 的原文题名 Sketches by Boz 作为统一题名著录在 500 字段，500 字段的子字段 $m 用来著录译著的语种。

《博兹札记》是狄更斯的第一部散文集，发表于 1836 年，是一部描写伦敦街头巷尾日常生活的特写集。

10.7.1.2 将译著的中文译名作为统一题名所产生的问题

由于译著的译名由译者自由确定，一种译著常常会出现多种翻译名称，所以将译著的中文译名作为统一题名会存在以下几个问题：一是当原作的多种翻译名称中没有哪种是著名的、更有名的，编目人员将无从选择，如英文图书 If Tomorrow Comes 有三种中文译名，分别是《假如明天来临》《倘若能有明天》和《有朝一日》，而且这种情况是译著翻译名称的大多数情况；二是即使多种译著译名中存在更有名的，但有的编目人员搞不清哪种译著的翻译名称更有名，因此也无从选择；三是有的著作被译成多种文字，如果选择中文译名作为统一题名可能会造成其他语种译著的漏检，如意大利文图书 Architettura Della Citta 的中文译名为《城市建筑学》，其英文译名为 Architecture of The City。

10.7.1.3 从外语图书翻译的动态发展的角度来看，译著更适合于用原文题名作为统一题名

多数外语图书，当前只有一种或两种中文译名。从动态发展的角度来看，这些图书中的优秀作品今后有可能被别的作者翻译成不同译名的中文新作，后来翻译的作品的名称可能比以前的译名更有名。这种情况下，为了避免因统一题名变动引起的混乱，译著更适合于用原文题名作为统一题名。

10.7.2 半题名的遗漏和误用

半题名（Half title）是一种重要的图书题名形式，《GB/T 3792.2——2006〈普通图书著录规则〉应用指南》第 7 页在介绍普通图书的结构时讲解了半题名页，并举出了示例，如孙建华编著的图书《漫步世界遗产》的半题名页——漫步中国。《UNIMARC 手册》第 444 页也将半题名作为相关题名块中重要的检索点，并设有专门章节对半题名的使用方法进行了详细的说明，其对应字段是 511 字段。

10.7.2.1 国内编目工具书对半题名的遗漏

目前《新版手册》和《CALIS 手册》等国内编目工具书没有将半题名作为一个检索字段列入 5×× 相关题名块，而与半题名重要程度差不多的附加题名页题名却列入了 5×× 相关题名块的 513 字段。笔者认为，随着国内含有半题名页的图书越来越多，《新版手册》和《CALIS 手册》等国内编目工

具书应该将半题名作为检索字段补充进相关题名块。

10.7.2.2　国内编目工具书对半题名的误用

虽然《新版手册》和《CALIS 手册》等编目工具书没有将半题名作为相关题名块的一个检索字段，但《新版手册》的第 316 页、《CALIS 手册》的第 393 页在 517 字段的使用说明中，却将半题名列入了 517 字段的使用范围中，这是不正确的，因为 517 字段的使用范围是 510~516 字段或 518 字段外的其他不同题名，而半题名字段 511 字段包含在 510~516 字段之内。

10.7.3　并列题名信息源发生变化

并列题名的著录方式和其信息源的认定紧密相关，ISBD 在 2011 年前，认定并列题名的信息源是题名页或代题名页这样的规定信息源，2011 年 ISBD（统一版）将并列题名的信息源扩大到了文献的整个信息源，RDA 采纳了 ISBD（统一版）的规定，也将并列题名信息源扩大为整个信息源。由于并列题名主要是外国文字，为了更好地与国际接轨，笔者建议未来《中国文献编目规则》（第二版）及《CALIS 联合目录规则》的修订也应该将并列题名信息源由题名页或代题名页这样的规定信息源扩大到整个信息源。

10.7.4　经规范处理的副题名的著录

经规范处理的题名的著录包括经规范处理的正题名和相关题名的著录。辛苗认为，经规范处理的正题名应著录在 540 字段，而经规范处理的副题名应著录在 517 字段。

例如，对于下述图书副题名的著录，辛苗认为要将 540 字段改为 517 字段。

200 1# $a 生物技术与疾病 $e 兼论人类基因的问题

540 1# $e 人类基因治疗

笔者认为辛苗的见解值得商榷，关于经规范处理的题名的著录，《UNIMARC 手册》在 467 页的 540 字段中进行了说明。《UNIMARC 手册》540 字段的定义块说明了经规范处理的正题名可以著录在 540 字段，然后在下述的540字段的子字段 $e 的注释中说明了副题名和其他题名信息著录于此。

$e Other Title Information

Subtitles and other title information that appear subordinate to the supplied title in $a.

以上英语翻译为：

$e 其他题名信息——归属于位于 $a 题名的副题名或其他题名信息。

《UNIMARC 手册》在 540 字段的子字段有 $a、$e、$h 和 $i，其中 $e 就是关于副题名或其他题名的著录位置，而国内编目工具书只翻译了经规范处理的正题名使用的子字段 $a。

10.7.5　封面题名的著录

封面题名是一种重要的相关题名，其著录方式比较复杂，而国内编目工具书对封面题名著录方式的说明存在不足，如《新版手册》和《CALIS 手册》都只举了两个例子进行说明，这些工具书对于一些其他情况的封面题名的著录方式缺乏样例。为此辛苗撰写了论文探讨了封面题名的著录方式，论文中的举例如下。

题名页题名为：魔鬼与天使之谜

封面上题名为：魔鬼与天使之谜——原子、核能事件探秘

本例中，封面题名与 200 字段中的正题名相同，但封面上有副题名，而题名页上没有，这种情况存在以下几种做法。

第一种：200 1# $a 魔鬼与天使之谜 $f 王志坚编著

512 1# $a 魔鬼与天使之谜 $e 原子、核能事件探秘

第二种：200 1# $a 魔鬼与天使之谜 $e 原子、核能事件探秘 $f 王志坚编著

517 1# $a 原子、核能事件探秘

第三种：200 1# $a 魔鬼与天使之谜 $f 王志坚编著

312 ## $a 副题名取自封面

517 1# $a 原子、核能事件探秘

第四种：200 1# $a 魔鬼与天使之谜 $f 王志坚编著

512 1# $a 魔鬼与天使之谜 $e 原子、核能事件探秘

517 1# $a 原子、核能事件探秘

对于以上四种著录方式，辛苗认为都不正确，她提出了如下的著录方式。

200 1# $a 魔鬼与天使之谜 $e〔原子、核能事件探秘〕$f 王志坚编著

312 ## $a 副题名取自封面

517 1# $a 原子、核能事件探秘

笔者认为辛苗对本书封面题名提出的著录方式值得商榷，理由是：既然"魔鬼与天使之谜——原子、核能事件探秘"是封面题名，对它进行著录当然就应该使用针对封面题名的专用字段 512 字段著录，而不需要使用 517 字段，况且 517 字段的使用范围是 510~516 字段或 518 字段以外的其他不同题名。

另外，既然 512 字段的子字段 $e 设置了封面题名包括副题名在内的其他题名信息的著录位置，就没有必要将这个封面题名的副题名著录到 200 字段的子字段 $e。

封面题名 512 字段作为检索点的使用要求是当封面题名明显不同于 200 字段的正题名时，本例封面题名的正题名和 200 字段的正题名相同，只是封面题名的副题名明显不同于 200 字段的正题名（200 字段没有副题名），所以不属于"明显不同"的这种情况。

综上所述，笔者认为，上述图书的著录方式应该是：

200 1# $a 魔鬼与天使之谜 $f 王志坚编著

512 0# $a 魔鬼与天使之谜 $e 原子、核能事件探秘

512 1# $a 原子、核能事件探秘

评述：本著录方式第一个 512 字段表明本书有封面题名，其第一指示符取值为 0 的含义是表明了该图书的封面题名和 200 字段的正题名没有明显差异；第二个 512 字段的第一指示符取值为 1 的含义是因为封面题名的副题名和 200 字段的正题名明显不同，所以为副题名建立了检索点。

10.8　RDA 著录方式视野下《中国文献编目规则》（第二版）修订建议

《中国文献编目规则》（第二版）[以下简称《规则》（第二版）]于 2005 年出版，RDA 是应数字环境的发展而制定的最新国际编目标准，在 2010 年首版的基础上于 2013 年更新发布。《规则》（第二版）自出版以来已近 20 年。在这期间，我国的数字环境实现了飞速发展，为文献编目工作的发展提供了坚实的基础，并对书目数据功能提出了更高的要求。在这种情况下，《规则》（第二版）的一些著录项目需要与时俱进，借鉴 RDA 的优点，并修正一些缺陷，以进一步推动我国文献编目工作的发展。

10.8.1　著录信息源

10.8.1.1　图书本身信息之外的其他信息源的范围及著录顺序

《规则》（第二版）规定，著录信息源是图书本身；图书本身信息不足，可参考其他信息源。

RDA 将著录信息源分为首选信息源和其他信息源，并对这两者的范围和著录顺序进行了详细的说明。

1. 首选信息源

RDA 规定，题名页是资源的首选信息源，如果资源缺少题名页，则将载有题名的下列来源的第一个作为首选信息源。

（1）封面。

（2）文首。

（3）刊头。

（4）书末出版说明。

如果上述来源都未载有题名，则将载有题名的资源内的另一来源作为首选信息源。

2. 其他信息源

RDA 规定，如果识别资源所需的信息未在资源本身出现，则从下列来源之一获取（按优先顺序）。

（1）附件（如散页印刷品、"说明"文件）。

（2）并非作为资源本身一部分发行的容器（如拥有者制作的盒子、箱子）。

（3）其他出版的资源描述资料。

（4）任何其他可获得的来源（如参考源）。

如果信息取自资源本身之外，则用附注或其他方式（如通过编码或用方括号）加以说明。

评述：《规则》（第二版）对于图书本身以外的其他信息源的获取范围和著录顺序没有进行应有的说明。例如，没有对除图书以外的多个信息源同时获得多个信息时的信息选取顺序做出说明。而 RDA 对图书本身之外的其他信息源进行了分类，并对著录顺序和著录信息源进行了详细的说明。[①]

10.8.1.2　各著录项目对应的信息源

《规则》（第二版）主要信息源是题名页，其各著录项目对应的规定信息源分别按顺序列出，如表 10-11 所示。

表 10-11　《规则》（第二版）普通图书各著录项目对应的规定信息源

著录项目	规定信息源
题名与责任说明项	题名页或代题名页
版本项	版权页、题名页
出版、发行项	版权页、题名页
载体形态项	整部图书及附件
丛编项	题名页、版权页、封面、书脊、封底
附注项	任何信息源
标准编号与获得方式项	版权页、图书其余部分

RDA 对图书各著录项目信息源的认定按著录项目的下位类——元素又进

---

① RDA 发展联合指导委员会，RDA 翻译工作组．资源描述与检索：RDA［M］．北京：国家图书馆出版社，2014.

行了细分。

以题名信息源为例，RDA 将题名信息源分为正题名信息源、并列正题名信息源、其他题名信息的信息源和并列其他题名信息的信息源等元素，然后对每一元素的信息源又进行了细致的规定，所以 RDA 列出的著录项目的信息源比《规则》（第二版）要详细得多。例如，RDA 对正题名信息源的规定如下。

（1）正题名信息源取自 2.2.2~2.2.3 所规定的识别资源的首选信息源。

（2）如果资源本身没有提供题名，则从 2.2.4 所规定的一个来源获取正题名。

（3）如有必要，应用 2.20.2.3 所列的说明，为正题名的来源编制一个附注。

评述：RDA 对图书信息源的认定下移到了各著录项目的元素，体现了 RDA 对图书信息源认定更精细、更准确的要求。

10.8.1.3 各著录项目对应的信息源的内容和优先顺序

《规则》（第二版）列出了图书各著录项目对应的规定信息源，并规定了优先顺序。各著录项目对应的规定信息源的内容和优先顺序各不相同，如版权页和题名页在不同的著录项目中的优先顺序各不相同。

RDA 对于图书各著录项目的首选信息源规定了统一的内容和优先顺序，即题名页、封面、文首、书末出版说明和图书其余部分；对其他信息源也规定了统一的内容和优先顺序。

评述：与《规则》（第二版）各著录项目对应的规定信息源的内容和优先顺序不同相比，RDA 在各著录项目对应的信息源的内容和优先顺序方面做了一个统一，这是著录信息源领域的一个重大的改动。

10.8.2 题名

10.8.2.1 出现多种语言或文字的题名时正题名的选择

当规定信息源有多种语言或文字的题名时，《规则》（第二版）和 RDA

在正题名的选择中有不同的规定。《规则》（第二版）规定，应选择中文题名作为正题名；若这一规定不适用，可根据规定信息源的版式或顺序选择正题名。RDA 则规定应选择资源的主要书写的语言或文字的题名作为正题名。

评述：对于多种语言或文字的正题名选择有不同的方式，这反映了《规则》（第二版）和 RDA 书目服务对象侧重点的差异。《规则》（第二版）的做法考虑到了中文读者的检索习惯。不过在机读目录的条件下，《规则》（第二版）应该遵循 RDA 的做法，按照客观著录的原则，选择资源的主要书写语言或文字的题名作为止题名，此时作为并列题名的中文题名可以在 510 字段制作检索点。①

10.8.2.2　由多个著作组成的无总题名图书

对于由多个著作组成的无总题名图书，《规则》（第二版）规定，按规定信息源所题顺序依次著录，题名超过三个只著录前三个，未予著录的其他题名和责任者在附注项说明。RDA 规定，当对缺少总题名的资源进行综合著录时，将各部分的正题名按其在资源整体的信息源上出现的形式进行著录。

评述：与《规则》（第二版）相比，RDA 对题名的著录没有数量限定，这样就可建立更多的题名检索点，有利于无总题名图书的利用。《规则》（第二版）只著录前三的规定，是和以前手工编目条件相对应的，在当前的数字环境下，可以修改这个规定，改为著录无总题名图书中的所有著作的题名。

10.8.2.3　过于冗长的图书题名

对于过于冗长的图书题名，RDA 规定在不丢失基本信息的前提下，题名可节略，节略部分用省略号表示，但不能省略题名前五个词中的任何一个。《规则》（第二版）对此没有规定。

评述：由于汉语和英语在词法方面的巨大差异，汉语很少出现像英语那样过于冗长的图书题名，如在 RDA 2.3.1.4 的例子（a booke of……）中，该题名有 103 个英语单词。另外，英语题名的中心词往往位于句子前面，修饰

---

① 国家图书馆《中国文献编目规则》修订组.中国文献编目规则［M］.二版.北京：北京图书馆出版社，2005.

词往往位于后面，所以 RDA 规定了不能省略题名前五个词中的任何一个。综合以上两个方面的原因，《规则》（第二版）没有像 RDA 那样规定图书题名可以节略是符合中文题名著录的实际情况的。

10.8.3　责任说明

10.8.3.1　图书不同责任方式的著录种数

《规则》（第二版）规定，著录图书的不同责任方式，一般按规定信息源所题顺序不超过四种。RDA 对不同责任方式的著录没有种数限制，而是按序列、版面和字体设计所指示的顺序著录。

评述：在数字编目环境下，由于不受书本式目录和卡片式目录的篇幅限制，图书责任方式的种数可以著录得更详细一些，这样就可以在 7×× 字段建立更多的责任者检索点，所以《规则》（第二版）可以取消著录图书的不同责任方式不超过四种的规定。

10.8.3.2　信息源无责任说明

如果信息源的责任说明中未列出个人、家族或团体的名称，RDA 规定要根据文献中的信息著录责任者。

《规则》（第二版）对此没有相应规定，其做法是不著录责任者。

评述：RDA 规定的这种情况下的责任者的著录是很有必要的，因为责任说明不仅能提供信息，而且责任说明本身也是文献的核心元素，其著录是不可缺少的。

10.8.4　版本

10.8.4.1　版本说明

《规则》（第二版）规定，版本说明通常以序数词与"版"字相结合的术语或以区别其他版本的术语形式出现，数字一律用阿拉伯数字著录，省略"第"字，著录为"×版"，初版或第一版不予著录。RDA 规定，版本说明按信息源中出现的形式著录。

评述：RDA 强调的是客观著录，初版或第一版也需要著录，且数字不必转录成阿拉伯数字。另外，《规则》（第二版）及 1996 年发布的《中国文献编目规则》省略第一版的著录的初衷是节省编目工作的人力，但在当前的数字环境下，编目记录一般都是套录，这就不存在节省编目工作的人力问题，所以为了更好地与国际接轨，笔者建议《规则》（第二版）在今后的修订中增加第一版的著录，以及版本说明按信息源中出现的形式著录。

10.8.4.2　版本范畴

关于版本的范畴，《规则》（第二版）规定，对于有关内容特征、体裁特征和适用范围的说明文字，如"缩写本""绘画本""英汉对照本""通俗本""校点本""节选本""图文版""少年版""科学版"等一般不著录于版本项。

RDA 对于版本范畴的认定范围没有专门的文字规定，但 RDA 的 2.5.1.4 和 2.5.2.3 举了很多例子，如 Daft edition（草稿版）、Interactive version edition（交互版）、Household edition（家庭版）、1st standard edition（第一标准版）、1st American edition（第一美国版）、Second college edition（第二大学版）和 Canadian edition（加拿大版）等，这些版本形式是需要著录的。

评述：对于版本范畴，《规则》（第二版）与 RDA 的认识明显不同，从以上例子可以看出，RDA 对于版本范畴的认定比《规则》（第二版）大很多。由于版本是文献识别的一个重要方面，其著录范畴宜大不宜小，所以《规则》（第二版）应向 RDA 看齐，予以著录。

10.8.5　出版、发行

10.8.5.1　出版地、发行地及出版者、发行者的著录数量

关于出版地、发行地及出版者、发行者的著录数量，《规则》（第二版）2.4.1.2、2.4.2.2 和 2.4.2.3 均规定两个出版地一并著录；三个及以上的出版地，根据规定信息源版式或顺序著录最显著的一个或第一个，其余在附注项说明。RDA 对出版地、发行地及出版者、发行者的著录数量没有限定。

RDA 规定，按记录出版说明的基本说明著录出版地。多个出版者多个出版地，按信息源中的序列、布局或版式所显示的次序著录。RDA 关于多个出版者的规定，以及关于多个发行者的规定，也是如此。

评述：我国图书馆现在套录编目数据，一般不会增加图书馆编目工作人员的工作量，所以有必要对出版地和发行地进行完整著录。另外，620 字段是机读目录的出版地检索点，所以有必要对出版地完整著录。

10.8.5.2　出版地、发行地的完整地址

《规则》（第二版）没有要求对出版地、发行地的完整地址进行著录，一般只著录到出版社所在的城市。而 RDA 则将出版地、发行地的完整地址作为著录的选择性著录元素。RDA 规定，如果对识别和检索重要，则将完整地址（the full address）作为出版地地名的一个部分，如 6 Ludgate Hill, London（即伦敦西部的路德门山）。

评述：当出版地、发行地的完整地址对文献的识别和检索很重要时，《规则》（第二版）应像 RDA 一样，给予著录。

10.8.5.3　出版地和发行地相同或不同

《规则》（第二版）规定，规定信息源同时载有出版地和发行地，只著录出版地，不著录发行地。在 RDA 中，出版地和发行地是不同的著录元素，是分别讲述说明的，所以是分别著录的。

评述：《规则》（第二版）和 RDA 产生以上差别的原因在于，中文图书的出版地通常与发行地相同，而英文图书的出版地和发行地则往往不同，同一图书可在多个英语国家发行。因此，《规则》（第二版）2.4.1.1 未来应做如下修订：规定信息源同时载有出版地和发行地且两者相同时，只著录出版地，不著录发行地；两者不同时，都要著录。

10.8.6 页码

10.8.6.1 页码印刷错误

《规则》（第二版）规定，图书页码印刷错误，依原样照录，并将更正后的页码著录在附注项。RDA 规定，更正误导编号时，先记录最末页或叶所示编号，后跟 "that is（实为）" 和正确的数，如 48, that is, 96 pages。

评述：当图书页码印刷错误时，《规则》（第二版）和 RDA 规定的更正后的正确页码的著录位置不同。《规则》（第二版）规定著录在附注项中，RDA 则规定直接在错误的页码后予以更正，相比之下，RDA 的更正方法有更直接的提示作用。

10.8.6.2 图书未载明页数或页数编码过于复杂

《规则》（第二版）规定，图书未载明页数或页数编码过于复杂，应统计全书页数著录，并置于方括号内；若难以统计，可著录为 "册"。

RDA 对于资源页码复杂或不规则的情况，都有要求做详尽的客观描述的规定。

1. 对于没有页数的图书（RDA 3.4.5.3）

（1）如果易于确定，则著录确切的页数或叶数。

（2）如果数量不易确定，则著录估算的页数或叶数，前置以 approximately（约）。

（3）没有统计，则著录为 1 册。

2. 对于复杂或不规则标页的图书（RDA 3.4.5.8）

（1）著录页或叶的总数，如 1000 pages in various pagings。

（2）著录主要页码序列的页或叶数，再添加其余多种编号或未编号序列的总数，如 366 pages, 98 pages, 99 unnumbered pages。

（3）著录为 1 册（多种页码），如 1volume（various pagings）。

评述：对于资源未载明页数或页数编码过于复杂时，《规则》（第二版）仅统计全书页数或用 "册" 来著录，这种处理方式过于简单、笼统，缺乏可操作性。RDA 能针对不同情况，提供更为具体和清晰的描述，传达更准确的客观信息。

10.8.6.3　图的页码

对于图的著录，《规则》（第二版）只规定了对图的种类分别著录，如折图、彩图、地图等，但没有规定对图的页码著录。RDA 则规定了对图的页码进行著录，如 246 pages，32 pages of plates。

评述：图书中的图，有的有页码，有的没有页码。对于有页码的图书中的图，《规则》（第二版）应像 RDA 那样，给予著录，因为图的页码也是文献重要的著录要素。

10.8.7　标准编号与价格

10.8.7.1　错误的国标标准书号

《规则》（第二版）规定，国际标准书号有误，原样照录；若同时标有正确书号和错误书号，先著录正确书号，后著录错误书号，并在其后圆括号内注明"错误"字样。RDA 规定，如果已知资源上出现的标识号有误，则按它显示的著录，并说明此标识号是错误的、被删除的或无效的。

评述：对于错误的国际标准书号，《规则》（第二版）只是规定，当有正确书号和错误书号同时存在时，才在错误书号后注明"错误"，而只有错误书号时，只是"原样照录"，没有强调要注明"错误"。RDA 则规定，只要已知的国标标准书号是错误的，就必须注明。

10.8.7.2　价格

《规则》（第二版）规定，价格用标准货币代码（见 GB 12406-90）和阿拉伯数字著录于标准编号或限定说明之后，如 CNY30.00。RDA 规定，价格用带标准货币符号的数字著录，如 £ 6.99/$11.99。

评述：对于价格标识，《规则》（第二版）用的标准货币代码是国家标准，而 RDA 用的标准货币符号是国际标准。为了更好地与国际接轨，《规则》（第二版）应向 RDA 靠拢。

10.8.8 一般文献类型标识

《规则》（第二版）规定，普通图书的一般文献类型标识为"[图书]"。RDA 放弃了一般文献类型标识的概念，改用内容类型和媒介类型。RDA 规定，普通图书的内容类型为文本，媒介类型为无中介。

评述：由于一般文献类型标识不能全面反映文献的类型特征，已被国际编目界放弃，所以修改《规则》（第二版）的现行做法是很有必要的。

第 11 章

《中国图书馆分类法》的发展

中华人民共和国成立后，中国图书馆和情报界编制了几十部文献分类法，其中比较著名的有东北图书馆编的《图书分类法》（1949），山东图书馆编的《图书分类新法》（1951），《中国人民大学图书馆图书分类法》（1953），《中小型图书馆图书分类表草案》（1957），《中国科学院图书馆图书分类法》（1958），武汉大学图书馆学系编的《武汉大学图书分类法》（1959），《大型图书馆图书分类法草案》（1960 年出版，1963 年改名为《中国图书馆图书分类法草案》），《中国图书馆图书分类法》（1975）等。

11.1 《中国图书馆分类法》（第五版）修订建议

历经近 5 年的时间，由全国 58 个单位的近百名专家共同参与修订完成的《中国图书馆分类法》（第五版）[以下简称《中图法》（第五版）] 于 2010 年 8 月由国家图书馆出版社出版发行。《中图法》（第五版）合理调整、完善了类目体系，适应了社会和科学进步的发展需要，在立类的科学性、实用性、类名及注释的规范性等方面都有了长足的进步。《中图法》（第五版）出版以来，业界反响强烈，界内人士普遍认为《中图法》（第五版）是我国图书分类法发展史上的又一里程碑，它极大地促进了我国图书馆事业的发展。不过笔者发现《中图法》（第五版）在类目、类名和注释等一些细节上仍存在不足，在这里提出和同行们商榷，为《中图法》（第五版）后续修订工作提供参考。①

---

① 国家图书馆《中国图书馆分类法》编辑委员会. 中国图书馆分类法［M］. 五版. 北京：国家图书馆出版社，2010.

11.1.1 需升级、补充和修改的类目

11.1.1.1 需升级的类目

随着时代的发展，有些学科迅速发展壮大，由小学科上升为大学科，其对应的类目也应该由低一级调整到高一级，如"D923.4 和 DF523 知识产权法类目"。鉴于国内外知识产权事业的迅速发展，知识产权法无论在理论上还是在实践上正逐渐成为和民法、经济法等并驾齐驱的法律，所以《中图法》（第五版）目前仍然把"D923.4 知识产权法"放在"D923 民法"下是不合适的，同样"DF523"放在"DF5 民法"下也是不合适的，知识产权法类目应该升级。

又如"G254.9 信息检索"不应该作为"G254 信息组织"的下位类，从大的方面来说，信息检索和信息组织是并列关系，信息组织研究的是信息的开发和管理，信息检索研究的是开发成果的查询利用。另外，在中华人民共和国教育部发布的《学科分类与代码》中，文献检索学和情报检索学都是与图书编目学并列的类目。此外，在信息管理专业和图书馆学专业教学中，信息检索和信息组织完全是两门并列的课程。

11.1.1.2 需补充的类目

《中图法》（第五版）大类齐全，但有些必要的小类没有，需要补充。如档案开发和档案编研在档案事业中都是非常重要的工作，但《中图法》（第五版）没有这两个类目，建议可以补充"档案开发"作为"G27 档案事业"的下位类"G276"，鉴于档案编研是档案开发的分支，档案编研的类号可以设为"G276.1"。

11.1.1.3 需修改的类目

有的下位类和其上位类并不是从属关系，但《中图法》（第五版）中却将其整合在一起，如"H319.9 会话"，这个类目的注释是"口语、会话教材、听说读练习、视听教材入此"。在实践中，英语听力和英语会话各有大量的书籍，由于四六级、托福和雅思等英语考试中听力部分往往占据重要地位，导致听力书籍在种类和数量上超过了会话类书籍，因此"H319.9 会话"应改

为"H319.9 听力与会话"。

11.1.2　一些类名需要补充和修改

11.1.2.1　相对应的类名表述应一致

类名对应分为横向对应和纵向对应，横向对应是同级别类目之间的对应，纵向对应是上位类和其下位类之间的对应，相对应的类名表述应一致。

横向对应类名表述不一致的如"G250.25"的类名是"情报学分支"，而"G250.15"是"图书馆学与其他学科的关系"。《中图法》（第五版）其他类目也是用的某某学科与其他学科的关系这种表述方法，因此应该将"情报学分支"改为"情报学和其他学科的关系"。

又如"K104 杂史、史钞"和"K204 古代史籍"不对应。中国古代史籍的体例有编年体、纪传体、纪事本末和杂史等，外国古代史籍同样有不同的体例，如编年体、纪传体等，所以"K104"只简单地列出杂史、史钞是不全面的，这里也应该改为"K104 古代史籍"，杂史、史钞位列其下。

纵向对应类名表述不一致的，如既然"TS"的类名是"轻工业、手工业和生活服务业"，那么"TS97"的类名就应该改为"生活服务业"，而不是"生活服务技术"，而且"生活服务业"这个称呼与其众多的下位类目也更加一致。

11.1.2.2　类名表述不恰当

《中图法》的类名一般都是名词词组，而《中图法》（第五版）类目"F752.56 查关税"的类名"查关税"是一个动宾词组，动宾词组不适合作为一个类名，所以"F752.56"的类名应该改为"关税查收"更好一些。

又如"G254.343 重新编目"这种称呼不准确且不专业，应改为"G254.343 回溯编目"。再如"H152 文体论"应改为"H152 体裁论"，因为文体更属于文学范畴，"H152"下应增加"说明文"类目。此外，"H152.2 辩论文"改为"H152.2 议论文"更合适。

再如"G254.364"的类名为"机读目录、元数据"，笔者认为不妥。"机读目录"既然是元数据的一种，就不能和元数据并列作为类名，这个类名应该去掉"机读目录"或改为"机读目录等元数据"。

11.1.3　有些类目需要进一步细分

《中图法》（第五版）及以前各版《中图法》都存在一个比较大的问题，就是没有注意到有些类目包含的图书种类及数量非常多，而这些类目过于简单，常常只有一个类号，这种情况严重影响了这些类目的图书的分类、查找和借阅等管理工作。

11.1.3.1　"G891 棋类"必须进一步细分

棋类运动在我国有着非常广泛的群众基础，尤其是象棋和围棋普及程度非常高。我国各图书馆馆藏围棋图书和象棋图书数量庞大，且内容非常丰富。以围棋为例，从棋局的过程来看，包括布局、中盘和收官三大部分；从围棋的对弈技巧来看，包括定式、死活和欺着等；从棋手的国别来看，包括中国棋手、日本棋手、韩国棋手等；从围棋的发展历程来看，包括古代围棋、近代围棋和现代围棋。由于围棋运动强烈的竞争性，加之提高围棋水平通常需要阅读大量的书籍，因此在我国，围棋书籍的数量极为丰富，早已位居体育类图书的前列。面对如此众多的围棋书籍，图书馆确实需要一个详细的分类规则，以方便排架、整理和借阅。但是《中图法》从第一版到第五版，对棋类类目的处理却显得过于简单，"G891 棋类"下的"G891.1 国际象棋""G891.2 中国象棋""G891.3 围棋"都没有进一步细分。

以围棋书为例，由于《中图法》只给围棋图书一个类号，所以大量的围棋图书在图书馆的排架完全是混乱的。通常情况下，这些书籍是按照它们到馆顺序排架的，而不是按类别排架。如果图书馆的围棋图书少，这个问题还不严重；如果图书馆的围棋图书很多，那么这个问题就严重了。象棋图书和国际象棋图书的分类也存在着同样的问题。

11.1.3.2　"F830.91 证券市场"应列出下位类股票等类目并进行细分

证券包括股票、期货、债券、基金等。在我国，关于股票方面的书籍种类繁多，但《中图法》（第五版）只是在"F830.91 证券市场"下加了一条注释"股票、债券、基金等入此"。笔者建议，"F830.91 证券市场"应列出下位类"F830.911 股票"，并对类目"F830.911 股票"进一步细分，因为股票书籍的种类和数量在经济管理类书籍中占有一定的地位。

11.1.4　类目调整和合并

11. 1.4.1　类目调整

《中图法》（第五版）中有些类目与其上位类在内涵上不一致，如果调整到别的类目下更合适一些。例如，"X4 灾害及其防治"，一般来说，灾害危害的更多更严重的领域是公共安全，而不是环境，所以"X4 灾害及其防治"类目应该调整到"D035.29 公共安全管理"下，"X4"可以改为"灾害对环境的影响及防治"。

11.1.4.2　类目合并

《中图法》（第五版）有些类目划分得过细，增加了《中图法》的厚度，而图书馆或社会上这些类目下根本没有那么多书，如"S43 病虫害及其防治"整整有 5 页，应该合并成 2~3 页。目前图书分类法和资料分类法合二为一，但笔者认为还是分开好一些，资料分类法里的那些很细的分类号码图书分类根本用不到。

11.2　《中图法》（第五版）K 大类中历史类目之间的关系存在的问题

11.2.1　K0 与 K0–0 部分类目内容交叉的问题

《中图法》（第五版）中在"K 历史、地理"类目下有注释"K-0 理论与方法论所属类目复分入 K0"，因为 K0 有下位类，这就出现了 K0 与 K0-0 部分下位类目内容交叉的问题，分类人员遇到表 11-1 类目内容交叉的时候，将难以在 K0 和 K-0 之间做出正确的归类选择。①

表 11-1　K0 与 K0-0 出现内容交叉的类目

K0	K0–0
K01 史学的哲学基础	K0-02 史学的哲学原理
K06 历史研究 K061 历史研究法、K062 历史写法、K063 历史学习法	K0-03 历史方法论
K09 史学史	K0-09 史学史

11.2.2　类目隶属关系和顺序混乱问题

《中图法》（第五版）K81、K811、K82、K86、K87 类目隶属关系混乱，类目设置不规范。在《中图法》（第五版）中，K81、K85 和 K89 类目是采用八分法编制的号码，属于二级类目，但 K82、K86、K87 不是采用八分法编制的号码，却与 K81、K85 和 K89 类目等长，而 K811 与 K82 又是同位类（三级类目），这不但容易让分类人员混淆它们的关系，而且严重破坏了分类体系的完整性及编码的严谨性和逻辑性。

此外，K827 和 K828 与前面的类目之间顺序混乱。K827 社会政治人物和 K828 社会各界人物不应该放在 K826.1 自然科学、工程技术后，而应该放在 K825.19 法律前，这样才和《中图法》大类排序保持一致。总之，《中图法》再次修订时，编辑委员会只有严格遵循层累制的编码原则，并灵活运用八分制和双位制，才能维护分类体系的完整性和逻辑性。

11.2.3　类目重复问题

《中图法》（第五版）"K20（中国）通史"类目与"K10（世界）通史"类目出现了重复列类，《中图法》设置专类复分表、通用复分表的目的就是将具有共性的内容统一化，以减少分类表的篇幅。但在一些类目的设置上，《中图法》（第五版）详尽无遗地列出了具有共性的内容，这种做法与其追求的

---

① 国家图书馆《中国图书馆分类法》编辑委员会. 中国图书馆分类法［M］. 五版. 北京：国家图书馆出版社，2010.

简洁的目标背道而驰。在"K10（世界）通史"和"K20（中国）通史"类目的下级类目中，虽然两者个别类目的类名有所不同，但由通史细分出来的九个子类目内容是相同的，类名也应该统一。因此，笔者认为不宜在"K2中国史"类目下重复罗列与"K10（世界）通史"内容相同的子类目，正确的做法应是在"K2中国史"类目下附加注释。

11.3 《中图法》（第五版）主表借用总论复分号存在的问题及修正建议

《中图法》主表借用总论复分号是一个常见的现象。关于主表借用总论复分号的原因及当前存在的问题，笔者认为，这是一个重要的课题，但长期以来这方面的研究成果很少，因此对主表借用总论复分号的原因、存在的问题及修正进行全面、系统的研究是很有必要的。

11.3.1 主表借用总论复分号的原因

吴韬信认为，主表借用总论复分号是对总论复分表的一种补充和进一步展开。因为作为通用复分表之一的总论复分表，虽然是对主表的扩充，但它终究是概括性的、简明化的通用性附表，不可能也没有必要对每一个学科的总论性属性进行非常详尽的复分设置，于是为了弥补总论复分表的不足，产生了主表借用总论复分号的现象。[①]

安晓丽认为，主表借用总论复分号有三种原因：第一种是借用后类名发生了改变，与总论复分表的类名存在差异，第二种是借用后增加了对类目进行补充说明和限定的注释，第三种是借用后类目进行了下位类的拓展。[②]

关于主表借用总论复分号的原因，《中图法》第一版编制说明和第五版编制说明都没有提及，吴韬信和安晓丽归纳的原因比较简明扼要，但是还不够

① 吴韬信.《中图法》总论复分号用法小议［J］.图书馆学研究，1994（2）：28-29.

② 安晓丽.网络环境下《中国图书馆分类法》总论复分表修订的再思考［J］.图书馆工作与研究，2013（1）：73-75.

全面。笔者认为，主表借用总论复分号还有一个原因是强调借用类目的重要性，如"B80-0"就是主表类目"B80 思维科学"借用总论复分号"-0"，它们共同组成的类目"B80-0 思维科学理论和方法论"是一个比较重要的类目。此外，主表借用总论复分号还有进一步细分和增加类目注释的作用。

11.3.2 《中图法》（第五版）主表借用总论复分号存在的问题及修正建议

纵观《中图法》（第五版），绝大多数情况下主表借用总论复分号与总论复分表是一致的，但是笔者经过对第五版的仔细分析，发现还是有相当数量的主表借用总论复分号和总论复分表不一致的情况。我们认为，主表借用总论复分号后可以对原来的总论复分表进行补充或展开，但完全不一致就背离了总论复分表的功能，而且也会产生前后矛盾，这种情况下就需要对主表借用的总论复分号进行修改。主表借用总论复分号与总论复分表出现的不一致问题有以下几种。①

11.3.2.1 主表借用总论复分号 "-0" 及其下位类存在的问题及修正建议

在总论复分表各类目中，"-0"及其下位类在主表中被借用的最多，存在的问题也最多。

例一，"F0-08 西方经济学（总论）"与"{-08} 资产阶级理论及其评论研究"不一致，既然《中图法》（第五版）"{-08} 资产阶级理论及其评论研究"已停用并改入"-06 学派、学说及其评论研究"，那么"F0-08 西方经济学（总论）"应改为"F0-062 西方经济学（总论）"才与"-06 学派、学说及其评论研究"一致。

例二，"o6-01 化学物质命名法""o63-01 高分子化合物命名法"与"-01 方针、政策及其阐述"不一致，"o6-01 化学物质命名法"应改为"o6-65 化学物质命名法"，"o63-01 高分子化合物命名法"应改为"o63-65 高分子化合

---

① 国家图书馆《中国图书馆分类法》编辑委员会. 中国图书馆分类法［M］. 五版. 北京：国家图书馆出版社，2010.

物命名法"。与之对应的是,《中图法》(第四版)"Q91-03 古生物学命名法"在《中图法》(第五版)改成了"Q91-65 古生物学命名法"。

例三,"o6-04 化学计算、化学统计"与"-04 术语规范与交流"不一致,"o6-04 化学计算、化学统计"应该改为"o6-03 化学计算、化学统计"才与"03 方法论"一致。

例四,"Q3-01 米丘林遗传学说"与"-01 方针、政策及其阐述"不一致、"Q3-02 孟德尔、摩尔根遗传学说"与"02 哲学原理"不一致,它们应分别应改为"Q3-061 米丘林遗传学说""Q3-062 孟德尔、摩尔根遗传学说"。

例五,"R19-0 方针、政策及其阐述"与"-0 理论与方法论"不一致,"R19-0 方针、政策及其阐述"应改为"R19-01 方针、政策及其阐述"才与"-01 方针、政策及其阐述"一致。

例六,"TU-02 建筑科学基础理论"及其下位类与"-02 哲学原理"不一致,"TU-02 建筑科学基础理论"应改为"TU-03 建筑科学基础理论"才与"-03 方法论"一致。

例七,"TU-8 建筑艺术"及其下位类与"-8 通用概念"不一致,"TU-8 建筑艺术"应该改为"TU-05 建筑艺术"才与"-05 与其他学科的关系"一致。

11.3.2.2　主表借用总论复分号"-29"存在的问题及修正建议

"I1-29 文学市场""T-29 工程技术人员"与总论复分表"-29 生产单位、企业"不一致,但总论复分表中也找不到与"市场"和"人员"对应的号码。因此,笔者建议,需要对总论复分表进行修订,可以将总论复分号"-29"的类名扩展成"生产单位、企业、市场、人员",这样"I1-29 文学市场""T-29 工程技术人员"就没有错误了。

11.3.2.3　主表借用总论复分号"-3"及其下位类存在的问题及修正建议

例一,"Q-31 生物科学研究法"与"-31 调查方法、工作方法"不一致,"Q-31 生物科学研究法"应改为"Q-3 生物科学研究法"才与"-3 研究方法、工作方法"一致,因为生物科学研究法除调查方法和工作方法外,还有其他很多方法。

例二，"Q93-34 微生物菌种目录"与"-34 分析研究、测试与鉴定"不一致，"Q93-34 微生物菌种目录"应改为"Q93-64 微生物菌种目录"才与"-64 表解、图解、图册、谱录、数据等"一致。

例三，"S-35 农业推广学"与"-35 技术条件"不一致，"S-35 农业推广学"应合并到"S-36 农业科研管理学"，这样就改为"S-36 农业推广学、农业科研管理学"。

例四，因为总论复分表中没有"-30"类目，所以设置"S41-30 植物病害、虫害及杂草检疫"类目不妥当，而且植物病害、虫害不属于植物检疫工作方法，而属于植物检疫理论，故本类目应拆分成两个类目，"S41-0 植物病害、虫害"，"杂草检疫"归入"S41-39 其他"。

11.3.2.4 主表使用"-9"的问题和在总论复分表中补充"-9"类目的建议

《中图法》从第一版到第五版的各版本在总论复分表中都没有设置"-9"这个总论复分号，但是《中图法》各版在主表中都使用了"-9"这个复分号，主要是在 T 大类，且大多数是交替类目，如"〔T-9〕工业经济""〔TD-9〕矿山经济""〔TE-9〕石油、天然气工业经济""〔TF-9〕冶金工业经济""〔TH-9〕机械、仪表工业经济""〔TJ-9〕武器工业经济""〔TK-9〕能源与动力工业经济""〔TL-9〕原子能技术经济""〔TM-9〕电工技术经济""〔TN-9〕电子工业经济""〔TP-9〕自动化技术经济""〔TQ-9〕化学工业经济""〔TS-9〕轻工业、手工业、生活服务业经济""〔TU-9〕建筑经济""〔TV-9〕水利经济""〔U-9〕交通运输经济""〔U2-9〕铁路运输经济""〔U4-9〕公路运输经济""〔U6-9〕水路运输经济""〔V2-9〕航空运输经济""〔S-9〕农业经济""〔S23-9〕农业机械化技术经济""〔S7-9〕林业经济"和非交替类目"R1-9 卫生经济学""TD80-9 开采作业管理""TD82-9 煤矿开采作业管理""Q-9 生物资源调查""S14-9 肥料志"。

既然主表已经出现这么多交替复分号"〔-9〕"，笔者建议在总论复分表中补充类目"〔-9〕专科经济"，并加注释"宜入 F"。因为主表借用总论复分号后产生的类目并不要求和总论复分表的类目完全一样，可以是对总论复分表类目的补充和发展，因此"R1-9 卫生经济学"类目也是正确的。

此外，"TD80-9 开采作业管理"应改为"TD80-36 开采作业管理"才与"-36 组织方法、管理方法"一致。TD82-9 煤矿开采作业管理"应改为"TD82-36 煤矿开采作业管理"。"Q-9 生物资源调查"应改为"Q-31 生物资源调查"。

11.3.3 《中图法》（第五版）主表借用总论复分号后主表类目之间不对应的问题及修正建议

总论复分表作为《中国图书馆分类法》重要的通用复分表之一，概括了主表所有类目的共同属性和共同特征，其使用频率和作用都远甚于其他几种通用复分表，有的总论复分号被主表大量的借用，如"-05 与其他学科的关系"。由于"-05 与其他学科的关系"类目没有做进一步的拓展细分，以至于不同的主表类目在借用"-05 与其他学科的关系"做进一步细分时无参照可循，这就造成不同主表类目借用"-05"总论复分号后类目内容不对应的问题，如表 11-2 所示。

表 11-2 主表借用总论复分号后主表类目之间不一致的问题

E0-05 军事学与其他科学的关系	D90-05 法学与其他学科的关系
E0-051 军事心理学	D90-051 法律逻辑学
E0-052 军事社会学	D90-052 法律社会学
E0-053 军事与政治	D90-053 法伦理学
E0-054 国防经济学	D90-054 司法心理学
E0-055 军事与文化	D90-055 法律语言学

从表 11-2 可以看出，除 E0-052 军事社会学和 D90-052 法律社会学存在着对应关系之外，其他类目之间都不存在对应关系，原因是总论复分表"-05 与其他学科的关系"下没有进一步细分。

总论复分表需进一步扩展和补充的除"-05"外，还有"-09""-33""-36"等类目，特别是图书分类法和资料分类法合二为一，资料中学科交叉、概念细分更为普遍，所以资料分类更需要将总论复分表的部分类目细分。总论复分表部分类目需要拓展细分，才能更好地被主表借用。

11.3.4 主表借用总论复分号与总论复分表重复的问题及修正建议

前面已经分析过，主表借用总论复分号的原因是对总论复分表的扩展和补充，因此主表类目没有必要和总论复分表类目重复。如果完全重复就失去了设置总论复分表的意义，完全重复的主表借用总论复分号类目就应该删除，但是目前《中图法》这种完全重复的地方有很多。主表类目与总论复分表类目重复，不仅使主表篇幅过于庞大，同时也降低了总论复分表增强主表的伸缩性、助记性所起的作用。表 11-3 是主表借用总论复分号类目与总论复分表类目重复的示例。

表 11-3　主表借用总论复分号类目与总论复分表类目重复的示例

主表借用总论复分号类目	总论复分表类目
B82-0 伦理学理论与方法论	-0 理论与方法论
C93-02 管理学的哲学基础	-2 哲学基础
C91-06 学派及其研究	-06 学派、学说及其评论研究
B84-05 心理学与其他学科的关系	-05 与其他学科的关系
B82-09 伦理学史	-9 历史

第 12 章

《中国分类主题词表》的发展

分类语言和主题语言是检索语言的两大分支，两大语言构成原理不同，功能相异，互相补充。分类语言的优点恰好弥补了主题语言的不足，主题语言的强项又正好填补了分类语言的空白。如将两者结合，则相得益彰。这种差异性与互补性促使两者结合起来，实现了分类主题一体化。

分类主题一体化是将分类语言与主题语言融合为一体，从而形成一种兼具两种标引、检索功能的检索语言。分类主题一体化已成为当今检索语言的主要发展趋势之一，分类主题词表就是分类主题一体化的工具。

12.1 国外分类主题一体化词表的建设情况

分类主题一体化检索语言的历史不长，但发展迅速。自从英国学者艾奇逊于 1969 年编出全球第一部分类主题一体化的检索语言——分面叙词表以来，世界上先后出现了几十部分类主题一体化词表，如表 12-1 所示。

表 12-1　国外主要分类主题一体化词表

编者	词表名称		编制年份
	译名	原名	
艾奇逊	分面叙词表——工程与相关学科叙词表与分面分类法	Thesaurofacet	1969
	老年福利分类表与叙词表	Classification and thesaurus of welfare of the eldorly	1972
福斯克特	伦敦教育分类法（第二版）	London education classification（2nd ed.）	1974
米尔斯等	建筑工业叙词表	Construction industry thesaurus	1971 1976 年 2 版

（续表）

编者	词表名称		编制年份
	译名	原名	
国际劳工处	职业安全与健康叙词表	CIS thesaurus	1976
艾奇逊	联合国教科文组织叙词表	Unesco thesaurus	1977
英国标准协会	基础叙词表	Root thesaurus	1981 1985 年 2 版
大英图书馆	物理学叙词表	Physics thesaurus	1981
艾奇逊	青年叙词表	Thesaurus on youth	1981
英国消费者协会	消费者词汇叙词表	Thesaurus of consumer terms	1982
国际劳工处	ILO 叙词表	ILO thesaurus	1982
艾奇逊	教育课程与职业叙词表	ELOT thesaurus	1982
艾奇逊等	卫生与社会安全数据叙词表	DHSS-DAHA the-saurus	1985

　　分面叙词表的发展与推广，使之成为分类主题一体化检索语言的最典型代表，如今不仅在英国，而且在美国、西欧、南美及世界其他国家和地区，这种词表已被广为采用。《基础叙词表》英文版出版以后，又相继推出了法文、日文、德文、葡萄牙文等版本。1985 年的英文第 2 版，已被国际标准化情报网（ISONET）用于标准文献。目前，使用《基础叙词表》的国家有英国、德国、日本、印度、加拿大、葡萄牙、巴西、沙特阿拉伯和中国等。我国已将这部大型分面叙词表翻译成中文，以三卷本形式出版，并将其命名为《标准文献主题词表》，用于中国标准文献的标引与检索。

　　对于分面叙词表这一新的文献标引形式，澳大利亚情报学家福斯克特认为，分面叙词表是对索引工作理论和实践的一大贡献。美国著名情报学家兰开斯特在其著作《情报检索词汇规范化》第一版中辟有专章予以介绍。兰开斯特认为，"从某种意义上说，分面叙词表具有全面的优点""这种叙词表十分新颖而重要""看来至少在英国，分面叙词表将成为用于标引和查找规范化词汇的标准"。如果兰开斯特这些话还留有余地的话，那么其同一著作的第二版则将分面叙词表作为叙词表的一种基本方式进行评价。

除分面叙词表之外，还有一些叙词表是对现有分类语言或主题语言进行的一体化改造。1972 年美国学者威廉斯等人出版了两卷《分类的国会图书馆标题表》，曼海默在该书的前言中指出："标题和类目应该是一致的。分类表应该由标准的分类一览表组成，同样的标题按照字顺排列起来将起到分类表索引的作用。"

此外，还有人编写了《国际十进分类法》（UDC）与《联合国教科文组织叙词表》的对照索引。该对照索引包括三部分：（1）英文字顺表，按英文叙词字顺排列，同时列出相应的 UDC 类号；（2）UDC 类表，按 UDC 类号排列，列出相应的叙词；（3）法文字顺表，按法文叙词字顺排列，并列出相应的 UDC 类号。

综上所述，编制分类主题一体化词表，主要有三种形式：一是新编一体化词表，这种方式以编制分面叙词表型的新词表为基础，引入分类体系或深化原来的范畴体系，对主题词进行全面的分类显示和等级控制；二是以分类法为基础，进行分面处理和类名规范化，尽可能转为叙词和叙词组配形式，然后编制字顺表；三是利用现有的分类法和主题词表，编制对照表，使之合二为一。

12.2 《中国分类主题词表》建设情况

《中国分类主题词表》是在《中图法》编委会的主持下，从 1987 年开始由全国 40 个图书情报单位共同编制，并于 1994 年出版的一部大型文献标引工具书。它是在《中图法》（第三版）和《汉语主题词表》（以下简称《汉表》）的基础上，为实现分类主题一体化标引，为机助标引、自动标引提供条件，降低标引难度，提高检索效率和标引工作效率，编制而成的分类检索语言和主题检索语言兼容互换的工具书。《中国分类主题词表》于 1996 年通过中华人民共和国文化部（现更名为中华人民共和国文化和旅游部）鉴定，同年荣获由国家科委（现更名为科学技术部）、国防科工委（现更名为中华人民共和国工业和信息化部）、中国科学院、中国科学技术协会、中国国家自然科

学基金委员会五部门联合颁发的国家优秀科技信息成果二等奖，于 1999 年
10 月又荣获国家社会科学基金项目二等奖。

2000 年 4 月，《中图法》第六届编委会成立，该编委会决定开始修订《中
国分类主题词表》，并确立了《中国分类主题词表》修订的指导思想和原则。
2001 年 5 月 "数字信息资源组织工具的研发与应用" 获国家社科基金委员会
立项，《中国分类主题词表》（第二版）及其电子版的研制是该项目的主要成
果，已于 2005 年 9 月由国家图书馆出版社出版。

《中国分类主题词表》是考虑到《中图法》广泛的使用基础和便于推广
主题标引的情况，选择的一条适合我国国情的分类主题一体化的现实道路。
卜书庆对《中国分类主题词表》的编制和建设有着深入的研究。

12.2.1 《中国分类主题词表》的编制目的

《中国分类主题词表》是在《中图法》类目与《汉语主题词表》主题词
对应的基础上，将分类法与主题法，先组式与后组式语言融为一体的一种新
型的情报检索语言。对文献进行一次性标引，可同时获得分类号和主题词两
种检索标识，从而建立分类和主题两种检索系统，并使之具有兼容性、互
换性。

其编制目的如下。

（1）便于在分类标引的同时进行主题标引，降低标引的难度，提高标引
质量。

（2）便于对已分类的文献补编主题目录。

（3）沟通分类检索系统与主题检索系统之间的联系，方便检索。

（4）同时起主题词表、分类法和分类法索引等多重作用。

《中国分类主题词表》的编制完成将极大地促进我国文献标引工作，节
省大量人力、物力和时间，并对我国文献标引与编目事业产生深远的影响。[①]

---

① 卜书庆 .《中国分类主题词表》的修订技术与规范 [J] . 国家图书馆学刊，2000（4）：68-
74.

12.2.2 《中国分类主题词表》的结构与功能

《中国分类主题词表》的主体包括两个部分，即《分类号——主题词对应表》和《主题词——分类号对应表》。

12.2.2.1 《分类号——主题词对应表》

《分类号——主题词对应表》包括下列几个基本要素：

（1）分类号、类名、注释（《中图法》《资料法》全部照写）；

（2）对应主题词、对应参见；

（3）对应注释说明（必要时采用，主要用来解决一些特殊类目的主题词对应问题）。

其结构如图 12-1 所示。

F31 世界农业经济	世界经济：农业经济
310 农业政策	世界经济—农业政策
311 土地问题	世界经济—土地问题
总论世界各国土地改革、	
土地制度及土地利用的著	世界经济—土地改革
作入此	世界经济—土地利用
	世界经济—土地所有制
312 农业经济概况	世界经济：农业经济—概况

图 12-1 《分类号——主题词对应表》的结构

《分类号——主题词对应表》的功能主要有：

（1）可以发挥主题词分类索引（范畴索引）的作用；

（2）可以作为一部独立的分类法使用，因分类号后面对应着主题词，对准确判断类目的涵义极有帮助；

（3）通过分类体系鸟瞰某一领域主题词的全貌，提供按学科、按专业查找主题词的途径，这种效果比查范畴索引好得多；

（4）在分类标引之后，可立即得出主题标识，因为每个类目后对应着所包含的全部主题词及组配表达式，必要时再核对字顺表，这对主题标引来说十分方便；

（5）是编制分类目录字顺主题索引最理想的工具。

12.2.2.3 《主题词——分类号对应表》

《主题词——分类号对应表》包括下列几个基本要素：

（1）单个主题词和主题词的组配标题形式；

（2）对应分类号（特殊词可缺）；

（3）对应注释说明（必要时使用，主要用于说明一些特殊主题词的对应问题）。

款目的排列格式为：主题词在前，对应分类号在后，间隔两个字。款目按主题词汉语拼音音节先后排列（相同汉字集中），同音同调的汉字再依笔画笔形为序。

单个叙词款目，只在叙词后带上《中图法》相应的分类号，其结构同《汉语主题词表》的结构。

如为组配标题，则要作轮排，但款目下不带任何参照，如下例：

优选法—应用—农业

轮排为：农业—应用—优选法

《主题词——分类号对应表》的功能主要有：

（1）用于主题标引；

（2）可以作为分类表的主题索引；

（3）可以提供多途径检索，这是由于组配标题的轮排的作用；

（4）直接用于组织主题目录。

12.3 《中国分类主题词表》（第二版）的修订

12.3.1 《中国分类主题词表》（第二版）修订的必要性

《中国分类主题词表》（第二版）自 2005 年出版至今已 19 年。它的问世对我国图书情报机构的文献整序和编制检索工具，特别是对主题法的普及和主题检索系统的建设起到重要的推动作用。随着科学技术的发展与社会的进步,《中国分类主题词表》(第二版)有必要进行进一步的修订,原因如下。

12.3.1.1　需要和《中图法》(第五版)相对应

《中国分类主题词表》(第二版)是基于《中图法》(第四版)与《汉语主题词表》两种检索语言而编制的对照索引式一体化检索工具。它应当是两种检索语言最新版本的对照索引,其中的一种检索语言如进行了修订,它也必须随之修订,否则其应用价值就会降低。《中图法》(第五版)已于 2010 年出版并被普遍使用,在这种情况下《中国分类主题词表》(第二版)如不及时修订,使用《中图法》(第五版)的用户就无法使用《中国分类主题词表》(第二版)进行一体化标引。

12.3.1.2　《中国分类主题词表》(第二版)的很多主题词无法满足时代的需求

《中国分类主题词表》(第二版)中的很多主题词无法满足当前社会文献标引和检索的需求,主题法动态性高于分类法的优点也难以得到发挥。

12.3.1.3　《中国分类主题词表》(第二版)已发现的错误需要修订

《中国分类主题词表》(第二版)的编辑工作是一项很大的系统工程,它涉及的学科广泛,全国 40 多个图书情报单位的 160 多位专业工作者参与了这项工作,出现的错误纷繁多样。这些错误在用户的使用过程中以及在建立主题词规范数据库中被陆续发现,所以有必要通过版本的修订加以纠正。

12.3.1.4　受控语言的自然语言化趋势

计算机和数据库技术、网络和通信技术、数字化和多媒体技术的发展与应用,提高了信息检索系统的实用性和易用性,受控语言的自然语言化趋势已越来越明显。要想使《中国分类主题词表》(第二版)适应新的技术环境、新的信息载体和新的用户需求,就必须进一步进行受控语言的自然语言化处理。

12.3.2 《中国分类主题词表》（第二版）修订内容的建议

12.3.2.1 主题词的修订

2005 年以来，反映新科学技术和新事物的词汇不断涌现，《中国分类主题词表》（第二版）需要修订。

主题词的修订应着重从以下九个方面考虑：根据文献保证的原则增补新主题词；大量增补入口词，使《中国分类主题词表》朝着与自然语言相结合的方向迈进；修订部分相对陈旧的表述形式的主题词；将部分标引频率较低的主题词降为入口词；删除基本无文献保证的主题词或进行归并；修订部分主题词之间的语义关系；审查并修订词族索引；增加主题词的英译名；修订主题词字顺表的编排结构。

12.3.2.2 类目与主题词对应关系的修订

根据《中图法》（第五版），全面审查和修订《中国分类主题词表》（第二版）主题词与《中图法》（第五版）分类号之间的对应关系。

12.3.2.3 升级《中国分类主题词表》（第二版）编辑管理系统

这是使词表的修订和维护全面实现计算机化以及开发机读版词表的关键项目，编辑管理系统的升级首先要解决分类法数据和主题词数据的记录之间的对应，完成《中图法》（第五版）电子版的嵌入和《主题词规范格式》的嵌入并以此为依据建立相应的数据库。

《中国分类主题词表》（第二版）可通过这两种数据格式的连接和转换，实现对分类——主题一体化数据的记录。因此，词表管理系统应具有录入和修改、纠错、链接、自动生成各种索引、多种显示模式、编辑、排版、检索、统计等功能。

12.3.2.4 修订《中国分类主题词表》（第二版）电子版

修订《中国分类主题词表》（第二版）电子版，使其具备以下功能。

（1）应满足各种条件的查询：号码、语词、精确、模糊、任意词素。

（2）应具有各种显示功能：不同范围、不同详简层次、多窗口。

（3）能通过超文本技术将使用类目与交替类目、类目与参照、类号与主题词、主题词与参照项（用、代、属、分、参、族）等链接起来，实现查找过程的任意切换。

（4）应具有友好的用户界面和帮助系统。

（5）应具有与标准编目系统和检索系统连接的接口，实现编目过程分类号和主题词的固定字段的自动录入，从而提高编目效率。

（6）能通过与编目系统、检索系统的连接进行标引词频或检索词频的统计。

12.3.3 《中国分类主题词表》（第二版）修订的程序和方法建议

修订工作应充分利用编辑管理系统的功能和各种已有数据库资源，避免人海战术和尽量减少手工作业的范围，修订的程序和方法如下。

12.3.3.1 数据统计

通过数据统计才能准确地掌握现有主题词的标引频率，了解其文献保证率，从而判断原主题词选词的科学性和实用性，为修订工作提供可靠依据。

通过数据统计才能全面调查新学科、新事物、新主题在文献中的关键词（自然语言）表述形式，为新增主题词提供依据。

数据统计可用《中国国家书目》《中文社科报刊篇名数据库》《中文科技期刊数据库》进行，这 3 个数据库基本涵盖了近 18 年来中文图书和期刊论文的数据，能反映出各学科领域标引用词的情况。

数据统计须用一定的软件分别统计各数据库的标引词使用频率、标引词对应的分类号和分类号对应的标引词，然后将这 3 个数据库的统计数据分别加以合并，形成 3 种综合统计数据，作为数据分析和修订的依据。

12.3.3.2 对统计的数据进行分析、确定选词标准、预选新的主题词

根据标引词统计频率，分别确定图书与期刊的主题词。

（1）标引频率极高的一般属通用词，如设计、工艺、研究等，从中选取

词表未收的通用词。

（2）标引频率很高或较高的（可能是正式主题词也可能是关键词）作为主题词预选的对象。

（3）有一定标引频率的，作为入口词预选的对象。

（4）标引频率很低的，作为删除、合并主题词和建立主题词用代关系的依据。在此基础上结合各种因素对选词标准进行调整，如历史文献，虽然某些词使用频率很低，应予保留，但统计数据中可能反映不出来，然后进行主题词的预选。

12.3.3.3　建立新的主题词规范数据库

主题词规范数据库是《中图法》编委会以主题词规范数据格式在《中国分类主题词表》第一版的基础上建立的，它包括主题词的全部数据，经过更新后可以作为修订词表的基础。

首先要把规范库对应的分类号改为《中图法》（第五版）的分类号，形成新分类号与原主题词的对应。其次结合标引词词频统计数据和预选的主题词更新规范数据库，这一步是词表修订工作关键的一步，具体工作如下。

1. 重新审定和调整主题词

原主题词无文献保证的（包括历史各阶段的文献）删除，原主题词标引频率相当低的降为入口词。同一主题词概念，既有主题词也有关键词的，根据标引频率确定正式主题词与入口词；标引频率差不多的，以关键词为入口词。

关键词标引频率较高且无相应主题词的，入选为正式主题词（包括部分通用词）。

凡是有一定标引频率的关键词，均选为入口词，同时增加其他来源的入口词。根据科学技术和社会、经济发展的趋势，有预见地增加其他来源的主题词。

2. 对新增主题词建立全面的语义关系

对正式入选的主题词、入口词建立注释、用、代、属、分、参、族语义关系，建立与分类号的对应及增加英译名等；检查和调整原来不当的语义关系。

3. 更新词族索引

根据对主题词修订的结果，生成一个供修订用的词族索引。主题词的增、删、改和新建立的语义关系，不可避免地会出现许多属种关系的逻辑错误和等级链的断裂，这就需要人工检查、调整，最后完成词族索引的更新。上述工作需要反复进行才能完成。

12.3.4 修订类目——主题词对应数据库

修订类目——主题词对应数据库步骤如下。

（1）使用主题词规范数据库生成一个"分类号——主题词对照索引"。

（2）使用词表管理系统把"分类号——主题词对照索引"的数据导入《中图法》（第五版）机读数据库，形成"类目——主题词对应表"的基础框架。

（3）以新的主题词规范数据为依据，为新增及修订的类目编制主题词组配标题；全面审查、修订原有类目对应的主题词组配标题；参照"分类号对应的标引词"统计数据，全面审查、调整类目对应的单个主题词。

（4）编制主题词对应栏的参照和说明语。

（5）根据《中图法》（第四版）新增类目与主题词对应的需要提出须再增补的新主题词。

（6）根据类目——主题词对应的结果，纠正《中图法》（第五版）中的错误。

（7）将上述（3）~（6）的修订数据返回主题词规范数据库，对该数据库进行第 2 次修订；然后再重复本项的修订过程，直至语义上、逻辑上没有错误为止；最后使用词表管理系统完成《中国分类主题词表》各版本编排和编写《中国分类主题词表》标引手册。

第 13 章

中国机读目录的发展

目录是图书馆开展各项服务的基础，编目工作是图书馆的基础工作。机读目录的出现极大地推进了图书馆馆际文献资源共享，提高了目录在图书馆中的地位，使目录成为图书馆的重要资源。

13.1 机读目录简介

13.1.1 机读目录的编制步骤

机读目录的编制通常要经过以下步骤。

（1）编制输入工作单：编目人员按照著录和编目规则，在工作单上对文献进行著录标引，同时根据计算机处理的要求，填入代码数据及各种标识符号。

（2）输入数据：将输入工作单上的数据输入计算机，转换为计算机可以识别的代码形式，并经过机器和人工反复校验。

（3）计算机处理：计算机对输入的数据，按要求进行各种加工处理，组织成统一格式的机读记录。一条机读记录相当一条书目款目。构成机读目录的数据是以一定的国际、国家或地区的字符图形编码字符集的代码来记载的，如美国国会图书馆的机读目录使用的就是美国图书馆协会字符集。

（4）存储和输出：处理好的机读记录可存入数据库或通过通信线路传送到其他系统，也可以显示、打印、以缩微品形式输出，或者记录到磁带、软盘等磁介质上以供交换。

13.1.2 机读目录的优点

13.1.2.1 多途径检索、多个检索点

机读目录的检索系统非常完备，除了可从题名、责任者、订购号、ISBN（或 ISSN）、统一书号（或 CN 号）、索取号和分类号等多种途径检索外，1 篇文献又可从多个检索点检索。

13.1.2.2 适宜于共建共享、检索及传输速度快

机读目录的诞生促进了图书馆的计算机管理，并使文献处理走向标准化、规范化，从而为文献共建共享创造了有利的条件。

13.1.2.3 信息详备、查准率高

与传统的目录卡片相比，机读目录所揭示的信息要详备得多，通过机读目录检索查准率高。

13.1.2.4 记录易于修改、完善

编目人员可根据需要随时对特定记录的各字段数据或指示符进行修改，补充完善记录，使记录由简要级上升为完备级。

13.1.3 机读目录的发展历程

1963 年，美国一些学者提出了关于美国国会图书馆进行书目系统自动化的报告。

1965 年 1 月美国国会图书馆亨丽埃特·阿夫拉母机读目录开发小组提交了关于在美国国会图书馆进行机读目录开发的报告。

1966 年 1 月，美国国会图书馆亨丽埃特·阿夫拉姆机读目录开发小组开始实施机读目录试验计划，共 16 个图书馆参加，制定了机读目录 I 格式；试编了机读目录，同年 9 月，生产出机读目录试验磁带。

各参加馆用这种磁带试验生产目录卡片、书本目录、新书通报等，取得了很好的效果。亨丽埃特·阿夫拉姆经过两年多的试验，又设计出了适合书

目信息交换用的机读目录Ⅱ格式，扩充了字符集，调整和改进了加工系统。

1968 年 7 月开始了正式的机读目录计划。

1969 年 3 月美国国会图书馆向全国发行机读目录Ⅱ格式的英文图书机读目录磁带。

机读目录的出现，有力地推动了图书馆技术的自动化和标准化。

到了 20 世纪 80 年代末，包括英国、法国、加拿大、丹麦、意大利、挪威、瑞典、澳大利亚、日本等在内多个国家和地区进行了机读目录的研究与开发，建立了机读目录系统，并开始生产和发行机读目录产品。

13.2　CNMARC 简介

CNMARC 是 China Machine-Readable Catalogue 的简称，即中国机读目录。CNMARC 用于中国国家书目机构同其他国家书目机构以及中国国内图书馆与情报部门之间以标准的计算机可读形式交换书目。

最初的中国机读目录以磁带和软盘两种载体形式发行，其格式遵循国际标准《文献目录信息交换用磁带记录格式》（ISO 2709）。在数据字段的设置上，该目录依据《国际机读目录格式》（UNIMARC）进行了配置，同时考虑到中国出版物的特点和多字节汉字信息代码的特殊需求，增加了相应的规定。

13.2.1　CNMARC 记录头标

记录头标是按照 ISO 2709 的规定设立的，它包括处理记录时可能需要的有关记录的一般性信息。整个头标区固定为 24 个字符长度，由固定长数据元素组成，这些数据元素通过字符位置来标识。

表 13-1 是 CNMARC 记录头标固定长数据一览表。

表 13-1　CNMARC 记录头标固定长数据一览表

数据元素名称	字符数	字符位置
记录长度	5	0~4

数据元素名称	字符数	字符位置
记录状态	1	5
执行代码	4	6~9
指示符长度	1	10
子字段标识符长度	1	11
数据及地址	5	12~16
记录附加定义	3	17~19
地址目次结构	4	20~23

13.2.2　CNMARC 数据字段区

CNMARC 数据字段区分为 10 个部分，也称为 10 个块。

（1）标识块（0—），包括记录和作品的标识号码，如记录控制号、国际标准书号（ISBN）、国际标准连续出版物号（ISSN）、国家书目号等。

（2）编码信息块（1—），包括描述作品各方面的定长数据元素，如形态特征代码、出版年、作品语种、出版国别等。

（3）著录块（2—），包括《文献著录总则》规定的除附注项和标准号以外的全部著录项，如题名与责任者项、文献类型标识、版本项、连续出版物卷期编号、出版发行项、载体形态项、丛编项。

（4）附注块（3—），包括对作品各方面的文字说明（附注）及提要与文摘。

（5）连接款目块（4—），包括以数字和文字形式对其他记录的标准连接，如作品之间的纵向关系、横向关系及变更情况的连接。

（6）相关题名块（5—），包括作为检索点的本作品的其他题名，如统一题名、并列题名、封面题名等。

（7）主题分析块（6—），包括分类与主题标识。

（8）责任者块（7—），包括对作品负有责任的个人及团体的名称。

（9）国际使用块（8—），包括对记录负有责任的机构标识。

（10）国内使用块（9—），供国内文献情报机构记录馆藏信息。

13.3 《UNIMARC 手册》(第三版)视野下《新版手册》记录头标和 1XX 编码信息块的修订建议

代码信息是机读目录的重要组成部分，通常用来揭示编目记录和编目文献的标识与形态特征，主要分布在机读目录的记录头标、0×× 标识块和 1×× 编码信息块这三个地方。代码信息体现了传统手工编目所不具备的计算机编目的两个优点：一是便于计算机对书目文档的宏观控制，二是可使计算机对书目文档进行限定性检索。

13.3.1 《新版手册》记录头标需要修订的代码信息

《新版手册》和《UNIMARC 手册》记录头标代码信息有较多不一致的地方，如其执行代码部分的记录类型和书目级别，执行代码在记录头标中的字符位置是 6~9。[①]

13.3.1.1 记录类型

记录类型位于记录头标的字符位置 6，《新版手册》对于记录类型内容的翻译存在两点不足，需要修订。

第一点不足是《新版手册》第 12 页对《UNIMARC 手册》记录类型代码 a、c、e 所对应的文字的含义随意改动，导致译文和原文在意思的表达上有较大出入。《UNIMARC 手册》记录类型代码 a、c、e 的原文为：

a = language materials, except manuscript

Includes printed, microform and electronic language material

c = notated music, except manuscript

Includes printed, microform and electronic notated music

e = cartographic materials, except manuscript

Includes maps, atlases, globes, digital maps and other cartographic items

以上代码信息应翻译为：

---

① 曾伟忠.《UNIMARC 手册》(第三版)视野下《新版手册》记录头标和 1×× 编码信息块的修订建议 [J].图书馆学研究, 2016 (7)：62-64.

a = 非手稿文字资料，包括印刷品、缩微品和电子文字资料

c = 非手稿乐谱，包括印刷品、缩微品和电子乐谱

e = 非手稿测绘制图资料，包括地图、地图册、地球仪、数字地图和其他测绘制图文献

而《新版手册》翻译为：

a= 文字资料印刷品

c= 乐谱印刷品

e= 测绘制图资料印刷品

通过对比可以看出，《新版手册》记录类型的 a、c 和 e 代码信息所包含的文献类型范围大大小于《UNIMARC 手册》记录类型的 a、c 和 e 代码信息所包含的文献类型范围。另外，《新版手册》将 m = multimedia 中的 multimedia 翻译为多载体也是不恰当的，应该翻译为多媒体较为合适。

第二点不足是《新版手册》对 k、l 和 r 等复杂的记录类型没有举例，而《UNIMARC 手册》相应地举了比较详细的例子。

k = 二维图形（图画、设计图等），包括游戏卡（activity cards）、图表（charts）、拼贴画（collages）、计算机图形（computer graphics）、素描（drawings）、闪存卡（flash cards）、绘画（paintings）、照片底片（photo negatives）、打印的照片（photo prints）、图画（pictures）、照片光盘（photo CDs）、明信片（postcards）、海报（posters）、印章（prints）和工程图（technical drawings）等。

l = 电子资源，包括计算机软件（程序、游戏和字库）、数字数据（numeric data）、计算机上运行的多媒体（computer-oriented multimedia）、在线系统或服务（online systems or services）。

r = 三维制品和教具，包括人造物品如模型（models）、实景模型（dioramas）、智力玩具（puzzles）、仿真器具（simulations）和雕塑（sculptures），艺术品及其复制品如展览品（exhibits）、机器（machines）、衣服（clothing）、玩具（toys）和刺绣品（stitchery），以及自然物品如显微镜样品（microscope specimens）等。

对于复杂的记录类型，像《新版手册》这样面向全国编目界的工具书还是要举例说明的。因为现在的编目对象不仅仅是图书和期刊，还有其他不常见的类型，非常广泛，不举例说明的话，编目人员遇到像仿真器具

（simulations）或闪存卡（flash cards）这些很少见的编目对象，就不知道赋予什么记录类型的代码了。

13.3.1.2　书目级别

书目级别位于记录头标的字符位置 7，《新版手册》将书目级别分为 a = 分析级（组成部分）、m = 专著、s = 连续出版物和 c = 合集。与《UNIMARC 手册》相比，《新版手册》存在三点不足。

第一点不足是，《新版手册》的书目级别遗漏了 i = integrating resource（集成资源）这个级别，集成资源主要指网站资源，是数字时代重要的信息资源，所以《新版手册》应该将 i 补充进来。

第二点不足是，《新版手册》第 13 页的书目级别在对 s = 连续出版物进行举例时，遗漏了两个重要的例子，即丛书（monographic series）和电子期刊（electronic journals）。如果没看到《UNIMARC 手册》的例子，将会有相当多的编目人员把丛书的书目级别赋值为 m。

第三点不足是，《新版手册》将 a = analytic（component part）翻译为"分析级（组成部分）"不大妥当，笔者认为应该翻译为"分析（组成部分）"较为合理，因为与之相对应的后面的三种书目级别都没有带"级"这个字。

13.3.2　《新版手册》0×× 标识块需要修订的代码信息

0×× 标识块通过字段和子字段代码信息标识记录或在编文献，《新版手册》0×× 标识块的以下几个地方需要修订。

13.3.2.1　需要补充的字段和子字段

与《UNIMARC 手册》相比，《新版手册》没有设置 003 字段，其 011 字段也没有设置子字段 $f 和 $g，因此也就没有 003 字段的代码信息和 011 字段的子字段的代码信息。

《UNIMARC 手册》中的 003 字段是稳定记录标识（persistent record identifier），这个字段用来著录编目机构制作发行的书目记录的稳定标识。稳定记录标识是互联网网址，可以被用户加到书签、网页、博客和电子邮件中，以在需要时对书目进行检索。

在数字时代，用户需要能够方便地储存和检索数字书目，所以《新版手册》应该补充 003 字段。

《UNIMARC 手册》中 011 字段的子字段 $f ISSN-L or linking ISSN 是纸质报刊电子版的 ISSN 号，子字段 $g Cancelled ISSN-L 是取消的电子报刊的 ISSN 号。现在纸质报刊增办电子版的越来越多，如《中国青年报》《中国青年》《读者》《南方周末》等，这些电子报刊也需要著录，著录当然需要相应的 ISSN 号，所以《新版手册》在 011 字段需要补充这两个子字段的代码信息。

13.3.2.2　需要合并的字段

《新版手册》的 017 其他标准号字段和 094 标准号字段有冲突，需要合并。

017 字段的定义为包含一个不能记入 0×× 其他字段的标准编号，017 字段的内容注释为国际标准、国家标准、行业标准或企业标准的标准号，也可以选择使用 094 字段。此外，《新版手册》017 字段的示例为：017 70$aWH/T15——2002$dCNY28.00$2 中华人民共和国文化行业标准。

094 字段是 UNIMARC 所没有的，09× 字段是我国补充的。094 字段的定义为包含国际标准、国家标准、行业标准或企业标准等出版物的号码，094 字段的注释为国际标准、国家标准、行业标准或企业标准的标准号，也可选择使用 017 字段，094 字段的示例 2 为：094 ##aCNbWH/T0503-96。

根据以上信息，看不出这两个字段在著录标准文献时有什么区别，两个示例又都是对文化和旅游部标准的著录。同样的文化和旅游部标准，017 和 094 这两个字段都可以著录，也没有什么优先规定，这就造成一些标准文献可以归到两个字段，这是不科学的，所以在未来的修订中最好将 017 和 094 这两个字段合并。

13.3.3 《新版手册》1×× 编码信息块需要修订的代码信息

13.3.3.1 100 通用处理数据

100 通用处理数据字段的子字段 $a 以字符位置标识全部数据，字符位从 0~35 计数，所有被定义的字符位必须在子字段中出现，《新版手册》100 字段有三个地方需要修订。

第一个地方是位于字符位置 8 的出版时间类型，《新版手册》在 "f = 出版年不确定的专著" 下对出版时间 1 和出版时间 2 的说明性文字中，多加了 "不允许出现标识空位" 这样的文字。而《UNIMARC 手册》91 页 f = monograph, date of publication uncertain 下 Publication date 1 和 Publication date 2 的说明性文字中没有 "不允许出现标识空位" 这样的文字。另外，《UNIMARC 手册》93 页的例 16 如下：

EX 16：f####1510

The item was published in or before 1510.

从这个例子可以看到，f 后的不确定出版年可以输入空位。

根据以上文字和例子，《新版手册》在 "f = 出版年不确定的专著" 下对出版时间 1 和出版时间 2 的说明性文字中，应将文字 "不允许出现标识空位" 删除。

第二个地方是字符位置 17~19 的阅读对象代码，《新版手册》54 页将《UNIMARC 手册》94 页的 "k = adult, serious" 翻译成 "科研人员"，笔者认为翻译为 "知识分子" 似乎更合适一些。此处的 "serious" 的含义通过查英语词典比较难找到准确的答案，所以笔者建议最好咨询一下英美图书馆学专业人士。

第三个地方是字符位置 34~35 的题名文字代码，对于中文文献，《新版手册》定义了 "ea = 广义中文、eb = 中文—汉字和 ec = 中文—汉语拼音"，而《UNIMARC 手册》只有 "ea = Chinese"。笔者认为，《新版手册》的中文题名文字代码应该像《UNIMARC 手册》那样改为 "ea = 中文"，原因是，一般来说，中文文献的题名不大可能是汉语拼音，而是汉字。这里需要指出的是，日语文献的题名文字代码和中文不同，日语文献的题名既可以是汉字，也可以是假名，还可以是汉字和假名的组合，所以《UNIMARC手册》对于日语文献的题名文字代码是"da = Japanese – script unspecified，db = Japanese – kanji 和 dc = Japanese – kana"，这与《新版手册》的"da = 广义日文，db = 日文—汉字和 dc = 日文—假名"是一致的。

13.3.3.2 106 文字资料—形态特征

《新版手册》106 字段包含描述文字资料形态特征的代码信息。与《UNIMARC手册》相比，《新版手册》106 字段的 $a 子字段缺少了物理形态标识代码 s = 电子资源（electronic）和 t = 缩微品（microform）。电子资源和缩微品都是重要的文献形态，《新版手册》应该补充。

13.3.3.3 110 连续出版物

对于 110 字段，《新版手册》和《UNIMARC手册》有两个区别。

第一个区别是字段名称不同，《新版手册》的字段名称是连续出版物，《UNIMARC手册》的字段名称是连续性资源。

第二个区别是《新版手册》110 字段下的 $a 子字段字符位置 0 的数据元素名称是连续出版物类型标识，包括 a = 期刊、b = 专著丛编、c = 报纸和 z = 其他。而《UNIMARC手册》110 字段下的 $a 子字段字符位置 0 的数据元素名称是连续性资源类型标识。除了以上四种外，还增加了 e = 更新的书目（updating loose-leaf）、f = 数据库（database）和 g = 更新的网站（updating Web site）这三种类型。

因此，《新版手册》的 110 字段的名称应改为连续性资源，并增加 e、f 和 g 这三种类型标识。

13.4 国内编目工具书封面题名、书脊题名著录方式修订建议

封面题名、书脊题名是普通图书重要的著录信息，同时也是重要的检索点。相对于正题名和并列题名来说，我国编目工具书对于封面题名、书脊题

名的著录方式缺乏应有的例子。再加上长期以来，我国编目界对于封面题名、书脊题名著录方式的探讨也很少，因此编目人员对一些比较特殊的封面题名、书脊题名的著录方式缺乏正确的参照，以至于同一种图书的封面题名、书脊题名在不同的图书馆出现了各不相同的著录方式。为此，周卫妮曾撰文专门探讨了国内编目工具书封面题名、书脊题名的著录方式。不过笔者在研读了周卫妮的论文后，发现周卫妮提出的封面题名、书脊题名的著录方式存在不正确和值得商榷的地方。针对以上情况，笔者认为有必要对国内编目工具书封面题名、书脊题名的著录方式进行探讨。

13.4.1　国内编目工具书对于封面题名、书脊题名著录方式的说明存在不足

13.4.1.1　没有对"封面题名、书脊题名明显不同于正题名"进行应有的说明

对于封面题名和书脊题名的使用场合，《新版中国机读目录格式使用手册》第 308 页的字段内容注释写到，只有当封面题名明显不同于正题名时，方可使用本字段。《CALIS 联机合作编目手册》第 384 页的使用说明写到，只有在封面题名明显不同于正题名时，才使用本字段。

但是，这两部编目工具书都没有对"封面题名、书脊题名明显不同于正题名"进行应有的说明。例如，一本图书封面题名、书脊题名的正题名和题名页的正题名相同，但它们的副题名不同，这种情况算不算正题名和封面题名明显的不同？在哪些情况下，封面题名、书脊题名不属于明显不同于正题名？

13.4.1.2　对于封面题名、书脊题名著录方式缺乏应有的举例

国内编目工具书对于封面题名、书脊题名著录方式缺乏应有的举例，如《新版中国机读目录格式使用手册》第 309 页和《CALIS 联机合作编目手册》第 384 页对于封面题名著录方式都只有两个例子；一些重要的封面题名、书脊题名著录方式情况没有举例说明，如含有副题名的封面题名的著录方式、

封面题名和书脊题名相同时的著录方式等，这就使得不同图书馆的编目人员遇到这样的封面题名、书脊题名需要著录时只能各行其是。

13.4.2 封面题名、书脊题名在手工著录方式中是否可以作为检索点

对于封面题名、书脊题名在手工著录方式中是否可以作为检索点，周卫妮在其论文中写到，手工款目著录阶段，封面题名和书脊题名一般不作为检索点，只在附注项说明。例如，《中国文献编目规则》规定，各项规定信息源所载书名出现重要差异，应根据书名页所题书名著录，并在附注项注明其他书名，如"封面书名：××""书脊书名：××"等。

笔者认为，周卫妮提出的封面题名和书脊题名一般不作为检索点这样的观点是不正确的，因为《中国文献编目规则》第 27 页只是说明了封面书名和书脊书名在什么情况下作为附注，并不能由此得出封面题名和书脊题名一般不作为检索点这样的结论。

相反，《中国文献编目规则》及其第二版分别有章节对封面题名、书脊题名作为检索点做出了说明。

如《中国文献编目规则》第 287 页规定，具有检索意义而非主要信息源中的著作题名，可用作题名标目。

例如，新词新语词典 / 李行健，曹聪孙，云景魁主编……

封面书名：汉语最新词语 8 000 条。

（除以"新词新语词典"为标目外，可另以"汉语最新词语 8 000 条"为标目）

同样《中国文献编目规则》（第二版）第 369 页规定，凡具有检索意义的文献各类型的题名，包括正题名（含交替题名）、其他题名信息、分卷（册）题名、丛编名等均可作为检索点。

13.4.3 封面题名有副题名而题名页没有副题名时的著录方式

周卫妮在论文中列举了一些编目人员对于封面题名有副题名而题名页没有副题名时的著录方式，如《四世同堂》上册，其书名页题名是"四世同

堂·上"，其封面书名：四世同堂·第一部 惶惑。

方式一：

200 1#$a 四世同堂 $h 上

512 1#$a 四世同堂 $e 第一部 $e 惶惑

方式二：

200 1#$a 四世同堂 $h 第一部 $i 惶惑

517 1#$a 惶惑

周卫妮指出，第一种著录方法虽然不错，但就从"惶惑"这一题名角度来检索该书是检索不到的，因为没有给"惶惑"这一具有检索意义的题名设置检索点；第二种从方法上来说是不标准的，但却增加了"惶惑"这一题名检索点。

周卫妮认为，以上例子可以著录为：

200 1#$a 四世同堂 $h 上

512 1#$a 四世同堂 $e 第一部 $e 惶惑

517 1#$a 惶惑

笔者认为，周卫妮提出的著录方式值得商榷。

首先是本例不宜使用 517 字段，因为根据编目工具书的规定，517 字段用于 510~516 字段以外的其他不同题名，而封面题名 512 字段、书脊题名 516 字段属于 510~516 字段。

另外，根据编目工具书的规定，只有当题名页的正题名和封面题名有明显的不同时，才需要对封面题名设置检索点。笔者认为，本例的封面题名的正题名和题名页正题名相同，只是副题名不同，不属于有明显的不同，所以 512 字段不需要设置和 200 字段重复的检索点，512 字段只要能体现本书封面题名的完整信息就可以了，所以第一个 512 字段的指示符 1 的值应改为 0。但是如果编目人员认为有必要给副题名设置检索点，可以增加一个 512 字段，本例应著录为：

200 1#$a 四世同堂 $h 上

512 0#$a 四世同堂 $e 第一部 $e 惶惑

或者

200 1#$a 四世同堂 $h 上

512 0#$a 四世同堂 $e 第一部 $e 惶惑

512 1#$a 惶惑

13.4.4 封面题名和书脊题名相同但与题名页题名不同时的著录方式

周卫妮在论文中还列举了编目人员对于封面题名和书脊题名相同但与题名页题名不同时的著录方式，如题名页题名为"全新大学英语四、六级词汇巧记速记及考点精练"一书，该书的封面题名和书脊题名为"全新大学英语4、6级词汇巧记速记及考点精练"。该书出现了以下三种著录方式：

第一种：2001#$a 全新大学英语四、六级词汇巧记速记及考点精练

512   1#$a 全新大学英语 4、6 级词汇巧记速记及考点精练

第二种：2001#$a 全新大学英语四、六级词汇巧记速记及考点精练

516   1#$a 全新大学英语 4、6 级词汇巧记速记及考点精练

第三种：2001#$a 全新大学英语四、六级词汇巧记速记及考点精练

512   1#$a 全新大学英语 4、6 级词汇巧记速记及考点精练

516   1#$a 全新大学英语 4、6 级词汇巧记速记及考点精练

周卫妮认为，当封面题名和书脊题名一致但与题名页题名不一样时，可以优先选择 512 封面题名字段。因为就封面题名和书脊题名相比较，封面题名给人的视觉感受更直观一些。对这种情况，如果既著录封面题名字段，又著录书脊题名字段，不仅浪费了数据库的空间资源，也没什么实际意义。因为在检索途径里面，关于题名的检索途径只有一个，就是"题名"，而没有什么封面题名或书脊题名、副题名之分。

据此，周卫妮提出的著录方式如下：

200 1#$a 全新大学英语四、六级词汇巧记速记及考点精练

512 1#$a 全新大学英语 4、6 级词汇巧记速记及考点精练

这种著录方式和第一种相同。

笔者认为，周卫妮以上的观点及提出的著录方式值得商榷，理由如下。

文献著录的功能包括两个方面，即对文献信息的描述和检索点的设置。512 字段和 516 字段的作用是反映图书有没有与 200 字段正题名明显不同的封面题名或书脊题名，是有实际意义的。如果按照以上周卫妮提出的著录方

式，从著录信息就看不到该书有书脊题名。另外，视觉感受和占用数据库空间不能成为遗漏应著录字段的理由，因此笔者认为上述第三种著录方式是正确的。

13.4.5 封面题名或者书脊题名是题名页正题名的副题名时的著录方式

周卫妮列举了封面题名或者书脊题名和题名页正题名的副题名相同时的几种著录方式，如题名页题的是"困境与出路：中国企业兼并与破产手册"，而书脊上的题名是"中国企业兼并与破产手册"。

第一种：2001#$a 困境与出路 $e 中国企业兼并与破产手册

517 1#$a 中国企业兼并与破产手册

第二种：2001#$a 困境与出路 $e 中国企业兼并与破产手册

516 1#$a 中国企业兼并与破产手册

第三种：2001#$a 困境与出路

516 1#$a 中国企业兼并与破产手册

第四种：2001#$a 困境与出路 $e 中国企业兼并与破产手册

516 1#$a 中国企业兼并与破产手册

517 1#$a 中国企业兼并与破产手册

周卫妮认为以上第二种著录方式是正确的，笔者持相同观点，但周卫妮没有指出另外三种著录方式的错误之处。

第一种著录方式的错误前文已经指出，第三种著录方式中 200 字段遗漏了图书的副题名，著录信息没有反映图书书名的实际情况，第四种著录方式不宜使用 517 字段，同时也没必要重复设置检索点，因为 516 字段已经设置了检索点。

13.5 国图 CNMARC 格式弃用 604 字段存在的问题及其他相关性问题的研究

UNIMARC 格式的 6×× 主题分析块中的主题分析字段有 600 个人名称

主题、601 团体名称主题、602 家族名称主题、604 名称和题名主题、605 题名主题、606 论题名称主题和 607 地理名称主题等。国家图书馆出版社 2004 年出版的《新版中国机读目录格式使用手册》（以下简称《新版手册》）包含了以上这些字段。一般来说，这些字段在国图编目实际工作中都会得到使用，但是笔者却发现国家图书馆采编部在实际编目工作中弃用了其中的 604 字段。笔者认为，作为名称/题名主题检索点的 604 字段是一个比较重要的字段，国图 CNMARC 格式弃用 604 字段会产生两个问题，一个问题是国图的编目记录缺失所编目作品中的责任者名称检索点，另一个问题是国图的编目记录没有与相关作品建立连接，其编目记录也就没有提供相关作品的检索信息。

13.5.1　国图 CNMARC 格式弃用 604 字段的表现

对于国图 CNMARC 格式弃用 604 字段这种现象，笔者一直比较关注。在 2011 年出版的由曹宁主编的《图书资料专业技术资格考试辅导指南》一书中，"主题标引实践操作"部分的练习中没有 604 字段使用的练习，取而代之的是 605 字段。另外，2008 年出版的由国家图书馆资深编目专家刘小琴编著的《CNMARC 书目数据编制方法及操作实例》也没有论及 604 字段的使用。

为了更好地说明这个问题，笔者访问了国家图书馆网站，发现国图 CNMARC 都没有使用 604 字段，以下是从国图网站下载的吴琼和夏征难所编的图书《论克劳塞维茨〈战争论〉》的 CNMARC 记录（次要字段有删节）。

200 1# |a 论克劳塞维茨《战争论》|f 吴琼，夏征难编

210 ## |a 上海 |c 上海教育出版社 |d 2002

215 ## |a 350 页 |d 21cm

605 ## |a 战争论 |x 研究

606 0# |a 战争理论

690 ## |a E8 |v 4

701 #0 |a 吴琼 |9 wu qiong |4 编

701 #0 |a 夏征难 |9 xia zheng nan |4 编

通过这条记录可以发现，国图 CNMARC 格式没有使用 604 字段，而使用了 605 字段——题名主题检索点标引。

13.5.2 王松林对于国图 CNMARC 格式弃用 604 字段的研究

王松林在发表的论文《CNMARC 格式的 604 和 605 字段录入问题释疑》中就《论克劳塞维茨〈战争论〉》一书中的主题标引方式，对国图格式使用 605 字段和 CALIS 格式使用 604 字段进行了比较，在结论中，他认为，CALIS 格式使用 604 字段的责任者名称 / 主题著录方式优于国图使用 605 字段的题名主题著录方式。不过，王松林的论文没有指出国图弃用 604 字段而只用 605 字段的题名主题标引方式会产生什么样的问题。

还有一点需要指出的是，王松林根据《新版手册》604 字段和 605 字段的注释，得出 604 字段和 605 字段都是统一题名的结论，对这个结论笔者不敢苟同。首先，从 604 字段和 605 字段的英语 Name and Title Used as Subject 和 Title Used as Subject 来看，没有统一题名（Uniform Title）的字眼。其次，王松林的论据是《新版手册》604 字段和 605 字段的两个注释，604 字段的内容注释为：本字段用于记录作品名称主题标目（当该作品名称是由名称 / 题名标目表示时），作品的题名记录在一个嵌套的 500 统一题名字段中；605 字段的内容注释为：本字段通常用来记录作为主题的统一题名，佚名作品作为文献主题处理时也记录于此。

笔者认为，使用嵌套的 500 字段来著录作品中的题名，是因为 200 字段的 a 子字段已经被使用。以《论克劳塞维茨〈战争论〉》一书为例来说，200 字段的 a 子字段已经著录了"论克劳塞维茨《战争论》"，所以题名主题"战争论"就著录到 500 字段来了，500 字段的著录对象可以是一般题名，只是统一题名优先。

同样，605 字段一般著录统一题名，没有统一题名时，则著录 200 字段的题名部分，这也是 CALIS 联合目录的观点。

13.5.3 国图 CNMARC 格式弃用 604 字段存在的问题

13.5.3.1 国图 CNMARC 格式的编目记录没有建立所编作品中的责任者名称检索点

以《论克劳塞维茨〈战争论〉》一书为例，CALIS 联合目录的编目记录如下（次要字段有删节）：

200 1# |a 论克劳塞维茨《战争论》|f 吴琼，夏征难编

210 ## |a 上海 |c 上海教育出版社 |d 2002

215 ## |a 350 页 |d 21cm

604 ## |1701 #1 |a 克劳塞维茨 |1500 10 |a 战争论 |x 研究 |j 文集

606 0# |a 军事理论 |y 德国 |z 近代 |j 文集

690 ## |a E8 |v 4

701 #0 |a 吴琼 |9 wu qiong |4 编

701 #0 |a 夏征难 |9 xia zheng nan |4 编

在这条编目记录中，604 字段中的著者名称"克劳塞维茨"和题名主题"战争论"都成为检索点，而国图格式编目记录中的 605 字段只能提供题名主题检索点"战争论"，缺乏著者名称检索点"克劳塞维茨"，而作品中的著者名称检索点常常也是重要的检索点。因此，国图使用 605 字段并不能完全代替 604 字段的功能，国图 CNMARC 格式弃用 604 字段还是存在问题的。

13.5.3.2　国图 CNMARC 格式的编目记录没有建立和相关作品之间的连接

由于 604 字段可以做成款目连接字段，所以按 CALIS 联合目录格式著录的吴琼和夏征难所编的图书——《论克劳塞维茨〈战争论〉》和图书——克劳塞维茨的《战争论》之间就存在着连接，这种连接关系在 Aleph 编目软件中可以显示。

而国图 CNMARC 格式由于弃用了 604 字段，采用的是 605 字段，该字段不是款目连接字段。因此，在国图编目数据库中，吴琼和夏征难所编的图书——《论克劳塞维茨〈战争论〉》和图书——克劳塞维茨的《战争论》之间没有建立连接关系。

13.5.4 《UNIMARC 手册》(第三版)、CALIS 联合目录编目规则和《新版手册》对 604 字段的描述

13.5.4.1 《UNIMARC 手册》(第三版)对 604 字段的描述

《UNIMARC 手册》(第三版)规定,当作品名称是由名称 / 题名标目表示时,604 字段用来著录作品的名称主题标目。当使用嵌入字段技术时,作品的名称被著录在 500 统一题名字段,著者名称要著录在 7×× 责任者字段。需要说明的是,《UNIMARC 手册》(第三版)还指出了 604 字段的款目连接也可以用标准字段技术著录,并且还举了以下例子进行了说明。

EX 1B: Standard subfields technique

604 ## $a Beethoven, Ludwig van, 1770-1827.$t Symphonies, no.5, op.67, C minor$2lc

13.5.4.2 CALIS 联合目录编目规则对 604 字段的描述

CALIS 联合目录 CNMARC 字段表将 604 字段描述为名称题名主题,并规定作品以有明确的责任者的著作为研究对象时,其主题记录在 604 字段,如作品《论克劳塞维茨〈战争论〉》的研究对象是克劳塞维茨写的《战争论》,因此其主题标引就使用 604 字段。CALIS 联合目录还列出了 604 字段和 605 字段在使用上的区别,有著者的作品采用 604 字段,604 字段优先连接统一题名,无著者的作品采用 605 字段。

13.5.4.3 国图《新版手册》对 604 字段的描述

国图《新版手册》对 CNMARC 604 字段的名称、使用和结构进行了描述,并举了例。《新版手册》指出,604 字段即名称和题名主题字段包含的作品的作者和题名是在编文献的一个主题,604 字段的结构与 4×× 款目连接字段的结构相同,《新版手册》只提到了嵌入字段技术,而没有介绍 UNIMARC 的标准子字段技术。

13.5.5　国图在 CNMARC 格式中应该增加 604 字段

根据以上分析，笔者认为国图在编目实践工作中，应该在其 CNMARC 格式中增加 604 字段，从而实现作品中的著者名称的检索。当所编目的作品有著者名称时采用 604 字段，无著者名称时采用 605 字段，这样才能弥补著者名称检索点的缺失，同时建立和相关作品的连接关系。另外，在国图《新编手册》中，还需补充 UNIMARC 的标准子字段技术。

13.6　我国英文文献编目机读目录格式的修订建议

目前我国中文文献和英文文献编目使用不同的机读目录格式。

我国的中文文献编目使用的是 CNMARC 格式，而英文文献编目使用的是 MARC21 格式。

我国英文文献编目使用的工具书主要有两种，一种是 2000 年出版的由谢琴芳主编的《CALIS 联机合作编目手册（下册）》，该书主要译自美国国会图书馆 MARC21 书目数据格式 1999 年版，另外一种是 2005 年出版的由高红、顾犇主编的《MARC21 书目数据格式使用手册》，该书主要译自美国国会图书馆 MARC21 书目数据格式 2004 年版。此外，西文编目工具书还有 2004 出版的由高红、吴晓静和罗翀编著的《西文编目实用手册》等。

随着全球信息资源的内容、格式和著录规则的不断发展，特别是《资源描述与检索》的发布，美国国会图书馆 MARC21 书目数据格式发生了重要变化，其 1999 年版从 2000 年 10 月到 2017 年 12 月，共进行了 25 次更新，而我国西文编目工具书的机读目录格式却没有进行相应的修订。[①]

为了使我国的西文编目机读目录格式跟上国际标准的发展，笔者对美国国会图书馆 MARC21 书目数据格式 2007 年以来的重要变化进行了分析，并根据这些变化对我国西文编目工具书机读目录格式未来的修订提出了一些建议。

---

① 曾伟忠，陈欣雨，胡惠芳 . 美国国会图书馆 MARC21 书目数据格式的重要变化及我国西文编目工具书机读目录格式的修订建议［J］. 图书馆理论与实践，2019（5）：77-80.

13.6.1　美国国会图书馆 MARC21 书目数据格式的重要变化

13.6.1.1　MARC21 书目数据格式控制子字段的变化

控制子字段（Control Subfields）用于将字段与特定机构进行连接或将字段与字段进行连接。MARC21 Bibliographic 在其附录 A 中增加了以下控制子字段，并对其用法进行了说明。

1. $w – Bibliographic record control number

Bibliographic record control number 是书目记录控制号，子字段增加于 2007 年，它是相关书目记录的系统控制号，控制号对应于其前括号内的编目机构的 MARC 号，例如：

800 1# $a Negt, Oskar$tSchriften.$v Bd. 2$w（DE-101b）967682460

以上 967682460 是本条书目记录的控制号，括号内的 DE-101b 是编目机构的 MARC 号，967682460 对应于本条相关书目记录的编目机构。

2.$0 – Authority record control number or standard number

Authority record control number or standard number 是规范记录控制号或标准号，子字段也增加于 2007 年，它包含相关的规范记录或分类记录的系统控制号，其前著录 MARC 组织号（MARC Organization code）或国际标准名称识别号（International Standard Name Identifier），例如：

100　　1#$a Bach, Johann Sebastian.$4aut$0（DE-101c）310008891

100　　1# $a Trollope, Anthony, $d1815-1882.$0（isni）0000000121358464

3. $1 – Real World Object URI

Real World Object URI 是真实世界对象统一资源标识符，子字段增加于 2017 年，包含一个用于对实体或事物进行描述的超链接。

13.6.1.2　MARC21 书目数据格式 3×× 字段的变化

3×× 字段的变化主要体现在字段的增加，包括以下 21 个字段。

336 - Content Type（内容类型）

337 - Media Type（媒介类型）

338 - Carrier Type（载体类型）

344 - Sound Characteristics（声音特征）

345 - Projection Characteristics of Moving Image（电影放映特征）

346 - Video Characteristics（视频特征）

347 - Digital File Characteristics（数字文件特征）

348 - Format of Notated Music（乐谱格式）

363 - Normalized Date and Sequential Designation（集丛标准日期）

365 - Trade Price（贸易价格）

366 - Trade Availability Information（贸易获取信息）

370 - Associated Place（相关地点）

377 - Associated Language（相关语言）

380 - Form of Work（作品形式）

381 - Other Distinguishing Characteristics of Work or Expression（作品和内容表达的其他特征）

382 - Medium of Performance（表演媒介）

383 - Numeric Designation of Musical Work（音乐作品的数字标识）

384 - Key（调）

385 - Audience Characteristics（观众特征）

386 - Creator/Contributor Characteristics（创作者 / 贡献者特征）

388 - Time Period of Creation（创作期间）

以上字段都是 MARC21 Bibliographic 采用 RDA 标准而新增的字段，体现了国际编目标准的发展趋势。

13.6.1.3　美国国会图书馆 MARC21 书目数据格式 4×× 字段的变化

1. MARC21 4×× 字段 2004 版之前的使用方法

2004 版之前的 MARC21 4×× 字段使用 440 和 490 两个字段。

440 字段著录与丛编附加款目形式相同的丛编题名信息。440 字段的著录内容既是丛编说明，又是丛编附加款目，具有著录和检索的双重功能。

490 字段既可著录不用于检索的丛编题名信息，又可著录与规范的检索点形式不同的丛编说明。490 字段不用作丛编附加款目，如需检索，应采用 800~830 字段提供规范的丛编题名检索点。

2. MARC21 4×× 字段的变化

MARC21 4×× 字段的变化体现在 440 字段于 2008 年被美国国会图书馆从 MARC21 Bibliographic 中删除，删除原因为：

This field was made obsolete in 2008 to simplify the series area, so that all title series statements would be entered in the 490 field and all title series added entries in the 830.

以上原文的意思是，删除 440 字段是为了简化丛编块，以便所有的题名丛编说明信息被著录到 490 字段，同时所有的题名丛编附加款目被著录入 830 字段。

关于 440 字段被删除后，如何使用 490 字段及 8×× 字段替代 440 字段的检索功能，MARC21 网站 Bibliographic 的详版给出了以下的样例：

490 1# $a Pediatric clinics of North America；$vv. 2, no. 4

830 #0 $a Pediatric clinics of North America；$vv. 2, no. 4.

说明：当丛编题名信息与丛编附加款目形式相同时，不用 440 字段，而是著录在 490 字段，同时在 830 字段重复，此时 830 字段既是根查又是检索点。

13.6.1.4　MARC21 7×× 字段的变化

MARC21 7×× 字段的变化主要体现在 751 字段和 758 字段的增加。

1. MARC21 751 Added Entry – Geographic Name

751 Added Entry - Geographic Name 是地理名称附加款目，其用法是：

Added entry in which the entry element is a geographic name that is related to a particular attribute of the described item, e.g., the place of publication for a rare book, place of distribution, place of a university to which a dissertation is submitted, place of an event such as a conference, etc.

以上原文的意思是，该地理名称附加款目用于著录文献的特殊属性等，如本书的出版地和发行地、提交学位论文的大学地址、事件发生地（如会议地点）等。

同样是地理名称附加款目，751 字段与 651 主题附加款目——地理名称（Subject Added Entry – Geographical Name）字段在使用上是有区别的：首先，它们属于不同的字段块，651 字段属于 6×× 主题检索字段块，751 字段属于 70×~75× 附加款目块；其次，651 字段著录的地理名称来源于主题词表，如美国国会图书馆主题词表（LCSH）、美国医学主题词表（NLM）、加拿大图书馆主题词表（NLC）等，而 751 字段的地理名称不一定来源于主题词表。

2.MARC21 758 Resource Identifier

MARC21 758 Resource Identifier 是资源识别符字段，其用法是：

An identifier for a resource that is either the resource described in the bibliographic record or a resource to which it is related. Resources thus identified may include, but are not limited to, FRBR works, expressions, manifestations, and items. The field does not prescribe a particular content standard or data model.

以上原文的意思是：资源识别符所识别的资源既可以是书目记录描述的资源，也可以是相关资源，因此资源可以包括但不限于 FRBR 作品、内容表达、载体表现和单件，该字段不著录特殊内容标准或数据模型。

758 Resource Identifier 的子字段是：

$a - Label（标签）

$i - Relationship information（关系信息）

$0 - Authority record control number or standard number（规范记录控制号或标准号）

$1 - Real World Object URI（真实世界对象统一资源标识符）

$3 - Materials specified（明确的材料）

$4 - Relationship（关系）

$5 - Institution to which field applies（字段应用的机构）

$6 - Linkage（连接）

$8 - Field link and sequence number（字段连接和顺序号）

对于 758 Resource Identifier 的使用方法，网站给出了以下样例：

100   1# $a Beard, Henry.

245   10 $a Bored of the rings : $b aparody of J.R.R. Tolkien's the lord of the rings /$c by Henry N. Beard and Douglas C. Kenney of the Harvard lampoon.

通过以上样例，可以看出 758 字段主要的功能是提供基于 FRBR 的所编文献的相关信息。

13.6.2 《MARC21 书目数据格式使用手册》的修订建议

当前我国大型图书馆西文编目大多直接套录美国国会图书馆的编目数据，但是一些中小型图书馆是根据《MARC21 书目数据格式使用手册》或《CALIS 联机合作编目手册（下册）》自主编目。因此，《MARC21 书目数据格式使用手册》或《CALIS 联机合作编目手册（下册）》应该和美国国会图书馆 MARC21 书目数据格式保持一致，这样有利于编目人员对套录数据的准确理解，更有利于确保全国西文编目数据的一致性。

13.6.2.1　增加控制子字段

《MARC21 书目数据格式使用手册》关于控制子字段使用的内容在其第 5 页的导言中，只讲解了控制子字段 $5、$6 和 $8 的使用方法，而 $w、$0、$1 等控制子字段的使用方法没有，需要增加。

13.6.2.2　增加 21 个和 RDA 对应的 3×× 字段

RDA 面世以来，在国外，特别是在参与制定 RDA 的国家中得到了积极的推广和使用。随着 RDA 在世界范围内的推广，我国未来采用 RDA 编目已是大势所趋，因此《MARC21 书目数据格式使用手册》应该增加以上 21 个和 RDA 对应的 3×× 字段。

13.6.2.3　将 440 字段合并到 490 字段

为了避免字段的重复，应像美国国会图书馆 MARC21 Bibliographic 一样，将 440 字段合并到 490 字段。

13.6.2.4 增加 7×× 两个字段

增加 MARC21 751 Added Entry - Geographic Name 和 MARC21 758 Resource Identifier。

13.6.3 《CALIS 联机合作编目手册（下册）》的修订建议

《CALIS 联机合作编目手册（下册）》和《MARC21 书目数据格式使用手册》需修订相同的地方是，增加 21 个 3×× 和 RDA 对应的字段、将 440 字段合并到 490 字段和增加 7×× 两个字段。以下几点是与《MARC21 书目数据格式使用手册》修订不同的地方。

13.6.3.1 增加 $6、$8 这两个重要的控制子字段

与《MARC21 书目数据格式使用手册》不同的是，《CALIS 联机合作编目手册（下册）》没有 $6 和 $8 这两个重要的控制子字段。因此，《CALIS 联机合作编目手册（下册）》不但需增加 $w、$0、$1 等控制子字段，同时还需增加 $6、$8 这两个重要的控制子字段。

13.6.3.2 设章节集中对常用控制子字段的使用方法进行说明

《CALIS 联机合作编目手册（下册）》没有像美国国会图书馆 MARC21 或国家图书馆《MARC21 书目数据格式使用手册》那样，集中在一个章节对常用控制子字段的使用方法进行说明，而是对在控制子字段出现的各个字段分别进行说明，这就存在着很多的重复内容，如 $3 专指资料控制子字段的使用说明分别出现在 351、500、506、510、518、520、530、600、610、651、711 等字段中，所以应该设章节集中对常用控制子字段的使用方法进行说明。

13.6.3.3 有些字段名称的翻译需纠正

《CALIS 联机合作编目手册（下册）》有些字段名称的翻译存在偏差，背离了原文的本意，需要纠正。如《CALIS 联机合作编目手册（下册）》的 357 Originator Dissemination Control（文献传播控制）、536 Funding Information Note（专款信息附注）、565 Case File Characteristics Note（专类文档特征附

注）和 787 Nonspecific Relationship Entry（其他相关款目）应该翻译成 357 原创者传播控制、536 资助信息附注、565 案卷特征附注和 787 非特指连接关系款目。

13.6.4 《西文编目实用手册》的特色及不足

与《MARC21 书目数据格式使用手册》和《CALIS 联机合作编目手册（下册）》相比，《西文编目实用手册》是西文编目的简要本，这本编目工具书存在一些不足，但也很有自己的特色。

13.6.4.1 《西文编目实用手册》的特色

《西文编目实用手册》的第一个特色是讲解了西文丛书及多卷书、授权影印版图书的编目方法，这是对《MARC21 书目数据格式使用手册》和《CALIS 联机合作编目手册（下册）》非常重要的补充。第二个特色是该书将图例、编目规则和机读目录格式结合在一起编写，所列 200 多个实例，基本上是实际工作中所遇到的。

13.6.4.2 《西文编目实用手册》的不足

《西文编目实用手册》存在一些小的不足，如第 13 页的例 7 将团体名称 American Chemical Society 既作为主要款目，又作为附加款目，同时著录在 110 字段和 710 字段。这本书存在的一个大的不足是在第 3 章检索点选取基本原则中，只讲解了个人、团体和题名作为主要款目标目，遗漏了 6×× 主题附加款目和 7×× 责任者附加款目的内容。

13.7 我国日文图书机读目录格式的发展和完善建议

当前我国日文图书机读目录格式主要有两种，一种是国家图书馆的机读目录格式，这种格式以 USMARC 为依据；另一种是 CALIS 的机读目录格式，这种格式以 CNMARC 为依据。这两种机读目录格式各有专门的工具书对其字段的使用进行了说明，如国家图书馆日文图书编目手册课题组于 2005 年发布了内部资料《日文图书编目手册》；CALIS 日文联合目录数据库建设项目组于 2002 年发布了内部资料《CALIS 联合目录日文编目工作手册》，这本内部资料于 2015 年经过修订并改名为《日文书刊联机合作编目教程》正式出版。

由于这两种日文图书机读目录格式在字段的使用方面存在较大的差别，而我国高校图书馆和公共图书馆常常同时套录了国家图书馆和 CALIS 的日文编目数据，日文编目人员需要将这两种数据进行转换，对他们来说，要做好转换工作就需要深入和准确地了解这两种机读目录格式的相同点和不同点。因此，我国日文图书编目界需要对这两种格式进行比较。另外，通过比较，还可以发现这两种机读目录格式存在的问题，这样便于今后的修订工作。

由于 CALIS 日文编目使用的 CNMARC 格式比较符合我国大多数日文编目人员的编目习惯，所以本节对两者的字段进行比较时，将 CALIS 格式作为比较对象，而将国图格式作为被比较对象。[①]

13.7.1　记录头标的比较

记录头标位于每个记录的开头，它包含处理记录所需的数据元素。CALIS 格式和国图格式的记录头标都是 24 字符位（00~23），其中重要的记录头标如表 13-2 所示。

表 13-2　CALIS 格式和国图格式记录头标的比较

字符位	数据元素名称	CALIS 格式	国图格式
05	记录状态	c、n	a、c、n
06	记录类型	a	a
07	书目级别	m	m、s
08	层次等级	#、0	#
17	编目等级	#	#、1、5

① 曾伟忠. CALIS 日文图书机读目录格式和国图日文图书机读目录格式的比较及修订建议[J].图书馆学研究，2016（8）：61-65，60.

05 字符位记录状态，CALIS 格式和国图格式相同的代码是 c（经修改的记录）和 n（新记录），但国图格式多一个代码 a（已升级的记录，与 17 字符位对应），这个代码是 USMARC 特有的，UNIMARC 没有，所以 CALIS 格式无须补充。与 UNIMARC 相比，这两种格式都少了代码 d（被删除的记录），CALIS 格式和国图格式都应该补充这个记录状态代码，因为各图书馆日文图书的馆藏经过多年的发展，总有遗失、剔除的，保留被删除的编目记录有利于图书馆对日文馆藏文献历史变迁的调研和统计。

07 字符位书目级别，CALIS 格式和国图格式相同的代码是 m（专著），但国图格式多了一个代码 s，s 代表有年、月卷期编号并继续出版的图书，如年鉴、系列丛书等，CALIS 这种类型的日文图书也不少，所以 CALIS 格式应该补充书目级别代码 s。

08 字符位层次等级，# 表示在编记录和其他记录层次关系未定或不存在层次关系，0 表示无层次关系。国图格式应增加 0 代码，因为 # 标记太笼统，有很多日文图书之间不存在层次关系时标记 0 更为合适。

17 字符位编目等级，国图格式比 CALIS 格式多了代码 1 和 5，1 表示完全级（未与编目实体核对），主要用于对卡片记录的回溯转换；5 表示部分级，是未经编目机构审定的记录，如采购新书临时建立的采访记录等。CALIS 格式的 17 字符位编目等级应该补充这两个代码。

13.7.2 标识块的比较

标识块在 CALIS 格式和国图格式中都是 0×× 字段，这两种格式的 0×× 字段需要比较的字段是记录控制号、控制号标识和国际标准书号。

13.7.2.1 记录控制号的比较

与 CALIS 格式相比，国图格式 001 字段控制号的说明太简单，如国图格式关于控制号使用的举例：

001 ## 001089920，此记录是中国国家图书馆外文（包括英、日、俄等）书目数据库记录中的第 1 089 920 条记录。

根据这个字段结构及其说明，编目人员无法知道编目记录对应的文献是何种外文及文献类型。

而 CALIS 格式却对 001 字段记录控制号进行了详细又明确的说明，如表 13-3 所示。

表 13-3 CALIS 格式 001 字段的说明

字符位	数据元素名称	著录要点	缺省值
0~2	机构代码	系统自动生成	CAL
3	MARC 记录前缀	详编记录为空位，简编为 B	#
4	资料类型代码	0= 普通图书，1= 连续出版物	根据头标区 7 字符所选择的书目级别生成
5	文献语种代码	3= 日文文献	根据 100 字段 22~24 字符位的编目语种代码生成
6~9	记录入档年	记录装入 CALIS 联合目录日文库的公立纪年	YYYY
10~15	记录流水号	同一年的入库流水号	

国图格式应该像 CALIS 格式那样，对 001 字段进行应有的说明，而不只是对流水号的说明。

13.7.2.2 控制号标识的比较

控制号标识记录分配 001 控制号的机构的代码，用于标识控制号的分配机构。国图格式 003 字段设置了控制号标识，其代码为 CcBjTSG，表示国家图书馆。当公共图书馆和高校图书馆套录国图的日本国立情报学研究所的编目记录时，遵照控制号与机构代码一致的原则，应将数据源的控制号与机构代码改为国家图书馆的控制号和机构代码，如：

001 ## 000975309

003 ## CcBjTSG

以上两个字段表明，此记录由国家图书馆创建，控制号为 975309。

而 CALIS 格式没有设置控制号标识字段，建议 CALIS 格式应该设置控制号标识字段，其功能一是说明从日本哪家文献机构套录的原始编目数据，功能二是说明 CALIS 成员馆套录的是 CALIS 联合目录数据库的记录。

13.7.2.3　国际标准书号的比较

CALIS 格式的国际标准书号在 010 字段，而国图格式在 020 字段，CALIS 格式 010 字段的 $a 国际标准书号、$z 错误的 ISBN 分别与国图格式的 $a 国际标准书号、$z 错误或注销的 ISBN 对应。CALIS 格式的子字段 $b 是卷册号或装订信息，$d 是定价或获得方式，而国图格式的 $c 是文献获得方式，其装帧和卷册等限定信息置于 $aISBN 号后的圆括号内，如：020 ## $a494855826（精）。

13.7.3　编码信息块的比较

CALIS 格式的编码信息块是 1×× 字段，国图格式没有 1×× 字段，与 CALIS 格式对应的字段在国图格式的 0×× 字段中。

13.7.3.1　一般处理数据的比较

CALIS 格式 100 字段一般处理数据有 36 个字符，国图格式相对应的 008 字段一般信息是 40 个字符，它们相同的数据元素名称有入档日期、出版日期类型、出版日期 1、出版日期 2、读者对象代码和编目语种代码，其中入档日期 CALIS 格式的字符位是 0~7（8 位），而国图格式是 0~5（6 位）。对于出版日期类型、出版日期 1、出版日期 2、读者对象代码，CALIS 格式设定了缺省值，编目人员应该根据在编文献的实际情况改变。

13.7.3.2　文献语种的比较

CALIS 格式 101 字段文献语种和国图格式 041 字段语种代码相对应，但国图格式 041 字段用于一种以上的文字或文献是译著时，因此这两种格式的指示符和子字段有较大区别。

CALIS 格式 101 字段第一指示符 0 表示原著，1 表示译著，2 表示含译文，而国图格式 041 字段第一指示符是译著说明，0 表示非译著、1 表示译著。第二指示符两者都未定义。

CALIS 格式 101 字段的子字段 $a 表示正文语种，$b 表示中间语种，$c 表示原著语种，而国图格式 041 字段的子字段 $a 表示正文语种，$h 表示原文或转译语种代码。

13.7.4 著录信息块的比较

CALIS 格式的著录信息块是 2×× 字段，国图格式也是 2×× 字段，由于著录信息块 2×× 字段重要且复杂，所以需要比较的内容较多。

13.7.4.1 题名与责任说明项的比较

CALIS 格式的 200 字段题名和责任说明项与国图格式的 245 字段题名和责任者说明项对应，它们的指示符和子字段有很大区别。

1. 指示符的比较

CALIS 格式 200 字段指示符 1 为题名检索意义指示符，取值 1 表示题名有检索意义，取值 0 表示题名无检索意义。指示符 2 未定义，为空位。

USMARC 格式 245 字段指示符 1 说明是否提供题名附加款目，0 表示不提供，1 表示提供。由于国图格式不采用 USMARC 的 1×× 主要款目的概念，故指示符 1 取值为 0。与 CALIS 格式的区别是，国图格式 245 字段的题名总是有检索意义。指示符 2 说明不排档的字符数，日文不同于西文，没有首冠词，因此取值为 0。

2. 子字段的比较

CALIS 格式 200 字段题名与责任说明项的子字段 $a 正题名、$e 其他题名信息、$h 分辑号、$i 分辑名分别和国图格式 245 字段的子字段 $a 正题名、$b 其他题名信息、$n 分辑号、$p 分辑名相对应。

不同点之一是 CALIS 格式设置了并列正题名子字段 $d，而国图格式将并列正题名放在 $b 其他题名信息中著录。不同点之二是 CALIS 格式设置了第一责任说明 $f 和其余责任说明 $g，而国图格式将不同责任说明都放在 $c，它们之间用分号隔开。不同点之三是 CALIS 格式设置的另一著者正题名 $c、卷标识 $v、并列正题名语种 $z、正题名假名注音 $A，国图格式没有设置，而国图格式专为年鉴、年报和白皮书等设置 $s 版本子字段，CALIS 格式没有设置。不同点之四是国图格式设置了资料类型子字段 $k，CALIS 格式没有设置。

13.7.4.2　版本说明项的比较

CALIS 格式的 205 字段版本说明和国图格式的 250 字段版本说明对应，这两种格式的指示符都未定义，为空位。CALIS 格式的子字段包括 $a 版本说明、$b 附加版本说明、$d 并列版本说明、$f 版本责任说明和 $g 次要责任说明，国图格式设置了两个字段，即 $a 版本说明和 $b 版本说明的其他部分。$b 版本说明的其他部分通常指本版个人或团体的责任说明、修订责任说明，也包括并列版本说明。由此可以看出，国图格式的 $b 子字段著录内容包含了 CALIS 格式的四个子字段 $b、$d、$f 和 $g 的著录内容。

13.7.4.3　出版发行项和载体形态项的比较

CALIS 格式的 210 字段出版发行项和国图格式的 260 字段出版发行项对应，其子字段 $a 出版发行地、$c 出版者或发行者名称、$d 出版或发行日期分别与国图格式 260 字段的 $a 出版发行地、$b 出版发行者和 $c 出版发行日期对应。

CALIS 格式的 215 字段载体形态项和国图格式的 300 字段载体形态项对应，其子字段 $a 篇幅、$c 其他形态细节、$d 尺寸和 $e 附件分别与国图格式的 300 字段的子字段 $a 篇幅、$b 其他形态细节、$c 尺寸和 $e 附件对应。

13.7.4.4　丛编项的比较

CALIS 格式的 225 字段丛编项和国图格式的 4×× 字段丛编说明对应，国图格式的 4×× 字段包括 440 字段丛编说明和 490 字段丛编说明两部分。CALIS 格式的丛编项和国图格式的丛编说明在指示符与子字段两个方面有较大的区别。

1. 指示符的比较

CALIS 格式的 225 字段丛编项、指示符、检索点和 410 字段之间的关系一直是编目的难点，但 CALIS 修订出版的《日文书刊联机合作编目教程》讲解得很透彻。

国图格式的 440 字段提供与丛编说明相同的丛编题名检索点，490 字段记录不作为检索点的丛编题名。

440 字段指示符 1 未定义，空位；指示符 2 表示不排档的字符数，日文图书丛编题名没有不排档字符，故取 0。

490 字段的指示符 1 说明丛编是否做根查，0 表示丛编不做根查，日文图书通常取 0，著录无检索必要的丛编题名信息，1 表示丛编做不同的根查形式。

2. 子字段的比较

CALIS 格式的 225 字段丛编项子字段 $a 丛编正题名、$v 卷册标识、$h 附属丛编号、$i 附属丛编题名、$x 丛编的 ISSN 和国图格式 440 字段的 $a 丛编题名、$v 卷期标识、$n 附属丛编号、$p 附属丛编题名、$x 国际标准连续出版物号对应。

不同之处一是国图格式的子字段 $a 丛编题名包括丛编正题名、丛编其他题名信息和丛编责任者，而 CALIS 格式的丛编正题名、其他题名信息、丛编责任说明分属于不同的子字段。不同之处二是 CALIS 格式有 $A 丛编正题名假名注音，国图格式没有。

13.7.5　附注块的比较

CALIS 格式的附注块 3×× 包括 300 字段一般性附注、320 字段内部书目 / 索引附注、324 原作版本附注、327 字段内容附注和 328 学位论文附注。国图格式的附注块包括 500 字段一般性附注、504 字段书目等附注、505 字段格式化内容附注、546 字段语种附注。[①]

13.7.5.1　一般性附注的比较

对于一般性附注，CALIS 格式没有国图格式细致、清晰、准确。CALIS 格式只是列出了可以将题名、责任者、标识号、丛编、版本、出版发行项、图表作为一般性附注的内容，但没有说明这些元素作为附注的原因，而国图

---

① 李晨英，李春玥．日文书刊联机合作编目教程［M］．北京：知识产权出版社，2013．

格式则将以上各种元素作为附注的原因进行了分类，如题名作为一般性附注分为取自信息源外的题名、变异题名和题名变更三种原因。

13.7.5.2　其他附注的比较

对于学位论文附注，国图格式没有说明，所以编目人员不知道应该放在什么地方。另外，国图格式设置语种附注的原因是其 041 字段语种代码没有像 CALIS 格式那样在 101 字段设置了 $a 正文语种、$b 中间语种和 $c 原著语种。

13.7.6　相关题名块的比较

CALIS 格式的 5×× 相关题名块和国图格式的 246 字段变异题名块相对应，国图格式的 246 字段变异题名类型设置比较奇特，它是由第二指示符设置的不同表示子字段 $a 变异题名的类型，如第二指示符 # 表示 $a 为未指定类型、0 表示 $a 为部分题名、1 表示 $a 为并列题名、2 表示 $a 为区别性题名、3 表示 $a 为其他题名、4 表示 $a 为封面题名、5 表示 $a 为附加题名页题名、6 表示 $a 为卷端题名、7 表示 $a 为逐页题名、8 表示 $a 为书脊题名。另外，国图格式 246 字段第二指示符的 # 未指定类型、0 部分题名、3 其他题名不同于 CALIS 格式的 500 字段统一题名、517 字段其他题名。

13.7.7　责任块的比较

CALIS 格式不采用"责任者主要款目"的著录规则，所以 700、710 和 720 字段未启用，家族名称在日文编目中也不常见，因此 CALIS 格式中 701 个人名称—等同责任者、702 个人名称—次要责任者、711 团体名称—等同责任者、712 团体名称—次要责任者这四个字段是常用字段。

国图格式以书名为主要款目，所以对所编图书负有各种形式责任的个人和团体均作为附加款目著录于 700 附加款目—个人名称、710 附加款目—团体名称和 711 附加款目—会议名称。

13.7.8　分类标引的比较

日本十进分类法和日本国立国会图书馆分类法是日本编目工作中常用的分类法。为了便于读者借助日本常用分类号检索相关主题文献，CALIS 格式特意保留了数据源中的日本常用分类号，同时增加了我国的《中图法》分类号，其分类标引字段为 676 字段杜威十进分类号、686 字段其他分类法分类号（日本十进分类号或日本国立国会图书馆分类号）、690 字段中国图书馆分类法分类号。国图格式的分类标引包括 090 字段中国国家图书馆分类号和096 字段《中图法》简编分类号。

13.7.9　国图格式应补充的著录块

与 CALIS 格式相比，国图的《日文图书编目手册》缺少了 4×× 连接款目块、6×× 主题检索块、8×× 国内 /9×× 国际使用块。

13.7.9.1　主题检索块

国图格式来源于 USMARC，而 USMARC 是有 6×× 主题检索块的，即600 字段个人名称主题、610 字段团体名称主题、611 字段会议名称主题、650 字段论题名称主题、651 字段地理名称主题、653 字段非控主题词，所以国图格式应该补充以上主题检索字段。

13.7.9.2　国际 / 国内使用块

CALIS 格式在 8×× 国际块启用了 801 字段记录来源、856 字段电子资源定位与检索。在数字时代，电子图书等电子资源越来越多，所以国图格式应该增加 856 字段，目前可利用的日本图书类电子资源有日本机构知识库在线（JAIRO）、日本国立国会图书馆近代数字图书馆等。CALIS 格式的国内使用块包括 920 字段馆藏信息和 998 字段成员馆代码，而国图格式没有发现国际 / 国内使用块。

国家图书馆和 CALIS 对于日文编目采用了不同的机读目录格式，虽然这两种机读目录格式各有优点和缺点，但笔者认为，以 CNMARC 为基础的CALIS 格式优点更多，原因之一是以 USMARC 为基础的国图格式毕竟是西文编目格式，而我国从事日文编目的大多数是中文编目人员，因此对他们来说，掌握起来难度较大。原因之二是 CNMARC 和 JAPAN/MARC 都来自 UNIMARC，它们的字段结构大致相同，因此以 CNMARC 为基础 CALIS 格式对我国编目人员来说较容易掌握。另外，国家图书馆发行的《日文图书编目手册》内部资料存在一些问题，应该仔细修订，早日出版，因为国内编目人员获得这样的内部资料比较困难。

第 14 章

我国文物分类法和古籍编目规则的发展

14.1 文物分类法的发展

14.1.1 美国大都会艺术博物馆的文物分类

点击美国大都会艺术博物馆网站主页的 Collection 栏目中的 The Collection online 菜单，发现其上网文物有 396 206 件，这些文物按艺术家 / 制作者 / 文化（artist/maker/culture）、方法 / 质地（methods/materials）、地理位置（geographic locations）、日期 / 时代（date/era）和特藏（departments）这五个标准进行了分类。

14.1.1.1 按艺术家 / 制作者 / 文化进行的分类

美国大都会艺术博物馆的文物按艺术家 / 制作者 / 文化标准分为如表 14-1 所示的 18 个大类，点击每一个大类，可以了解这些大类所包含的文物的责任者或来源、文物类型及复分项。

表 14-1 美国大都会艺术博物馆的文物按艺术家 / 制作者 / 文化标准分类所得类目体系

大类名称	该大类文物的责任者或来源	文物类型	复分项
Albrecht Dürer （德）阿尔布雷特·丢勒	阿尔布雷特·丢勒艺术家的作品	油画、钢笔画、版画、雕刻等	展出和图片
Alfred Stieglitz1（美）阿尔弗雷德·斯蒂格里茨	阿尔弗雷德·斯蒂格里茨艺术家的作品	照片、画、包等	同上
Babylonian 古巴比伦王国	古巴比伦王国的文物	黏土、金器、铁矿石	同上
Pablo Picasso 毕加索	毕加索的作品	油画、陶画等	同上

317

（续表）

大类名称	该大类文物的责任者或来源	文物类型	复分项
El Greco（希腊）埃尔·格列柯	埃尔·格列柯的作品	油画、雕刻等	同上
Abu'l Qasim Firdausi（伊朗）	Abu'l Qasim Firdausi 的作品	水彩画、墨水画	同上
Aztec 阿兹特克人	墨西哥的印第安原住民阿兹特克人的文物	岩石、石膏、金器等	同上
Antoine Watteau（法）安东尼·华托	安东尼·华托的作品	油画、粉笔画	同上
Sévres Manufactory 赛弗尔瓷窑	法国赛弗尔瓷窑	瓷器（桌子、地毯、盘子、花瓶）	同上
John Singleton Copley（美）	John Singleton Copley 的作品	油画、粉笔画	同上
Yves Saint Laurent（法）伊夫·圣·洛朗	伊夫·圣·洛朗的作品	手套、夹克、棉大衣等	同上
Julia Margaret Cameron	Julia Margaret Cameron 的作品	玻璃底银刻画	同上
John La Farge（美）	John La Farge 的作品	水彩画、木刻等	同上
Filippo Negroli（意）	Filippo Negroli 的作品	雕花钢、铜器	同上
Gong Xian（清）龚贤	龚贤的作品	墨水画	同上
Balthus（法）巴尔蒂斯	巴尔蒂斯的作品	油画、调色板	同上
Sasanian 萨珊王朝	萨珊王朝的文物	镀汞银器、金器	同上
Rembrandt（荷）伦勃朗	伦勃朗的作品	油画	同上

该类目体系所包含的文物多数是艺术家或制作者的作品，少数是文化作品，如古巴比伦王国、阿兹特克人、萨珊王朝、赛弗尔瓷窑。复分项是展出和图片两个选择项，即大类中的文物是否在博物馆中展出或是否有图片。

14.1.1.2　按方法 / 质地进行的分类

美国大都会艺术博物馆的文物按方法 / 质地标准分为 Costume（服装）、Bronze（青铜）、Books（图书）、Ceramics（陶瓷）、Clay（黏土）、Furniture（家具）、Paintings（绘画）、Drawings（图纸）、Textiles（纺织品）、Woodwork（木制品）、Metalwork（金属制品）、Photographs（照片）、Limestone（石灰石）、Ivory（象牙）、Glass（玻璃）、Reliefs（浮雕）、Gold leaf（金箔）、

Watercolors（水彩）、Jewelry（首饰）共 19 个大类，大类下没有再设小类。

14.1.1.3 按地理位置进行的分类

美国大都会艺术博物馆的文物按地理位置标准分为 Aegean Islands（爱琴海群岛）、Africa（非洲）、Asia（亚洲）、Europe（欧洲）、Egypt（埃及）、United States（美国）、France（法国）、Roman Empire（罗马帝国）、Iran（伊朗）、India（印度）、Turkey（土耳其）、New York City（纽约市）、United Kindom（英国）、Indonesia（印度尼西亚）、Germany（德国）、Mexico（墨西哥）、Italy（意大利）、Netherlands（荷兰）、South America（南非）、Japan（日本）共 20 个大类，大类下没有再设小类，这里出现了将大洲、国家和岛屿并列的情况。

14.1.1.4 按日期 / 时代进行的分类

美国大都会艺术博物馆的文物按日期 / 时代标准分为 8000-2000 B.C.、2000-1000 B.C.、1000 B.C.-A.D.1、A.D.1-500、A.D.500-1000、A.D.1000-1400、A.D.1400-1600、A.D.1600-1800、A.D.1800-1900、A.D.1900-present 共 10 个大类。

14.1.1.5 按特藏进行的分类

美国大都会艺术博物馆的文物按特藏标准分为 Highlights of the Collection（精华文物）、Medieval Art（中世纪艺术）、Robert Lehman Collection（罗伯特·雷曼收藏）、American Paintings and Sculpture（美国绘画和雕刻）、Asian Art（亚洲艺术）、Arms and Armor（武器和盔甲）、Arts of Africa, Oceania and the Americas（非洲、大洋洲和美洲艺术）、Photographs（照片）、Islamic Art（伊斯兰艺术）、European Paintings（欧洲绘画）、Modern and Contemporary Art（近代和现代艺术）、Drawings and Prints（图画和版画）、Antonio Ratti Textile Center（Antonio Ratti 纺织品中心）、Egyptian Art（埃及艺术）、Costume Institute（服装学院）、European Sculpture and Decorative Arts（欧洲雕刻和装饰艺术）、Musical Instruments（乐器）、Ancient Near Eastern Art（古代近东艺术）、American Decorative Arts（美国装饰艺术）、The Cloisters（修

道院）、Greek and Roman Art（希腊和罗马艺术）、The Libraries（图书馆）共
22 个大类，大类下没有再设小类。

14.1.2　英国大英博物馆的文物分类

点击英国大英博物馆网站主页上的 EXPLORE，会出现 Browse objects 菜
单。大英博物馆的文物按文化（culture）、地点（place）、人物（people）、质
地（material）和受欢迎程度（popularity）这五个标准进行分类。

14.1.2.1　按文化进行的分类

文化分类是一个三级文物类目体系。大类是 A、B、C、E、F、G、H、
K、L、M、N、O、P、Q、R、S、T、U、V 和 Z 共 20 个英文字母。二级类
目是英文字母为首字的文化名称，如 M 大类下的 Maya（玛雅）和 Medieval
Europe（中世纪欧洲）、B 大类下的 Brone Age（青铜时代）、C 大类下的 Celts
（凯尔特人）等。三级类目是二级类目下有代表性的文物，如 Maya 二级类目
下列出了玛雅文化有代表性的石头、水晶、贝壳和玉等文物。

14.1.2.2　按地点进行的分类

地点分类是一个三级文物类目体系。大类的类名是 A~Z 的 26 个英文字
母。二级类目的类名是英文字母为首字的国家或地区名称，大多数是国家，
但也有地区，如 E 大类下的 England（英格兰）和 W 大类下的 Wales（威尔
士）。三级类目是国家或地区有代表性的文物，如 C 大类下有二级类目 China
（中国），二级类目 China 下列出了 293 件文物，这些文物配有图片和文字
介绍。

14.1.2.3　按人物进行的分类

人物分类是一个三级文物类目体系。大类的类名是 26 个英文字母。二
级类目是英文字母为首字的人物名称，后附括号说明这个人物的职业或头
衔等，如艺术家、画家、主教等。三级目录是有关这个人物的文物，如
Shakespear（莎士比亚）下有 7 件文物图片，但也有的人物名称下是空白的。

14.1.2.4　按质地进行的分类

质地分类是一个三级文物类目体系。大类的类名是 A、B、C、E、F、G、H、I、J、L、M、P、Q、R、S、T 和 W 共 17 个英文字母。二级类目是英文字母为首字的质地名称，如 B 大类下的二级类目 Bone（骨）、C 大类下的二级类目 Clay（黏土）等。三级类目是这种质地文物的细分，如骨下有 31 种文物。

14.1.2.5　按受欢迎程度进行的分类

受欢迎程度分类是一个二级文物类目体系。大类列出了 Rosetta stone、The Lewis Chessmen、Sandstone frieze、Standard of Ur、Lindow Man、Discus-thrower（discobolus）和 Colossal bust of Ramesses II 这 7 种最受欢迎的文物。二级类目是每种受欢迎文物的详细情况描述。

14.1.3　俄罗斯冬宫博物馆的文物分类

俄罗斯冬宫博物馆的文物超过 300 万件，点击网站主页的 DIGITAL COLLECTION，可以发现其分类体系，如表 14-2 所示。

表 14-2　俄罗斯冬宫博物馆的文物分类

大类名称	二级类目名称	复分项
Paintings，Prints，Drawings 绘画、版画和图画	Painting 绘画	按艺术家名称或文物名称细分
	Drawings 图画	
	Miniatures 缩微画	
	Prints 版画	
	Mosaics and Stained Glass 马赛克和彩绘玻璃	
Sculpture 雕塑	Free standing Sculpture 自由站立雕塑	国家名称
	Relief 凸雕	
	Small Statuary 小雕像	
Machineray and Mechanisms 机器和机械	Clocks and Watches 钟表	国家名称
	Tools 工具	
	Instruments 仪器	
	Lathes and Mechanisms 车床和机械	

（续表）

大类名称	二级类目名称	复分项
Arms and Armour 武器和盔甲	Side-arms 随身武器	国家名称
	Armour and Harness 盔甲和马具	
	Firearms 枪械	
	Accessories 饰品	
Furniture and Carriages 家具和马车	Furniture 家具	国家名称
	Carriages 马车	
Ceramics and Porcelain 陶瓷和瓷器	Porcelain 瓷器	国家名称
	Pottery 陶艺制品	
	Faience/Earthenware 彩陶／陶器	
Applied Arts 应用艺术	Metalwork 金属制品	国家名称
	Stoneware 石器	
	Ivory and Bone 象牙和骨	
	Wood 木	
	Glassware 玻璃器皿	
	Enamels 搪瓷	
	Other Materials 其他材料	
Jewellery 首饰	Jewellery 首饰	国家名称
	Accessories 饰品	
	Utensils 餐具	
Textiles 织品	Carpets 地毯	国家名称
	Textiles，Embroidery and Lace 织品、刺绣和花边	
	Other Textiles 其他织品	
Numismatics and Glyptics 钱币和宝石雕刻	Coins and Paper Money 硬币和纸币	国家名称
	Engraved Gemstones 宝石雕刻	
	Orders and Medals 命令和奖章	
	Badges，Jettons and Decorations 徽章、筹码和装饰	
Costume 服装	Costume 服装	国家名称
	Headwear 头饰	
	Footwear 鞋类	
	Accessories 饰品	

大类名称	二级类目名称	复分项
Archaeological Artifacts 考古文物	Domestic and Religious Objects 家庭和宗教物品	国家名称
	Ancient Texts 古文	
	Ancient Jewellery 古代首饰	

俄罗斯冬宫博物馆的文物虽然没有写出分类标准，但可以看出是按质地进行分类的。

14.1.4 日本国立京都博物馆的文物分类

点击日本国立京都博物馆的馆藏品，进入收藏品数据库页面，根据数据库所提供的信息，可以看出该馆对文物按类型、国名 / 时代和世纪这三个标准进行了分类。

14.1.4.1 按类型进行的分类

根据类型，日本国立京都博物馆的文物分为绘画、书法、雕刻、建筑、金工、陶瓷、考古、历史、染织、漆工共 10 大类，除漆工大类外，每个大类下都有二级类目。

绘画大类的二级类目有佛画、绘卷、肖像画、中世水墨画、近世绘画、中国绘画、朝鲜绘画。多数二级类目下还有三级类目，如二级类目佛画下的三级类目是密教画、净土教画、显教画、垂迹画、图像和其他。

14.1.4.2 按国名 / 时代进行的分类

国名 / 时代分类只列举了日本、中国和朝鲜三个国家。将日本的文物分为旧石器、绳文、弥生、古坟、飞鸟、奈良、平安、镰仓、南北朝、室町、桃山、江户、明治、大正、昭和、平成共 16 个时代。将中国的文物分为旧石器、新石器、青铜器、殷、西周、春秋战国、秦、汉、三国、六朝、隋、唐、五代、宋、元、明、清、近代、现代共 19 个时代。将朝鲜的文物分为旧石器、新石器、青铜器、初期铁器、三国、统一新罗、高丽、李朝、近代、现代共 10 个时代。

需要说明的是，按国名/时代对中国文物的断代分类使用的是六朝，而不是两晋、南北朝。

14.1.4.3　按世纪进行的分类

日本国立京都博物馆文物的世纪分类就是将文物按世纪的间隔分为 B.C.50、B.C.40、B.C.30、B.C.20、B.C.10、B.C.5、B.C.4、B.C.3、B.C.2、B.C.1、1、2、3、4、5、6、7、8、9、10、11、12、13、14、15、16、17、18、19、20 共 30 个世纪大类。

14.1.5　国外博物馆文物分类的特点

14.1.5.1　根据各自的情况采用适合自己的分类标准

通过对以上国外博物馆网站文物分类的调查，我们发现国外博物馆的文物分类方法不是完全相同的，是一种百花齐放的状态。各个博物馆根据各自的情况采用适合自己的分类标准。

14.1.5.2　国外博物馆文物分类一般采用多种分类标准

和国内博物馆一样，国外著名博物馆馆藏文物丰富，种类多样，再加上文物的属性非常多，如质地材料、年代时期、用法用途、形状大小、工艺制作、铭文标识、色调用料、纹饰花纹等，不适合用一种分类标准类分所有文物。因此，国外博物馆多采用多种分类标准从多个角度对文物分类，如美国大都会艺术博物馆、英国大英博物馆和日本国立京都博物馆都采用了多种分类标准。

14.1.5.3　组合类目较多

组合类目是指由两个或两个以上不同但又相近的概念共同组成一个类目，如俄罗斯冬宫博物馆的大类——钱币和宝石雕刻、俄罗斯冬宫博物馆的二级类目——象牙和骨等就是组合类目。组合类目广泛地应用于国内外的文献分类实践中。组合类目的主要功能是将类目变得精简，从而避免类目过多。

14.1.5.4　有一些我国文物分类没有使用过的标准

我国文物分类方法主要有时代分类法、区域分类法、存在形态分类法、质地分类法、功用分类法、属性分类法、来源分类法等。国外博物馆文物分类使用了一些我国没有使用过的标准，如美国大都会博物馆使用了按艺术家 / 制作者 / 文化、方法 / 质地地理位置、日期 / 时代和特藏等标准。

14.1.5.5　根据需要，有时将非同级的类目并列

根据需要，有时将非同级的类目并列，如美国大都会艺术博物馆的文物在按地理位置分类时，将 Aegean Islands（爱琴海群岛）、Africa（非洲）和 United States（美国）列为并列的大类。

14.1.5.6　主类后多附复分类目

国外博物馆文物分类常在主类后附复分辅助类目，如美国大都会艺术博物馆每个大类后的复分类目有两项，分别是展示复分项和图片复分项，点击展出按钮则会列出在博物馆得到展出的文物，点击图片按钮则会列出附有图片的文物。俄罗斯冬宫博物馆文物大类的复分类目有两种，分别是艺术家名称 / 文物名称和国家名称，艺术家名称 / 文物名称复分类目用在绘画、版画和图画大类，国家名称复分类目用在其他大类。

14.1.6　国外博物馆文物分类方法对我国文物分类法制定的启示

14.1.6.1　文物分类法应设立多种分类主题，形成一个体系，便于各文物单位选择使用

通过对以上国外博物馆文物分类的了解，我们发现国外博物馆在进行文物分类时，大多采用多种分类主题，这与文物的种类多样和属性复杂相适应。因此，我国文物分类法应该包含多种分类主题，形成一个分类体系，以

便于博物馆等文物部门根据情况选用。在目前的文物分类实践中，我国许多博物馆的文物分类也采用了多种分类主题，如中国国家博物馆按质地、品类和时代三种分类标准进行了文物分类，故宫博物院按建筑、藏品和古籍三种标准进行了文物分类。

14.1.6.2　增设一些新的分类标准

我国历史悠久，文化灿烂，文物种类繁多，现有的文物分类标准还不能完全满足文物分类的需要，因此可以增设一些新的分类标准，如受欢迎程度标准、特藏标准和人物标准等，这样才能更准确地将文物类分，从而提高文物的管理和利用效率。

14.1.6.3　因量设类，增加组合类目

我国博物馆的文物分类中，大类及二级类目中的组合类目较少，一些量少的文物也占用一个大类，这就使得整个类目体系显得过于庞大和烦琐，对此，可以因量设类，对一些数量较少的文物类目进行组合，增加组合类目。

14.1.6.4　根据情况，可以将不同级别的类目并列

在分类法的类目排列上，一般是将同等级的类目并列，不同级的类目分属上一级的类目或下一级的类目，但这也不是绝对的，为了避免出现分类法的结构失衡或头重脚轻，有时可以将不同级别的类目并列。在编制我国的文物分类法时，也可以像国外一样，对一些数量特别多的文物，可以将其类目向上移动。

14.1.6.5　在文物分类法的主表后增加复分表

复分是一种辅助分类的手段，其功能是精简分类体系，避免类目的重复，使分类更简洁高效。复分表一般不单独使用，必须结合主要类目使用。在我国各大博物馆的文物分类法中，还没有发现使用复分表的情况，因此在制定我国的文物分类法时，应该增加复分表。

14.2 我国古籍编目规则的发展

新中国成立以来，图书馆界的古籍编目工作先后有三次高潮。第一次出现在 1956 年中央提出"向科学进军"的口号之后，全国图书馆界分别编制各种专题古籍书目；第二次出现在 1978 年，全国公共、科研和高校系统图书馆共同编制了《中国古籍善本书目》；第三次出现在 2007 年国务院发布《关于进一步加强古籍保护工作的意见》之后，全国几大系统图书馆共同编制《中华古籍总目》。这三次古籍编目工作一次比一次规模大，成果亦一次比一次显著。通过这三次大的古籍编目活动及各图书馆平时的积累，全国的图书馆编制了大量的古籍目录，为古籍的有效利用奠定了坚实的物质基础。

在图书馆的各种文献目录中，古籍目录占有重要的地位。在计算机出现之前，古籍目录和图书目录一样，都是纸质的。随着信息时代的到来，计算机和网络在图书馆的目录建设中得到了广泛的应用，出现了数字目录。由于数字目录具有保存时间长久、远程访问、自动查询等许多纸质目录不可比拟的优点，因此图书馆传统的纸质图书目录已逐渐被数字目录取代。现在我国绝大多数建有网站的图书馆都是通过数字目录来查询馆藏图书的。

与图书信息需求者一样，我国广大的古籍信息需求者也非常希望图书馆能像提供数字图书目录那样提供数字古籍目录，利用数字古籍目录查询古籍文献不但方便、准确而且效率高。不过，他们的愿望还不能较好地得到满足，因为目前我国发布数字古籍目录的图书馆网站不多。

我国古籍文献大多分布在公共图书馆，公共图书馆有国家级、省级、市级和区县级等多种类型，其中省级公共图书馆是收藏古籍文献的主力军。本节调查了我国省级公共图书馆数字古籍目录的建设情况，针对存在的问题和制约因素提出了一些建议，希望对我国图书馆数字古籍目录的建设工作能起到一定的作用。

14.2.1 我国省级公共图书馆数字古籍目录建设的情况

我国省级公共图书馆数字古籍目录建设的情况不尽如人意，一些发达地区馆藏古籍丰富的省级图书馆没有建立数字古籍目录。表 14-3 列出的是我国省级公共图书馆数字古籍目录建设情况。

表 14-3 我国省级公共图书馆数字古籍目录建设情况

省份（直辖市）	从网站何处进入	目录数据库名称	查询途径	著录项目或字段
安徽	书目检索栏目	古籍书目	题名、责任者、出版项	题名、责任者、版本说明、出版说明、载体形态、丛书、分类号、索书号、附注
		古籍善本		
湖北	馆藏目录	古籍善本	在入口未说明查询途径，但输入关键词能查询	010、100、101、102、106、200、205、210、215、300、305、696、701、905、999
浙江	古籍查询栏目	古籍普藏	题名、丛编、题名拼音、分类号、责任者、责任者拼音、出版发行者、索书号、收藏单位	题名与责任说明、版本、出版发行、载体形态、标识和获得方式、四库分类号、索取号
		古籍善本		
广西	古籍文献检索栏目	古籍	题名、作者	题名、作者、出版日期、分类号、索书号
天津	特色馆藏栏目	古籍善本图录	共2页60条列举式目录	题名、作者、索书号
北京	古籍文献栏目	古籍文献	题名、作者、索书号	题名、作者、索书号、出版社、出版时间
山西	书目检索	善本古籍	题名、主题词、著者、分类号	ISBN、语种、题名、出版发行、载体形态、其他题名、主题、中图分类、主要著者、索书号
		普通古籍		
山东	古籍书目库栏目	古籍书目库栏目	题名、主题词、著者、分类号	010、101、200、205、210、215、300、686、701、905
广东	古籍栏目	馆藏书目数据库	题名、主题、分类号、著者	ISBN、作品语种、题名、版本说明、出版发行、载体形态、附注、主题、分类号、个人著者、索书号

14.2.1.1　数字古籍目录建设工作已经起步

根据对我国省级公共图书馆网站的调查，我们可以发现安徽、湖北、浙江、天津、广西、北京、山西、山东和广东九家省级公共图书馆已经建立了数字古籍目录，并在网站上发布，给古籍需求者带来了便利，他们不用到馆就能了解这些图书馆馆藏古籍的情况。另外，也扩大了这些图书馆古籍的传播范围。山西图书馆的数字古籍目录著录的多为改革开放后再版的古籍，如上海古籍出版社 1987 年、2002 年出版的四库全书总目等。广东省图书馆网站古籍页面有馆藏古籍情况介绍，并有"广东省立中山图书馆馆藏古籍书目查询"的字样，该馆的数字古籍目录著录的也多为改革开放后影印再版的古籍。

14.2.1.2　数字古籍目录著录内容完备

从已公布的数字古籍编目记录来看，我国省级图书馆的古籍目录著录内容基本完备，安徽、湖北、浙江和山东省馆著录得比较详细，广东省图书馆著录得非常详细，湖北省馆和山东省馆还公布了古籍著录的 MARC 数据，广西图书馆和北京首都图书馆的目录著录内容也基本完备，天津图书馆古籍目录著录得相对简单。

广东省图书馆数字古籍目录完全达到了《中国文献编目规则》(第二版)古籍著录的要求。表 14-4 列出的是该馆著录的古籍 ——《影印文渊阁四库全书》的编目信息，可以给我国其他省级图书馆在编制数字古籍目录时提供参照。

表 14-4　《影印文渊阁四库全书》的编目信息

ISBN	978-7-200-09184-7（精装）：CNY600000.00（全 1500 册）
作品语种	chi
题名	影印文渊阁四库全书
版本说明	影印本
出版发行	北京：北京出版社，2012
载体形态	659 页；30cm
内容附注	钦定四库全书史部
摘要	《四库全书》是中国传统文化的集成，按经、史、子、集分为四部，每部之下又分为若干类。经部有易、书、诗、礼、春、秋、孝经、五经总义、四书、乐、小学 11 类；史部有正史、编年、纪事本末、杂史、别史、诏令奏议、传记、史钞、载记、时令、地理、职官、政书、目录、史评 15 类；子部有儒家、兵家、法家、农家、医家、天文算法、术数、艺术、谱录、杂家、类书、小说家、释家、道家 14 类；集部有楚辞、别集、总集、诗文评、词曲 5 类。四部总计 44 类，涵括全备，内容丰赡

（续表）

书脊题名	四库全书
其他题名	钦定四库全书
主题	杂史—中国
分类号	Z121.5 K204.5
个人著者	纪昀（1724—1805）
索书号	5558/：275
馆藏地：索书号	普通古籍：5558/：275

14.2.1.3　数字古籍目录具有检索功能

我国省级公共图书馆数字古籍目录建设还有一个比较突出的方面，就是目录大都具有检索功能，尤其是浙江省馆的数字古籍目录有九种检索途径，这在以后古籍目录大量增加的情况下非常有用，不过天津馆的数字古籍目录是列举式的网页，没有检索功能，只能逐条查询。

14.2.2　我国省级公共图书馆数字古籍目录建设存在的问题

14.2.2.1　建有数字古籍目录的省级图书馆只占少数

我国省级图书馆网站绝大多数有古籍保护页面，页面内有很多古籍保护方面的内容。以湖南省图书馆网站为例，其古籍保护页面有信息速递、政策法规及行业标准、古籍普查与保护工作、工作简报等内容，还有中国古籍保护网和全国古籍普查平台的链接，然而该网站上没有数字古籍目录。

在网站上发布数字古籍目录的大致只有以上九家省级图书馆，也有一些省级图书馆建立了古籍数据库，但没有建立古籍目录数据库，而要利用古籍数据库，一般需要办理该馆的图书证，还有一些省级图书馆网站没有发布馆藏古籍目录，却发布了《国家珍贵古籍名录入选名单》，如河北省图书馆、内蒙古图书馆等。

14.2.2.2　上网的数字古籍目录数量太少

由于多种原因，我国图书馆上网的数字古籍目录占整个古籍目录的比例很小，数量太少。以天津图书馆为例，2008 年出版的《天津图书馆古籍善本书目（套装全 3 册）》收录的善本古籍有 4 860 种，5 358 部，而天津图书馆网站上发布的古籍目录只有 60 种。

14.2.2.3　有的省级公共图书馆数字古籍目录的编目数据质量不高

有的省级公共图书馆数字古籍目录的编目数据质量不高，有的编目太简单，没有附注，也没有发挥目录的导读功能，还有的索书号不规范。例如，天津图书馆将四部分类号——经、史、子、集写成索书号且著录项只有三项；广西图书馆的分类号冗长难懂，索书号没有与分类号保持一致，说明这些图书馆在技术上对古籍编目工作缺乏足够的重视。

14.2.2.4　多数网站古籍目录页面没有馆藏古籍的整体情况介绍及古籍查询指南

以上九家省级图书馆网站数字古籍目录页面上，除广东省图书馆有古籍收藏情况的概述外，其他馆都没有馆藏古籍的整体情况介绍及古籍查询指南。由于缺乏对整个馆藏古籍情况的了解，古籍需求者在查询数字古籍目录时容易产生困惑，常常不知从何下手，从而达不到查询的目的。

14.2.3　我国图书馆数字古籍目录建设的制约因素

14.2.3.1　有关部门没有出台和颁布数字古籍目录建设方面的政策与文件

有关部门对于古籍普查、古籍保护和古籍整理非常重视，出台了一系列的政策，颁布了一系列的文件，如古籍普查规范、古籍定级标准、全国古籍保护工作方案和图书馆古籍特藏书库基本要求等，但关于数字古籍目录建设方面的政策和文件却还没有。

14.2.3.2 图书馆界对古籍有重收藏保护、轻开放利用的思想 观念

长期以来，我国图书馆界对古籍有重收藏保护、轻开放利用的思想观念，缺乏古籍服务大众的思想，但又乐于用珍贵古籍来充门面。很多图书馆网站上有古籍保护栏目，有的还专门建立了古籍保护网站，网站上有很多关于古籍保护的技术和方法方面的资料，还有古籍保护所取得的成绩，但就是没有馆藏数字古籍目录，如上海图书馆网站上的上海古籍保护中心、河南省图书馆古籍保护网站等。

14.2.3.3 一些图书馆对数字古籍目录建设工作没有一个好的 统筹规划

随着国家对图书馆事业的重视，我国很多省级图书馆和高校图书馆每年都会采购大量的图书，因此采编部门工作人员的图书编目工作繁重，任务常常饱和，没有时间来做古籍编目，而古籍管理人员一般只负责对到馆古籍的登记和上架工作，古籍编目上网这样的工作就被耽搁下来。对此，图书馆应该对数字古籍目录建设工作统筹规划，增加采编人员或者培训古籍管理人员来做数字古籍编目。

14.2.4 对我国图书馆界加强数字古籍目录建设的建议

14.2.4.1 有关部门应制定图书馆数字古籍目录建设的政策和 方案

有关部门应制定图书馆数字古籍目录建设的政策和方案等，这样才能引起图书馆界的重视，并能对图书馆数字古籍目录的建设起到引导和监督作用。在这方面，国家图书馆应起带头作用，在其网站上建立数字古籍目录。

14.2.4.2 图书馆界对古籍文献要改变重藏轻用的思想观念

重藏轻用是我国古代藏书楼管理图书的落后方式，这些藏书楼常常将图书束之高阁，藏而不用，现代图书馆已经抛弃了这种图书服务方式，转变成

积极的图书服务方式。同样，对待古籍文献，我国图书馆界也要改变重藏轻用的思想观念，变静态服务为动态服务，变封闭管理为开放管理，变重藏轻用为用藏并重。

14.2.4.3　图书馆应加强古籍编目工作力量，合理安排古籍编目工作

在我国图书馆的采编部，计算机编目人员一般不编制古籍目录，而古籍典藏库的管理者一般只负责整理和管理，不进行古籍编目，工作相对比较轻松，这就是我国大多数图书馆古籍编目工作进展缓慢的主要原因。因此，笔者建议，古籍典藏库的管理人员应该兼职古籍编目，这样他们既学到了编目技术，提高了图书馆业务水平，又能加快古籍的开发。

14.2.4.4　一些图书馆应提高数字古籍目录的编目质量

从以上对省级图书馆数字古籍目录的调查中可以发现，我国图书馆数字古籍目录的编目质量参差不齐，有的编目数据质量高，如广东省图书馆，也有的编目数据质量低，所以编目质量低的图书馆应找出差距，提高质量，努力使我国图书馆数字古籍目录的建设工作出现一个新局面。

参考文献

1. Rania Osman. Are we ready for BIBFRAME？：The future of the new model in the Arab region ［J］. Cybrarians Journal, 2016（41）：1-13.

2. Jackie Shieh.A Transformative Opportunity：BIBFRAME at the George Washington University ［J］. Information Standards Quarterly, 2013（25）：4.

3. Judith P. Cannan, Paul Frank & Les Hawkins. LC/NACO Authority File in the Library of Congress BIBFRAME Pilots ［J］. Journal of Library Metadata, 2019（19）：1-2, 39-51.

4. Sofia Zapounidou, Michalis Sfakakis & Christos.Papatheodorou Mapping Derivative Relationships from RDA to BIBFRAME 2 ［J］.Cataloging & Classification Quarterly, 2019（57）：5, 278-308.

5. Amanda Xu, Kirk Hess & Laura Akerman：From MARC to BIBFRAME 2.0：Crosswalks ［J］.Cataloging & Classification Quarterly, 2018（56）：2-3, 224-250.

6. Amanda Xu. Initial BIBFRAME 2.0 Modeling for the Library ［J］.Journal of Library Metadata, 2016（16）：202–227.

7. Thomas D. Steele. What comes next：understanding BIBFRAME ［J］. Library Hi Tech , 2019（37）：513-524.

8. Michael Gorman. The CONCISE AACR2.［M］.Washington：American Library Association, 1981.

9. 柯平，曾伟忠 . 21 世纪国际图联（IFLA）文献信息编目创新的研究 ［J］.

图书馆，2007（6）：17-21.

10. 曾伟忠.FRBR 的应用与我国目录工作的创新［J］.图书馆学刊，2009（3）：92-95.

11. 曾伟忠.《书目功能需求》（FRBR）的研究进展及对我国编目工作的启迪［J］.图书馆理论与实践，2008（5）：18-20.

12. 曾伟忠，胡建敏，国内外 RDA 的研究情况及其深入研究的思考［J］.图书馆理论与实践，2014（4）：37-39.

13. 曾伟忠，赵欣.ISBD（统一版）视角下《中国文献编目规则》（第二版）和《中文图书著录规则》的比较和评述［J］.图书馆研究，2023（3）：20-25.

14. 曾伟忠，何乐.《中国文献编目规则》（第二版）与 ISBD（统一版）、AACR2R-2002 著录方式比较［J］.图书馆建设，2015（6）：48-51.

15. 曾伟忠.《中国文献编目规则》（第二版）文献特殊细节项著录方式探究——基于 ISBD（统一版）和 RDA 的视角［J］.图书馆理论与实践，2016（6）：64-67.

16. 曾伟忠.我国文献编目规则著录信息源条文存在的问题述评——以图书为例［J］.图书馆学研究，2018（4）：67-72.

17. 曾伟忠.《UNIMARC 手册》（第三版）视野下《新版手册》记录头标和 1×× 编码信息块的修订建议［J］.图书馆学研究，2016（7）：62-64.

18. 曾伟忠，贺艳松.CNMARC 410 字段检索功能辨析及其《新版手册》修订建议［J］.图书馆建设，2015（4）：49-50，53.

19. 曾伟忠，陈欣雨，胡惠芳.美国国会图书馆 MARC21 书目数据格式的重要变化及我国西文编目工具书机读目录格式的修订建议［J］.图书馆理论与实践，2019（5）：77-80.

20. 曾伟忠.CALIS 日文图书机读目录格式和国图日文图书机读目录格式的比较及修订建议［J］.图书馆学研究，2016（8）：61-65，60.

21. 邓福泉.也谈相关题名的著录——与辛苗同志商榷［J］.国家图书馆学刊，2016（1）：79-82.

22. 辛苗.相关题名著录问题分析［J］.国家图书馆学刊，2015（3）：60-63.

23. 辛苗.封面题名、书脊题名著录问题分析［J］.图书馆论坛，2012（2）：

96-99.

24. 王松林. CNMARC 代码信息研究［J］. 图书馆学研究，2001（2）：33-37.

25. 林明.《中国文献编目规则》与 ISBD 、AACR2R 的若干比较研究［J］. 大学图书馆学报，2000（1）：66-70.

26. 胡小菁.《资源描述与检索》的酝酿编制和实施［J］. 国家图书馆学刊，2011（2）：3-8.

27. 张秀兰. RDA 对其他国际编目标准的继承与发展［J］. 图书馆论坛，2011（6）：219-224.

28. 徐涌. 资源描述与检索（RDA）的发展概况与应用前景［J］. 现代情报，2007（12）：16-21.

29. 刘炜，胡小菁，钱国富，张春景，夏翠娟. RDA 与关联数据［J］. 中国图书馆学报，2012（1）：34-42.

30. 霍艳蓉. RDA 与 CSR 在西文连续出版物著录中的区别［J］. 图书馆杂志，2011（4）：48-49.

31. 林明. 从 RDA 的结构和概念看中国文献编目规则［J］. 国家图书馆学刊，2011（2）：16-20.

32. 胡小菁. 内容和媒介类型：RDA 与 ISBD 对比分析［J］. 中国图书馆学报，2012（1）：1-8.

33. 吴跃. AACR2 与 RDA 的联系及在图书著录部分的区别［J］. 大学图书馆学报，2010（4）：77-83.

34. 姜化林. RDA Toolkit 的功能及使用方法解析［J］. 图书馆建设，2012（9）：24-29.

35. 吴韬信.《中图法》总论复分号用法小议［J］. 图书馆学研究，1994（2）：28-29.

36. 安晓丽. 网络环境下《中国图书馆分类法》总论复分表修订的再思考［J］. 图书馆工作与研究，2013（1）：73-75.

37. 龚花萍，胡春健，刘春年. 文物信息资源元数据建设原则、模型与方案探讨［J］. 图书馆学研究，2012（19）：31-35.

38. 董焱. 数字博物馆元数据标准初探［J］. 北京联合大学学报（自然科学

版），2015（6）：61-65.

39. 于嘉.VRA core 元数据的发展与现状［J］.新世纪图书馆，2008（4）：75-78.

40. 肖婷.应用 CDWA 标准描述数字宋画作品的探索［J］.图书情报工作，2011（9）：101-104.

41. 周卫妮.封面题名、书脊题名浅议［J］.图书馆建设，2006（2）：62-63.

42. 李致忠.新中国图书馆的古籍整理与保护［J］.图书馆杂志，2009（6）：3-10.

43. 国家图书馆《中国文献编目规则》修订组.《中国文献编目规则》［M］.二版.北京：北京图书馆出版社，2005.

44. 胡广翔.GB/T 3792.2——2006《普通图书著录规则》应用指南［M］.北京：国家图书馆出版社，2011.

45. 谢琴芳.CALIS 联机合作编目手册（上）［M］.北京：北京大学出版社，2000.

46. 吴龙涛，叶奋生，吴晓静.最新详解《英美编目规则》（第二版，2002修订本）［M］.北京：北京图书馆出版社，2006.

47. 国家图书馆《中国图书馆分类法》编辑委员会.中国图书馆分类法［M］.五版.北京：国家图书馆出版社，2010.

48. 中国图书馆分类法编辑委员会.《中国图书馆分类法》使用手册［M］.四版.北京：北京图书馆出版社，1999.

49. 曹宁.图书资料专业技术资格考试辅导指南［M］.北京：国家图书馆出版社，2011.

50. 李晨英，刘春玥.日文书刊联机合作编目教程［M］.北京：知识产权出版社，2015.

51. RDA 发展联合指导委员会.资源描述与检索（RDA）［M］.北京：国家图书馆出版社，2013.

52. 中国文献编目规则编撰小组.中国文献编目规则［M］.广州：广东人民出版社，1996.

53. 顾犇.国际标准书目著录（统一版）［M］.北京：北京图书馆出版社，2007.

54. 国家图书馆 MARC21 书目数据格式使用手册课题组 . MARC21 书目数据格式使用手册［M］. 北京：北京图书馆出版社，2005.

55. 高红，吴晓静，罗翀 . 西文编目实用手册［M］. 北京：北京图书馆出版社，2004.

56. 中国图书馆学会《西文文献著录条例》修订组 . 西文文献著录条例（修订扩大版）［M］. 北京：科学技术文献出版社，2003.

57. RDA 翻译工作组 . 资源描述与检索（RDA）［M］. 北京：国家图书馆出版社，2014.